KB264525

통일교육의 성립과 과정

통일교육의 성립과 과정

박 찬 석

책머리에

통일교육은 북한은 물론 공산주의나 사회주의에 대한 감정적 반감을 서서히 이성적으로 허물어 가는 우리 사회의 진척 속에서 성립되었다.

통일교육은 길게 보면 분단 이후 60년 정도의 기간이며 엄밀히 말하면 1987년 민주화의 열기 속에서 성립되었다. 학생들이나 극소수 인사들의 머리 속에서 통일은 희망의 날개였다. 그 시기에 진보 진영의 희망은 보수 진영에서는 상상에 불과하였다. 한편에서는 어두운 시대로 다른 한편에서는 안정의 시대로 비추어진 분단의 길 속에서 '통일교육'은 한반도의 남단에서 오는 2006년 지금까지 움트고 있었다.

이 책은 통일교육의 성립 과정과 논의에 대한 내용을 담고 있다. 통일교육은 아직도 좌우의 대립 속에서 다양한 스펙트럼을 가지고 있는 교육적 진척을 보이고 있다. 이러한 상황의 근거는 바로 그동안 각 정권이나 민간단체 그리고 국민들의 통일문제에 대한 인식구조(Cognitive Structure)를 통해 보수적, 변혁적, 중도적 성격으로의 통일의식을 표출하여 왔음을 증명하는 것이다.

이러한 전반적인 변화의 갈등 속에 놓여 있는 통일교육은 이전의 반공-〉통일·안보-〉민족 화해와 상생의 길로의 교육으로 거듭 나야 할 것이다. 이러한 과정에서 중요한 인식변화를 가로 막는 것은 이중적인 북한의 움직임, 이에 대한 우리 사회의 인식 고정화가 문제의 원인이다. 그러한 전반적인 상황에서 우리 사회가 '복합 체계적 국제환경', '민주주의 체제의 강화'와 '시민사회의 형성' 등의 다양한 인식들의 통합적 입장으로 통일교육을 진척하는 데 어려움을 겪는 시기라는 점이다. 이러한 입장에서 본 연구서는 지난한 통일교육의 성립과 그 과정의 역사를 되새겨 보면서 우리의 통일교육은 아직도 갈 길이 많이 남아 있음을 재음미하고자한다. 즉, 대립과 갈등으로 서로의 주장에 의해 파악되는 통일교육에 대한 다양한 목소리는 항상 변모하는 국내외적 환경과 남북한 관계를 직시하면서 포괄적이며, 전체적(holistic)인 시각이 필요하다는 것이다. 이러한 과정에서의 숙고와 실천만이 편향된 인식구조를 극복하고 모두를 수긍하고 모두를 안심시키는 통일교육의 목표와 내용을 강화할 수 있으리라 본다. 또한 이 책은 저의 박사학위논문인 "한국의 통일교육 변천에 관한 연구"를 기초로 하여 구성되었음을 밝힌다.

이 책은 저의 학문적 아버지이신 정세구 교수님과 이용필, 진교훈, 전인영, 이온죽, 이재봉 교수님의 지도와 염려로 나왔음을 밝힌다. 또한 제 학문의 길을 굳건히 해 주신 공주교대의 양태호, 박찬영, 김태훈, 서강식, 이범웅, 장동익 교수님 그리고 추병완, 박병기, 오석종, 최영표, 한만길, 차우규, 정지웅 교수님과 많은 분들께 감사드린다. 가장 어려울 때, 저를 위로해 주고 기뻐해주신 어머니, 아버지 그리고 형님과 저의 가족(미연, 철수, 민수)에게 미안한 마음을 전한다.

마지막으로 이 서적의 출판을 위해 협조해 준 한국학술정보(주)의 관계자들에게 심심한 사례를 글로 보내는 바이다.

2006년 10월
우금티를 바라보며 저자 지음

목 차

표 그림 목차

I. 들어가며

1. 통일교육의 지향목적

한반도의 분단은 좌·우 이데올로기 대립의 산물이다. 우리 사회는 권위주의 사회에서 자유민주주의 사회를 형성 발전하였고, 북한은 공산주의 사회에서 보다 더 확고한 유일사상 체제의 국가를 강화하였다. 이처럼 서로 다른 체제로의 시작과 진척을 통해 남북한 사회는 서로 대립되는 이데올로기[1] 구조에 의해 갈등을 보여 왔다.

그러나 80년대 이후 이데올로기의 대립적 상황은 서서히 변화의 조짐을 보였다. 이러한 조짐은 통일환경인 국내외 환경과 남북한 관계의 변화로 가시화되기 시작하여, '한국의 정치민주화', '북한의 고립', '소련의 붕괴'와 '미국의 역할강화', '사회주의권의 붕괴' 그리고 '중국과 일본의 세력확대' 등의 현상으로 나타났다.

이러한 일련의 변화 속에서 한국사회는 남북한의 첨예한 이데올로기적 대립의식에서 점차 벗어나, 현실적 대안을 모색하는 통일지향의 분위기를 보이게 된 것이다. 정부는 점진적이며 단계적인 접근의 통일정책을 강화하였으며, 민간단체나 국민들도 통일문제에 대한 다각적인 인식을

---

1) Harro Höopfl, "Isms and Ideology", Noel O'sullivan (ed.), *The Structure of Modern Ideology* Aldershot: Edward Elgar Publishing, 1989, pp.3-21. 이데올로기의 구체적인 의미는 '특정한 정치적 의지의 사고방식'이라 할 수 있다. 흅플(H. Höopfl)은 이데올로기를 '고결성이 올바르게 평가 될 수 없는 정치에 관한 토론의 한 형태'로 보았다. 그는 또한 이데올로기가 '체계', '역사적 동력', '운동', '구조', '원리'로 인식되는 신비로운 실체이며, 그 속성상 대중화되는 힘이 있다고 보았다. 그는 현대의 주의들(isms)의 부각이 바로 이데올로기의 기능을 강화시켰다고 주장하였다.

통해 남북한 통일에 대한 어느 정도의 자신감을 가지게 되었다. 이에 따라 통일교육은 민족통합을 위한 교육목표를 지향하게 되었다.

한국의 통일교육은 통일환경이라는 복합체계(Complex System) 속에서 통일운동의 흐름과 통일정책의 방향을 반영하는 것이다.[2] 통일교육의 목적과 실제는 국제환경, 남북한 관계, 국내환경과 통일운동 그리고 통일정책 등의 '통일교육의 관련요인' 속에서 변화와 지속을 거듭하여 왔다. 이 과정 속에서 통일교육의 목적과 실제는 보다 적극적이며, 합리적인 인식과 결합되는 양상을 보였다. 예를 들면 통일교육의 초기 형태인 반공교육은 통일환경의 냉각된 분위기나 국내의 권위주의적 체제, 냉각된 남북한 관계 그리고 대결적 남북한 통일정책의 영향으로 남북 대결적인 교육목표와 내용이 강조되었다. 그 후 통일교육은 통일환경의 변화, 국내의 민주화 이행, 남북한 관계의 호전과 통일정책의 변화 등을 배경으로 하는 가운데 민족 통합적 교육목표와 내용으로 구성되기 시작하였다.

이처럼 통일교육의 목적과 실제는 그동안의 시대적 공간성과 역사성에서 파악될 수 있다.

> 과거가 중단되어 완전히 파괴된다고 행동의 진척이 멈추어지는 것은 아니다. 그러나 과거와 연계가 상실되었다는 것은 문명의 불만족에 의해 질풍과 같이 급함을 야기하는 단절일 것이다. 그 이유는 우리 인간들 모두가 혁명적 배경이 아직도 획득하지 못했던 현재보다도 금세기의 의문스러운 약속 시기인 미래에 더 살기 때문이라고 변명한다. 그래서 우리는 불충분하고, 불만족스럽고 침착하지 못한 고조된 감정에 쌓여 화려함에 거침없이 뛰어 들어간다. 우리는 우리가 가지고 있는 것으로 더 이상 살 수 없고, 현재의 광명에서 살 수 없고 다만 어두움 속에서의 언약인 미래에 살려고 발버둥친다. ……(중략)…… 그러나 우리가 과거 세대를 덜 이해하면 할수록 우리는 우리 스스로를 덜 이해하게 될 뿐이다.[3]

---

2) 정세구, "도덕·윤리과 교육의 당면 과제", 한국도덕윤리과 교육학회, 『도덕윤리과 교육』 제7호, 1996년 7월, p.20.

과거를 망각하고 단지 미래를 위해 삶의 허상을 말하는 것은 개인에게 민족에게든 모두 다 비극인 것이다. 따라서 누구나 과거를 이해하지 못한 채, 미래에 대한 진보를 말할 수는 없는 것이다. 이것은 통일교육의 논의에 잘 적용되는 말이다. 통일교육은 과거와 미래 사이에서 현실의 통일환경을 냉철하게 파악하는 중요한 작업이 되어야 한다. 따라서 본 연구는 통일교육의 관련요인과 교육목적 그리고 실제의 전반적인 변화에 초점을 두는 가운데 '통일교육에 대한 비판적인 입장'4)에 대해서도 상세하게 파악하고자 한다.

일부 민간단체나 국민들은 통일교육을 단선적으로 파악하려는 경향이 있다. 그러나 통일교육은 실제로 국내외적 환경과 남북한 관계 등의 통일환경과 통일운동과 통일정책에 영향을 받는 매우 복합적인 구조를 가지고 있다. 통일교육은 냉전체제에서 탈냉전체제로 변한 국제환경, 긴장과 완화의 남북한 관계, 그리고 권위적 체제에서 민주적 체제로 변한 국내환경, 통일운동과 통일정책의 변화에 따라 지속과 변화를 거듭하여 왔다. 이처럼 통일교육은 통일환경, 통일운동과 통일정책의 영향에 따라 그 교육목표와 내용이 선정된 것이다.

---

3) C. G. Jung, *Memories, Dreams, Reflections*, Recard & Clara Winston (trans.), N.Y: Pantheon Books, 1961, p.236.

4) 통일의식의 기초가 되는 논문으로는 다음과 같다. 통일교육의 기조는 한국 정신문화 연구원 편, 『한반도 통일의 전망』 성남: 한국 정신문화 연구원, 1994.; 민족통일 중앙협의회 편, 『21세기를 향한 한민족공동체의 나아갈 길』 서울: 민족통일 중앙협의회, 1992.; 한국 자유총연맹 편, 『우리가 지키는 자유민주주의』 서울: 양동문화사, 1991.; 오천석, 『발전한국의 교육이념 연구』 서울: 배영사, 1973. 등에서 찾아 볼 수 있다. 그리고 '통일교육에 대한 비판적 입장'은 이신행, 『한국의 사회 운동과 정치변동』 서울; 민음사, 1997.; 경실련 통일협회 편, 『민족의 화해와 통일을 위하여』, 서울; 심지, 1997. 등을 기초로 파악하였다. 여기서 통일교육은 '반공교육과 승공통일 교육, 통일·이념 교육, 통일·안보 교육 그리고 통일교육'으로 사회나 학교의 교육과정에 의해 주도된 것이고, '통일교육에 대한 비판적 입장'은 통일운동과 관계된 것이다.

그러나 그동안의 통일교육은 국민들에게 통일의식의 확대를 강화해
주면서도, 한편으로는 국가 정책적 차원을 지나치게 강조한 나머지 북
한의 실상에 대한 객관적인 인식을 저해하기도 하였다. 이후 민주화
이행기의 통일교육은 '주체적 시민'을 중심으로 한 통일논의의 영향을
받게 되었다. 시민중심의 통일논의는 북한에 대한 감정적 반대나 맹목
적 추종의 문제점을 극복하려는 합리적 입장을 표방하자는 것이다. 이
러한 전반적인 현상 속에서 통일교육은 민족통합의 메카니즘이 강화된
것이다.

이제는 국민들과 정부의 통일문제 접근에 있어서, '민족화해와 통합
의 길로 향하려는 작업'을 강화해야 할 시기이다. 우리의 통일의지는
건전한 통일논의의 대안들을 건설적으로 수렴하는 통일교육의 목표와
내용개선으로 보다 고양될 필요가 있다. 정부와 민간단체 그리고 국민
들은 통일교육을 통해 통일 논의의 실질적인 성과를 얻어야 하는 당위
성이 요구되는 것이다.

2. 방법적 논의와 범위

통일교육의 성립과 그 과정은 통일교육으로의 변화에 대한 분석적
설명을 통해 접근할 수 있다. 왜냐하면 우리가 한 사물이나 사건을 이
해하고자 할 때, 그 근거를 구조적으로 파악하는 것이 더욱 큰 효과를
얻을 수 있기 때문이다.[5]

---

5) James H. Mcmillan & Sally Schumacher, *Research in Education*
Boston: Little, Brown Company, 1984, p.11. 참조. 맥밀런과 슈마허는
현상에 대한 구조적 이해는 적절한 설명 효과를 통해 얻는 것이 가장
효과가 있다고 주장한다.

분단 이래로 한국정부, 민간단체 그리고 국민들은 통일논의에 많은 관심과 입장을 표방하였으며, 일정한 인식구조(Cognitive Structure)를 통해 통일의식을 표출하였다.[6] 이 인식구조는 개방성을 지향하지만, 한 사건을 보는 시각을 한 측면으로만 인식하도록 하는 구조였다. 따라서 정부와 민간단체 그리고 국민들은 전반적인 통일문제에 대해 인식구조에 얽매이지 말고, 냉철한 의지와 개방적인 자세를 지녀야만 한다. 그 이유는 정부와 민간단체 그리고 국민들이 통일정책이나 통일교육에 대한 편향된 통일의식을 고착화할 위험성이 없지 않기 때문이다.

그동안 민간단체들과 국민들은 반공교육, 승공통일 교육과 통일·안보 교육에 대하여 상당한 호응과 지지를 보여 왔다. 그러나 민주화 이행기인 6·29 선언 이후 일부 민간단체와 국민들은 국내외 통일환경의 급변 속에서 통일교육에 대한 일대 변화를 요구하였다. 이러한 요구는 이전의 4·19 혁명기나 80년 초 '서울의 봄' 당시의 반공교육에 대한 비난의 강도나 위세보다도 훨씬 강력한 것이었으며, 그에 따라 통일교육에 대해 보다 더 냉소적인 경향을 나타내었다. 이러한 정서는 통일정책에 대한 무조건적인 불신풍조 경향으로 확산되기도 하였다.[7] 국민적 정서는 정부의 '통일논의의 정부독점'과 '정권 안보논리의 조성'에 대한 반발이었으며, 동시에 통일문제에 대해 많은 직접적인 참여적 관심을 보이는 것이라고도 볼 수 있다. 따라서 통일교육은 통일문제에

---

6) Jean Piaget, *The Equilibration of Cognitive Structure: The Central Problem of Intellectural Development*, T. Brown & K. J. Thamy-(tans.), Chicago: The University of Chicago Press, 1985; 김정규·김영수, 『교육방법 및 교육공학』 서울: 형설출판사, 1989, p.46, pp.147-147. 참조. 학습의 내용을 수용하는 자세는 바로 인지 구조(Cognitive Structure)의 변화에 의해 강화된다. 이처럼 정부, 민간단체나 국민 개개인이 갖는 인식구조는 통일문제에 대한 환경과의 상호작용에 의해 나타난 것이다. 따라서 본 연구자는 통일문제에 대한 기본적인 성향을 보수적, 변혁적, 중도적 인식구조로 성립된다고 보고 있다.
7) 양영식, 『통일정책론』 서울: 박영사, 1997, p.1.

대한 국민적 관심을 국민적 합의로 도출하려는 지향목적을 강화할 필요가 있다.

이러한 의미에서 통일교육을 바라보는 관점은 역사적으로 규명하는 작업을 통해 정부, 민간단체 그리고 국민 개개인들의 통일의식이 어떠한 과정을 거쳐 이루어졌는지에 대한 보다 진지한 논의에서 출발하여야 할 것이다. 1990년대 이르러서야 통일교육에 대해서 많은 사람들은 진정한 국민적 통합을 위에서 아래로 전달하는 것이 아니라 아래와 위의 복합 작용에 의해서 정부와 민간단체나 국민들이 관심을 가져야 하는 것으로 파악하기 시작하였다.

통일문제에 대한 시각은 매우 다양하지만 그 뿌리는 전형적으로 보수적 인식구조와 진보적 인식구조 그리고 그 사이에서 중도적 인식을 모색하는 속에서 발전되어 왔다.

우선 통일문제에 대한 정부나 민간단체 그리고 국민 개개인이 갖는 보수적 인식구조는 반공·안보 중심적 시각이다. 보수적 인식구조는 '대북 경계안보를 중심으로 한 통일문제의 접근강화'라는 논리를 강조하고 급진적인 통일운동 세력에 대한 철저한 제어를 통한 보수적 사고에서 남북한 통합을 모색하는 것이다.

또한 통일문제에 대한 의미 있는 진보적 인식구조가 있다. 변혁적 인식구조는 반공·안보적 인식에 반대적인 입장을 표출하며, 그 기조는 다소 급진적인 통일운동의 강화를 통해 일방적으로 국내의 보수세력과 미국에 대해 비판적인 세력으로 규정하는 논리를 갖는다. 진보적 인식구조는 남북한 갈등의 중요한 요인을 '미국의 한반도에 대한 영향력강화'로 파악하고, 보수세력의 통일논리에 대한 비판에 비해 북한에 대해 호의를 가지는 극단적인 이데올로기적 정서를 표출하는 것이다.

그리고 이러한 보수적 인식구조와 진보적 인식구조에 대해 반발하면서, 양자를 수용하려는 중도적 인식구조가 있다. 중도적 인식구조는 남북한 통합의 합리적 입장을 견지하는 것이다. 이를 추종하는 세력은 주체적 '시민'의 활동에 대해 관심을 두는 합리적이며 중도적인 통일논의 구조를 갖는다.

또한 이러한 인식구조의 기초에 대한 타당성과 근거를 파악하기 위해서는 '국제환경(International Environment)', '국내환경(Domestic Environment)', '남북한 관계'의 통일환경과 통일운동과 통일정책의 관련 속에서 파악이 필수적이다. 이는 통일교육이 한국의 현실적인 상황을 극명하게 파악하는 종합적인 성격의 교육목표와 내용체계를 갖고 있기 때문이다. 이러한 내용전개는 '통일교육의 관련요인'의 분석틀에 의해서 파악하고자 한다.

Ⅱ. 통일교육의 이념과 방향 수렴 과정

1. 이념적 기초

통일교육은 교육현장에서 반공교육, 승공통일 교육, 안보교육, 국민정신 교육, 이념교육, 민주시민 교육, 통일·안보 교육, 통일교육 등의 다양한 명칭으로 실시되어 왔다. 그 명칭들은 분단에 대한 원인 규명적 입장이나 안보논리의 차원에 머물러 있는 것도 있으며, 북한 인식보다는 우리 내부적 결속을 주장하는 것도 있다. 그러나 이러한 각각의 명칭들의 통일교육은 그 당시의 국내외적 상황과 남북한 관계, 통일운동과 통일정책을 반영하는 것이다.

통일교육은 우리 사회의 이념을 실현하는 교육이다. 따라서 통일교육은 민족의 분단을 극복하고 민족의 번영을 가능하게 할 이념적 기초인 민족주의와 민주주의 그리고 평화주의의 지속적인 지향점을 두고 있다.

1) 민족주의

통일교육의 이념적 기초는 민족주의적 열망의 발로이다. 통일교육은 실질적으로 민족주의적 논의이며, 진정한 민족공동체를 이룩하기 위한 목적을 가지고 있다.

해방 직후 민족통합운동은 이상적인 민족주의적 열망의 성격을 가진 좌·우 합작운동으로서, 민족주의의 논리를 가지고 민족통합을 시도하였다. 그러나 국제환경과 국내의 이념적 갈등은 민족주의적 열망의 수위를 초월한 문제였다. 즉, 동서 냉전체제에서 국내의 좌·우 세력들은 각각 다른 양식의 통일접근을 생각하고 있었다. 결국 한반도 남한에는 자유민주주의 체제의 '대한민국'과 북한에는 공산주의 체제인 '조선민주주의인민공화국'이 각각 수립되었다. 따라서 민족주의적 열망은 그 현실적인 의미를 상실하게 되었고, 전쟁 이후에는 민족통일을 위해 노력하는 그 자체가 불법적인 체제전복 행위로 여겨졌다. 따라서 분단상태에서의 한국의 초기 통일교육은 반공교육으로 강화되었다.

반공교육은 분단구조의 냉전논리와 대결논리에 입각하여 북한에 대한 불신과 부정이 교육목표와 내용 등에 직접 나타났다. 그러나 이러한 상황 속에서도 민족주의는 현실적으로 통일의 정당성을 가지기 때문에, 반공교육은 한국의 자유민주주의의 논리로 민족을 통합하려는 강한 동기를 가졌다. 이처럼 반공교육은 그 시대의 냉전체제의 직접적인 영향이며, 그 본질적인 의미는 바로 보수성향의 민족주의적 열망에서 비롯되는 것이다.

국민들의 민족주의적 통일열망은 한 시대, 한 사회의 정신과 행위일체 즉 체제의 조직, 계층 간의 목표개선, 그 사회의 목표지향에 대한 이데올로기적 편향성을 초월한 것이다. 정부이나 민간단체 그리고 국민들의 통일의식이 서로 다른 인식 구조를 가지고 있다 하더라도 그 저류에는 민족통합의 열망이 존재한다. 민족통합이란 한민족 국가의 정치·경제·사회·문화 등 전 분야의 통일과정으로서, 남북한 사회를 성원 간의 긴밀한 상호의존 관계가 조화된 공동체로 만들려는 것이다. 이러한 조건이 이행되려면 남북한 간의 가치합의가 무엇보다 중요하다.

일례로 최근까지의 통일교육은 북한과의 통합을 이루기보다는 '체제대결로 이루어진 대북한 인식'의 교육목표와 내용을 가지고 있었다. 그러나 이러한 인식의 통일교육이 실시된다면, 이는 한국의 일부세력을 위한 한정적인 성과만 거둘 것이다. 따라서 통일교육은 한국주도의 통일이냐, 북한주도의 멸망이냐의 체제대결에서 벗어나, 보다 개방적인 입장에서 모색될 필요가 있는 것이다. 또한 통일운동이나 통일정책 그리고 통일교육은 남북 통합적 목적을 도모하기 위해서 과도한 이데올로기적인 입장이 지양되어야만 할 것이다. 이는 통일운동과 통일정책 그리고 통일교육의 목적이 통일과정부터 통일 이후 상황까지 예측할 민족적 당위성이 요구되는 활동들이기 때문이다.

여기서 통일독일의 교훈은 중요한 시사를 주고 있다. 통독이후 구동독인들은 그들의 일자리에 있어서 90% 정도의 변화와 그들의 생활신조인 이데올로기의 좌절 등으로 인하여 통일 이전에 대한 그리움(nostalgia)을 가지고 있었다. 그리고 구서독인들 역시 통일에 대한 부담이 강요됨으로써 통일 이전의 복지실현에 상당한 그리움을 가지게 되었다. 그러나 이러한 통독이전의 상태에 대한 그리움은 사회학자나 역사학자들보다는 심리학자나 문학가들의 주요 대상인 것이다. 즉, 독일통일은 독일민족에게는 현실이었고, 통일 이전은 과거로 치부된다는 것을 보여 준다. 따라서 우리는 통일에 대해 지나치게 냉소적이거나 비관적일 필요가 없다는 것을 알 수 있다.

통일은 마치 아이가 어른이 되어 가는 동안 성장하면서 병치레들을 거치는 것과 같은 상황의 과정이다.[8] 자라나는 아이는 그들에게 심성을 강화시키는 과정이 요구된다. 사회에 대해서 일방적으로 호전적인 의식이나 냉소적인 태도를 가지게 할 필요는 없는 것이다. 다만 아이들에게는 그런 의식이나 태도가 있다는 사실과 그를 통해 어떠한 문제를 야기될 수 있는가에 대한 이해가 있어야 할 것이다.

이처럼 통일교육은 사회 비판적 이데올로기의 내용도 중요하지만,

---

8) Halmut Wagner, "Lesson of Unification: The German Way and Its Korean Perception", Myoung-Kyu Kang & Helmut Wagner (eds.), *Germany and Korea: Lessons in Unification*, Seoul: Seoul National Univ. Press, 1995, p.11.

보다 현실적인 문제에 대한 접근이 요구된다. 통일교육의 목표와 내용은 일상적인 경우에 서로를 이해할 수 있는 것이다. 이러한 통일교육의 시도는 북한에 살고 있는 우리의 동포에 대한 이해인 동시에 전체적 시각 속에서 민족을 이해하는 것이다. 따라서 민족주의적 입장에서의 통일교육은 인간 중심적 이해와 포용의 목표와 내용이 실천되어야 한다. 통일교육은 전면적으로 자유와 민주리념을 북한의 사회주의 체제 공간에 확대하는 것으로 목표로 삼아서는 안 된다. 그러한 근거는 민족주의적 입장을 강화하는 것이 통일 과정의 전후에 있어서 많은 공감을 형성할 수 있다는 것이다. 그렇기 때문에, 통일교육은 본질적으로 공산주의의 허구성에 대한 비판적 입장, 자유주의적 입장을 앞세우거나 자본주의적인 시각으로 북한의 동포를 구원하는 식의 입장에서 벗어나야만 한다. 통일교육은 보다 민족적인 호혜평등의 포용적 입장이 견지되어야 한다.

또한 민족주의적 입장에서의 통일교육은 통일의 과정을 설득하는 것이다. 이 과정은 범국민적 통일의식을 민족주의적 풍토 위에서 비판적이고 합리적으로 설계하는 것이다. 따라서 통일교육의 목표와 내용은 통일환경에 대한 적확한 이해를 기초 속에서 이루어져야 하는 것이다. 이처럼 통일교육은 한국사회의 통합을 위해 직면하는 과제에 대한 실질적 접근을 필요로 한다. 통일교육의 실질적 접근은 한편으로는 남북한 사회에 상호 긍정적인 관계를 찾는 것과 다른 한편으로는 사회의 다양한 하부문화의 내적인 통합을 모색하는 것이다. 이는 그동안 통일교육의 정치논리나 운동논리에 근거한 상황인식의 한계와 오류를 뛰어넘는 국민적 통일논의를 필요로 하는 것이다.

현실적으로 남북한 통일문제는 남북한 간의 긍정적인 상호관계를 모색하는 것이 중요하다. 두 체제가 사회의 체제 안의 통합에서 체제 밖의 민족통합을 시도하려면, 한국의 자유민주주의적 정서와 북한의 사회주의적 정서는 민족 통합적 입장에서 재조정 되어야 할 것이다. 즉 통일문제는 남북한체제의 차이에 대한 경직성이나 소외를 조장하는 논리에서 벗어나 새롭고 개방적인 민족주의적 사고로 해결될 수 있기 때문이다.9) 이러한 의미에서 통일교육은 남북 분단의 상황을 극복할 의지와 민족의 복리·번영과 안보를 강화하여, 새로운 민족국가의 이상을 추진해야 한다는 당위성을 갖는 것이다.

일반적으로 국민들은 내부적으로 자신의 욕구를 분출하기를 바라는 동시에 자연 법칙 그리고 인간의 완전성을 보장받을 수 있는 사회적인 장치를 갈구한다. 공동체 구성원들은 불완전한 사회에서 벗어나려는 경향을 갖는다.10) 그러나 이러한 현상이 민족국가에서 벌어지면, 그 민족은 갈등구조로 치닫는 공동체의 해체현상을 보인다. 통일문제도 이러한 현상이 빚어지면, 국민들은 통일의지를 망각하는 불행을 자초할 것이다. 민족공동체는 그 구성원들을 안유할 수 있게 하는 대안 모색이 요구된다. 따라서 민족공동체는 민족사회가 생존과 번영할 수 있는 완전한 공간을 가져야 한다.

또한 우리 민족은 통일문제에 있어서도 변환된 조건인 국제적 인식의 확대가 필요하다. 이처럼 통일문제는 민족주의적 열망만으로 용인될 수 없는 국제적인 문제이다. 세계의 정치·사회·경제가 지역국가를 중심으로 재편되고, 새로운 민족주의적 관점이 강화되는 상황에서, 통일교육은 국제적 평화증진이라는 호혜평등의 선린우호의 측면과 평화적 민족주의적 노력이 요구된다. 즉 통일교육은 국가 경쟁력의 강화와 민족통합의 열망을 총체적으로 결집하는 교육인 것이다. 따라서 우리 민족은 민족 공동체에 대한 논의와 함께, '국가 경쟁력(International

---

9) 권세기, "통일 한국의 사회통합과 정치교육", 한국 정치학회 편, 『통일 한국의 새로운 이념과 질서의 모색』 서울: 성균 문화사, 1993, pp.91-111.
10) R. M. Kanter, *Commitment and Community: Communes and Utopia in Sciological Perspective* Cambridge: Harvard Univ. Press, 1984, pp.33-34.

Competitiveness)'[11]의 강화를 통해 민족 통합적 민족공동체를 성립해야 할 것이다. 즉, 통일교육은 민족공동의 목적강화와 정치·경제적 통합력을 통해 국가의 위상을 강화하는 내용을 가져야 한다.

이상과 같이 통일교육은 국민 의식과 공동체 의식의 함양, 국제적 지원을 가능하게 하는 민족의 총체적인 능력인 민족적 시너지(National Synergys)의 기초를 구성할 필요가 있다. 따라서 통일교육은 민족의 공통된 기반인 민족주의적 입장이 견지되는 체제 적합성(System Relevance)[12] 속에서 이루어져야 한다.

2) 민주주의

그동안 우리 사회는 자유민주주의의 이념을 통해 북한의 사회주의 체제에 대한 우월성을 강조하는 이념교육을 실시하여 왔다. 이러한 맥락에서 통일교육은 자유민주주의의 입장을 강조하면서, 이를 통일교육의 이념적 기초로 내세우고 있다. 통일교육은 자유민주주의의 수호를 위한 "민주주의 본질과 가치를 습득하고, 민주주의가 현존하는 이념 중에서 다른 어떠한 이념과 비교하여 절대적으로 우월하다는 신념을 가지게 하며, 민주적 태도와 생활능력을 배양함으로써 민주시민으로 발전할 수 있게 한다."는 입장을 표방한다.[13] 이러한 자유민주주의에 대한 절대적인 우월 의식은 한국사회에서의 주도적인 통일논리이다.

---

11) 동서문화사 편, 『세계 대백과사전』, 서울: 동서문화사, 1991, p.1886. 국가 경쟁력은 '상업적인 용어로 한 국가의 개별상품이 국내에서 국외시장에서 시장 점유력을 의미한다. 또한 이것은 상품의 질적 우수성·디자인·인적 자원이라는 비가격적 요인에 의한 비가격 경쟁력'을 의미한다.
12) 박용헌, 『우리의 이념·가치 성향의 정치교육』, 서울: 교육과학사, 1997, p.22.
13) 국토통일원, 『통일교육』, 1971. 9, p.33.

통일교육의 목표는 민주주의적 내용의 논리성에 기초하고 있다. 국민들은 통일교육을 통해 남북한 대치적 국면에서의 통일논의를 인식하고 있다. 따라서 통일교육의 내용은 북한의 대남전략과 유사한 민중통일론을 부정적으로, 통일논의의 무분별한 확산인 국내의 이념적 대립을 지양하려는 경향이 있다. 그러나 한국의 국내환경은 강고한 보수논리의 강화를 통해 이루어졌기 때문에, 그동안 비판적 역사 인식에 기초한 통일논의를 고려하지 않았다. 따라서 통일교육은 자유민주주의적 논리에 반대되는 것이 인정되지 않는 경향이 있다.

그러나 군부 통치기 말기나 민주주의 이행기에는 '통일교육에 대한 비판적 입장'이 강화되었다. 이 입장은 80년대 후반 이후 거세지는 사회민주화의 과정에서 상당한 의미를 가지는 소수의 입장으로 정착되었다. 그것은 80년대 이후 한반도에서 영향력을 행사한 미국에 의한 정치·군사·경제·문화에 대한 저항과 함께 강화되었다. '통일교육'이 사회주의권의 몰락현상을 통해 자유민주주의 이념의 우월성 속에서 전개되었지만, '통일교육에 대한 비판적 입장'은 사회 개혁적 차원인 진보적 성향의 논의에서 모색되었다. 이것은 변혁세력들의 '민중논의의 등장'과 무관하지 않다. 변혁세력들은 기존의 통일교육 내용의 수정을 요구하면서, 한국의 통일정책을 무시한 '민중적 통일론'을 통한 통일문제 접근을 시도하였다. 심지어 그들은 북한의 핵문제나 김일성의 사망, 북한의 수해피해에 대한 정부나 국민들의 일반적인 관점과 상반되는 입장에서 파악하려고 하였다.

이러한 현상은 그동안의 정권이 민간단체나 국민들의 통일의식에 대해 통일교육에서 추구하는 목적과 다른 행태를 보인 데에서 비롯된다. 즉 권위주의 정권은 자유민주주의의 수호에 걸맞은 민주적 제도의 개선을 하지 않고, 국민의 정치적 논의의 참여가 보장되지 않는 가운데에서 정권을 연장하려고만 하였다. 이러한 분위기 속에서 민간단체들이나 국민들은 '가치의 상대성'과 '다원주의 가치관'의 자유민주주의의 이념과 동떨어진 자유민주주의의 수호논리가 민주화에 역행되는 것으로, 또는 민주화 요구가 국가체제를 붕괴시키는 것으로 보는 극단적인 시각을 갖게 되었다. 따라서 자유민주주의의 수호를 내세운 권위주의 정권들에 대한 국민적 반감은 극단적인 통일운동의 분출로 나타났다.[14]

90년대 이전의 통일환경은 전체적인 시각이 결여되어 있었던 단선적 구조였다. 한국사회는 자유민주주의적 이념이나 사회 민주주의적 이념이 실질적으로 민주주의에 뿌리를 두고 있음에도, 각 논리가 대립적인 것으로 보는 경향이 있었다. 민간단체들이나 국민들은 사회 민주주의와 공산주의를 유사한 것으로 보며, 사회 민주주의 정당활동에 대해 지하운동의 형태나 급진적 논리로만 인식하고 있었다. 이러한 의미에서 국내환경은 통일의 주요한 이념적 기초인 자유민주주의와 사회 민주주의에 대한 민족 통합적인 방향으로 진전을 이루지 못하고 있었다. 통일교육적 논의는 국내에서 평화적 남북한 관계조성과 통합에 대한 해결점을 제시할 수 없었다.

1990년대 들어서 통일교육은 1980년대 이후의 급격한 사회변화, 한국의 정치적 변동과 민주화 이행과정을 통해 발전되어 왔다. 통일교육의 새로운 모색은 그동안 30여 년간의 권위주의 정치체제가 변하면서 나타난 현상이다. 이러한 현상 속에서 실제적으로 통일교육은 보수세력의 정부중심이나 저항세력의 조직운동 성격논쟁에서 벗어나, 국민적 논의구조 속에서 이루어져 가고 있었다. 따라서 통일교육의 목표와 내용은 민주적 통일원칙을 강화하는 논리적인 이념교육으로 지향되었다.

---

14) 장하진, "통일의식의 변화에 관한 연구", 한국사회학회 편, 『한국사회의 비판적 인식』 서울: 나남, 1990, p.409. 변혁적 통일운동은 전체 민족민주운동의 한 영역으로 전개되며, 민족자주운동과 계급운동의 한 표현형태를 이루는 것이며 상호유기적으로 결합되어 발전해 가는 것이라는 논리를 내세웠다. 그러나 변혁적 통일운동은 자유민주주의 체제에 대한 불신과 사회 민주주의적 맹신을 실천하려는 편향적 성향을 보인다.

2000년 남북정상회담은 통일교육 활성화에 중요한 영향을 주었다. 또한 북한에 대한 민족적 감정과 더불어 미사일 사태 등으로 민족적 인식도 중요하지만, 우리 내부적인 통일문제에 대한 민주적 논의가 요구된다. 이런 과정을 통해 우리는 민족 통합적인 이념을 견지하여 좌·우를 막론한 이상적 통일정책이나 통일운동에서 벗어나 통일논의의 규범을 모색하게 되었다. 이를 통해 통일교육은 자유민주주의와 사회 민주주의를 포괄하는 민주주의의 실천이 강조되었다. 이것은 통일문제의 인식공유를 할 수 있게 하는 이념적 기초가 이루어진 것을 의미한다.

3) 평화주의

한국전쟁은 평화를 통하지 않는 일체의 통일이 가능하지 않음을 한국사회에 각인시킨 사건이었다. 그럼에도 불구하고, 북한은 북한대로, 그리고 한국은 권위주의 세력을 중심으로 50년대 북진 통일론과 60·70년대의 반공 통일론이 정치적 교섭보다는 군사적인 전쟁론[15]과 맥을 같이 하였다. 그것은 상대방의 침략에 대항하는 입장의 통일정책이었다. 이러한 의미에서 한국의 정부와 다수 국민정서는 철저한 반공적 입장을 견지하여 왔다.[16] 이에 대해 많은 사람들은 반공주의적 양식이 권위주의 정부에 의해서 종용되는 산물로만 평가하는 데 당시 상황에 대한 인식을 조금 시도해 보면 당시의 반공은 하나의 대세였고, 그 대

---

15) 동아일보, 1953년 12월 17일자. 이승만은 "1954년 1월 22일까지 유엔군 측과 공산군 측의 '정치회의' 준비회담이 성과를 얻지 못할 경우 군사적으로 한국을 원조한 제국은 전쟁을 재개함에 있어서 자동적으로 이에 참가해야 한다"는 전쟁불사의 성명을 발표하였다.
16) 한승주, "제1공화국의 유산", 진덕규 외, 『1950년대의 인식』, 서울: 한길사, 1980, p.30. 참조

세에 대한 반발은 매우 일부에서 암묵적으로 논의되었을 뿐이다.

그러나 철저한 반공의 분위기는 1960년의 '북진 통일론'의 포기와 1970년 '8·15 선언'으로 변화하게 되었다. 여기서 '북진 통일론'의 포기는 UN 감시하의 이상적인 '남북한 자유총선거론'의 부각을 의미한다. 그러나 그 의미 역시 매우 한정적이었다. 이에 비해, '8·15 선언'은 극단적 반공주의적 입장에서의 전쟁불사의 남북대결의식에서 벗어나 평화적 체제경쟁을 하겠다는 통일방안이었다. 이에 따라 통일교육은 평화를 통한 남북대화와 남북협력을 강조한 70년대 이후 계속해서 평화적 통일을 지향하였다.

그러나 평화적 논의는 인간의 존엄성에 기초를 두고 있지만, 반공교육의 목적과 실제에서는 자의적인 면이 있었다. 일반적으로 한국사회의 전반적인 경향은 "남북한 통일은 한국에 대세가 있다고 보면서, 대북 경계심을 강화하고 한국의 자유민주주의의 체제가 확대하여 북한이 한국과 같은 체제로 통합되는 것을 의미한다. 이러한 과정을 국민적 관심으로 유도하는 것이 통일운동이다"17)라고 이해하고 있다. 이러한 입장이 북한에 대한 무력적 침공을 계획하는 것은 아니지만, 이 논리는 북한이 한국에 대해 침략의도로 느끼게 할 수도 있는 것이다. 실질적으로 북한은 독일의 통합이후 흡수통일에 대한 위협을 느끼고 있다.

따라서 자유민주주의적 이념의 확대가 한국에선 평화의 확산으로 보지만, 다른 한쪽인 북한 당국은 위협이나 적의를 느끼는 가운데, 어떻게 남북한이 평화적으로 통일을 이룰 것인가? 그렇다면 평화주의는 무엇을 의미하는 것인가?

통일교육의 평화주의 논의는 일차적으로 평화의 이념과 원칙을 밝히는 데 있다. 하나는 현 체제를 유지하면서 그에 대항하는 세력을 제거

---

17) 한국자유총연맹, 『통일에 대비한 우리의 자세』, 1991. 12, 창간사 참조. 보수적 인식은 무엇보다도 통일주도 역량이 한국의 주체적 노력에 있다는 통일운동을 강조한다.

하여 현존의 지배질서를 유지하는 것이고, 다른 하나는 평화를 저해하는 요인을 근원적으로 제거하는 것이다.[18) 전자의 관점은 미국의 국제이해 교육과 사회주의국가의 혁명교육 그리고 제3세계 민족자주 교육과 그 맥을 같이 한다.[19) 국제이해 교육은 미국식의 자유민주주의의 성향이 확대된 것을 의미하며, 사회주의 혁명 교육은 브르조아와 계급 투쟁에서 프롤레타리아의 주장을 혁명적으로 강화하는 입장이며, 제3세계 민족자주교육은 미국식의 국제이해 교육과 사회주의권의 혁명교육이 가지는 강대국 이해의 입장에 벗어나, 민족의 특수한 사회관계로 자체이론을 확대하는 경향이 있다. 그러나 이러한 입장들은 평화를 지키는 근본적인 해결이 되지 못한다.

따라서 후자의 평화론에 입각한 통일교육은 자유와 평등이 최적 수준까지 확대된 사회보장으로, 민족이 함께 살 수 있도록 하는 목표와 내용이 지향되어야 한다. 이러한 의미에서 평화교육은 분단이 재생산한 대립 구조를 벗어나려는 노력으로 전쟁과 평화에 관한 교육, 통일 대비 교육 등으로 구분하여 이해할 수 있다.[20) 평화주의적 관점에서 통일교육은 안보와 평화에 관한 교육으로, 전쟁이라는 폭력적 현상을 적극적으로 극복하는 의식을 함양하고자 하는 것이다.

통일교육은 전쟁과 평화에 관한 교육에 있어서 근본적인 평화구조인 민족자주, 민족해방을 강조하는 변혁적 성격에 대한 재인식이 요구된다.

한국에 있어서 군사화의 논리는 분단이라는 상황 때문에 더욱 강화되고 따라서 군사화가 촉진될수록 동족이 적대화되고 분단이 고착화되고 민족의 예속이 심화되고 군부독재의 정당성이 확보된다. 또한 엄청난 군비경쟁에

---

18) 김성재, "한국 평화교육의 이념과 원칙", 김성재 편, 『평화교육과 민중교육』, 서울: 풀빛, 1990, p.11.
19) *Ibid.*, pp.13-22.
20) 정영수, "평화교육의 과제와 전망", 『교육학 연구』 제31집 5호, 1993, pp.179-185.

의해 한반도 전체가 무기 저장고처럼 되어 남·북 한 어느 한 체제의 문제가 아니라 민족공동체 자체가 파멸될 위협에 직면하고 있다. 따라서 분단을 빌미로 한 반공·안보 이데올로기로서의 군사화 논리는 한반도 평화를 위해 제거해야 할 제1차적인 과제이다. ……(중략)…… 한국의 평화 교육은 필연적으로 제국주의적 군사화의 은폐된 반평화적 속성을 폭로하고 반민족적이고 반민중적인 대내외 지배세력의 극복을 통하여 정의로운 통일의 민족공동체를 이루는 민족 자주, 민주화, 민족통일의 민중운동적 성격을 그 이념과 원칙으로 갖는다.[21]

평화주의적 관점은 단순히 전쟁부재의 상태를 의미하는 것이 아니다. 이 관점은 삶의 전반적인 영역 속에서 갈등을 극복해 인간의 생명을 존중하고 귀중하게 여기는 상태를 의미한다. 이러한 '통일교육에 대한 비판적 입장'의 평화인식은 불안정한 평화의 원인을 일방적으로 판단하는 경향을 가지고 있다. 이러한 경향성은 한국의 반공·안보 이데올로기의 준거가 '북한의 존재'에 기인되는 것임을 파악하지 못하고 있다. 따라서 이러한 입장은 한국의 상황에 대해 객관적인 인식을 시도하는 교육적 관점이 요구된다.

평화의 문제가 통일의 문제를 별개로 생각할 수도 있겠고, 평화를 통일의 전제 조건이라고도 볼 수 있겠으나, 사실은 평화는 곧 통일이고 통일은 곧 평화를 의미한다. 평화 없는 통일, 통일 없는 평화의 상태란 있을 수 없다. 통일은 정치적인 현실이지만, 통일에 대한 신념을 불어넣어 주고 평화에 대한 의식을 일깨워 주는 일은 분명히 교육의 몫이며, 여기에 교육이 평화교육에 기여해야만 하는 당위적 과제가 있는 것이다.[22]

평화에 관한 교육은 통일대비 교육으로 의미를 강화할 수 있는 것이다. 통일대비 교육은 현실적인 통일문제에 대해 보다 적극적인 국가의 해결노력의 기초에서 조성된다. 따라서 통일대비 교육은 민주사회의

---

21) 김성재, *op. cit.*, p.26.
22) 정영수, *op. cit.*, pp.227.

보편적 원리를 제시함으로써 스스로 통일문제에 대한 판단을 할 수 있는 민주시민 교육으로 구성될 필요가 있다. 이는 보편적 시민교육이야말로 가장 확실한 통일교육이기 때문이다. 또한 통일대비교육은 남북한 사회통합의 구체성을 강화할 수 있는 것이다. 남북한 사회통합은 결국 남북한 주민에 대한 '사회적 시민권(Social Citizenship)'[23] 보장차원의 접근이다. 이는 남북한의 이질화(Dissimilarity)를 극복하는 각 분야의 노력에서 시도될 수 있으며, 교육부문에서는 통합적 교육논의의 이해 속에서 강화될 수 있다.

90년대 이후 통일교육의 논의는 통일과 평화를 분리적 관점이나 차별적 관점에서 벗어나, 기존의 인식구조를 전향적으로 변화하여 접근을 시도하였다. 즉 통일교육의 목표와 내용은 국민적 통일교육 체계를 기반으로 하게 되었다. 통일을 대비하는 과정으로의 통일교육은 건전한 문화창출을 위한 통일 문화적 이질감[24]을 극복하는 함의를 중시하게 되었다. 따라서 국민들은 다소 혼란된 통일교육을 받아 들어야 했지만, 이러한 전향적 접근을 통해, 이후의 복합 구조적 환경의 충격에서 벗어날 수 있게 되었다.

따라서 통일교육의 목표와 내용은 시대적인 변화를 주시하는 관념과 실재의 통합적 입장에서 이루어져야 한다. 또한 교사와 학생들은 객관적 상황과 주관적 인식의 차이를 극복하는 판단력을 가지며, 통일교육의 목표와 내용에 대한 관심을 두어야 한다. 이러한 맥락에서 통일교육의 목표와 내용은 복합적 구조의 세계인식에 의미를 두면서 개정되어 온 것이다.[25]

---

23) 장경섭, "통일 한민족 국가의 사회통합", 박기덕·이종석 편, 『남북한 체제비교와 통합모델의 모색』, 성남: 세종연구소, 1995, p.419.
24) *Ibid.*, p.442. 장경섭은 사회통합의 중요한 과제로 문화족 이질감 극복에 주안점을 두었다. 민족의 통합에 있어서 남북한 간의 문화적 이질감 극복은 중요한 의미를 두지만, 한국사회의 교육에 대한 인식은 상당한 격차를 보이고 있다.

그리고 통일교육의 평화적 논의를 강화하기 위해서는 남북대화와 교류·협력을 위한 구체적이며 국제적인 시각조정을 통해 강화하는 방법적 전환이 요구된다. 국가적으로 통일환경의 올바른 조성을 위해서는 학교교육, 외국어습득, 국제문제이해에 대한 학제적 접근이나 시각(Interdisciplinary Approach & Perspective), 국내문제와 국제문제를 연관하는 통일교육이 조성할 필요가 있다.[26] 따라서 통일교육의 평화교육적 논의는 실증체계와 가치체계의 통합을 통한 복합적 사회문제에 접근되어야 한다. 이처럼 통일교육은 그 자체가 모든 국민을 대상으로 논의되고, 국제환경·남북한 관계·국내환경의 전반적인 이해를 기초로 한 綜合學問的 性格을 가지는 것이다.

이러한 논의는 사회문제에 대한 가치 체계의 합리화를 통해 실증체계의 선별적이며 필요한 적용을 강화하는 데 그 목적이 있다. 통일교육은 이상과 현실의 최적을 구하는 事實前提와 價値前提로부터 도출된 결론을 추구하려는 목표와 내용이 요구되는 것이다. 그러나 아직도 북한과 국내의 변혁세력들은 한국의 사회체제가 합리적인 인식에 의한 통일문제 접근을 하기에는 사회적 한계를 안고 있다고 보고 있다. 따라서 정부는 국민들에게 통일교육의 목표와 내용에 대한 스스로의 '의사결정과정'을 통하여 통일문제에 대한 보다 과학적이고 합리적인 인식을 강화하는 객관적이고 민주적인 의사결정[27]을 지원하는 체계를 가

---

25) 교육부, 『중학교 도덕과 교육과정 해설』, 1992, p.27. 제6차 교육과정 개정은 냉전 체제의 붕괴와 남북 화해시대에 걸맞게 이념적 대결구조가 강조되었던 '통일·안보생활'의 영역을 축소시켜 '민족·국가생활'의 영역으로 포함시켰다. 통일교육의 방향에서도 반공적인 내용을 완화시키고, 그 대신 통일문제에 대하여 객관적 입장에서의 탐구시기 접근방법과 민족공동체 의식형성을 위한 노력을 중점적으로 제시하였다.
26) 전인영, "남·북한 상호교류를 위한 국제환경 교육", 『향원 이용필교수 화갑기념 논문집』, 1993, pp.334-335.
27) 의사결정의 과정은 ① 문제 또는 논쟁점의 명료화 ② 자료의 수집 및 분석 ③ 가능한 대안의 제시 ④ 대안의 분석 ⑤ 대안의 평가(가치판단) 및

져야 할 것이다.

이러한 취지에서 오늘의 통일교육의 목표와 내용은 국가에 의해 선정되고 있다. 이는 공동체와 국가가 직면하는 문제에 대한 그 해결책이 정부의 정책과 더불어 국민들의 관심 속에서 이루어질 수 있다는 생각이다. 즉 통일교육의 주요한 방향설정은 정부와 시민이 책임질 수 있는 민족공동체의 평화에 관한 접근이어야 한다. 예를 들면, 정부의 의사결정이 편향적으로 이루어지는 경우, 통일교육은 평화적 논의에 있어서 상당한 한계를 보일 수 있다. 따라서 정부는 민간단체나 국민들과 함께 통합적이며 합리적 인식을 가능하게 하는 통일교육을 활성화하는 데 노력하여야 한다. 이는 민간단체나 국민들이 통일교육을 통해 국민 다수의 합의로 긍정성을 극대화하고, 부정성을 최소화할 수 있기 때문이다. 또한 이러한 근거를 충족시키기 위해서는 통일교육의 목적은 평화적 방안으로 전제되어야 한다.

이처럼 국민통합은 국가가 궁극적인 최적의 통합을 이룰 수 있도록 하기 위해 공동체의 구성원인 시민과의 공동유대를 중시될 때, 강화되는 것이다. 이러한 의미에서 통일교육은 시민교육과 다각적인 접근을 기초로 하여야 하며, 평화적 통일의 원칙이 교육목표와 내용에서 실천되어야 하는 것이다. 이러한 발판 위에서 통일교육의 평화주의적 이념은 자유민주주의의 포용력, 분단상황의 해소, 경제성장과 빈부격차의 해소 등의 근본적 문제해결에서 이루어질 수 있는 것이다.[28]

결정으로 이루어진다. 이러한 구체적 논의는 Herbert A. Simon, *Reason in Human Affairs*, Oxford: Basil Blackwell, 1983; Herbert A. Simon, *The New Science of Management Deciosion*, N.Y: Harper & Row, 1960 등에서 이루어지고 있다.

28) 김영국, "국민윤리기능론", 한국국민윤리학회 편, 『국민윤리학개론』, 서울: 형설출판사, 1987, pp.150-151.

2. 지향목적

통일교육은 국민적 통일논의 과정의 결과로 나타난 것이다. 즉 통일교육은 통일 지향의 국민적 의지를 강화하는 방법으로서, 과거·현재의 한반도 분단 상황에 대한 현실과 당위의 논의인 것이다. 따라서 통일교육은 국민적 통일논의 속에서 통일정책과 통일운동의 방향이 반영된 포괄적인 성격을 갖는다. 그러므로 우리는 통일교육을 어느 특정 계층, 정파의 논의로 상정하는 것이 아니라, 사회성원 모두의 실천으로 인식할 필요가 있다.

1) 취지와 목표

통일교육은 국민적 통일의식의 기초가 되는 '교육적 논의'에서 출발하여야 한다. 이 논의에서는 국민적 통일 의지의 실천인 동시에, 한국이 추구하는 통일을 위한 환경의 개선이나 변화의 의지를 어떻게 반영하는가의 작업인 것이다. 이러한 의미에서 통일교육은 우리 시대의 국내외적 환경과 남북한 관계, 남북한 간의 정서와 사안들의 논쟁 속에서 단적으로 파악할 수 있는 시대정신의 함의인 것이다.

통일교육은 국제환경, 남북한 관계, 국내환경 등의 통일환경 변화에 따른 영향을 받고 있으며, 통일운동과 통일정책과도 밀접한 관련성을 갖고 있다. 특히 정부의 '통일정책'의 영향력은 통일교육에 매우 중요하다. 그 이유는 거시적인 국내외적인 흐름을 총괄할 수 있는 주체가 바로 국가이기 때문이다. 따라서 통일논의 구조 속에서 통일정책은 반공교육, 승공통일 교육, 통일·이념 교육, 통일·안보 교육, 통일교육에 중대한 영향을 주었다.

분단의 역사적 공간 속에서 남북한 통합을 지향하려는 통일교육의 목표는 국민들의 통합의지(an Integrated Willingness)를 구현하는 것이었다. 이처럼 한국의 통일교육은 통일운동과 통일정책의 총체성 속에서 민족 통일의 목표를 구체화하고 있었다.

> 남북한 간의 가치체계의 동질화를 위해서는 대립되는 가치 중 어느 것 하나가 더 좋은 가치라는 것을 판단하고, 그 방향으로 동질화시켜야 하는데, 그 판단이 어렵고, 결국은 끝없는 논쟁에 빠지게 될 것이다. 따라서 통일 지향적 자세를 어느 한 두 개의 덕목에 깊숙이 내면화되어서, 사고의 경직성을 보이는 사람보다는 덕목과 덕목을 교통 정리할 줄 알고 가치의 다원성을 수용하며, 새로운 가치에 대한 개방성을 갖춘 사람이 통일조국에 더 잘 적응하는 사람이 될 것이라고 보았다.[29]

통일교육은 남북한 사이에 이질화된 가치 체계를 가르치는 교육이념과 내용을 변화시켜 나가려는 목표를 갖는다. 따라서 국민들은 통일교육을 통해 민족통합의 목표를 구체화한다.

실질적으로 통일교육으로의 성립과 그 과정은 민족의 최대 과제인 통일의 실현이라는 중요한 목표와 반공정신의 배양, 자유민주주의의 수호 그리고 평화 통일의 원칙으로 변화되어 왔다. 이처럼 통일교육의 목표는 바로 국민적 통일논의 구조에서 함의될 수 있는 내용으로 전개된 것이다.

통일교육으로의 변화는 통일의 목적을 달성하기 위해서 통일교육의 원칙이 지속되어야 한다는 것이다. 따라서 국민들은 민족통일의 의지를 강화하기 위해서 무엇보다도 통일문제에 있어서 변해야 할 것과 변하지 말아야 할 것에 대해 주지할 필요가 있다.[30] 통일교육은 민족 통

---

29) 문용린, "통일지향적 가치체계형성 방안모색", 한국정신문화연구원, 『통일한국의 삶의 양식과 가치체계의 탐색』, 성남: 한국정신문화연구원, 1993, pp.163-165.
30) 이상우, 『함께 사는 통일』, 서울: 나남출판, 1995, pp.18-23. 참조.

일을 위한 원칙적인 입장을 실천하는 노력이기 때문에, 이러한 원칙을 현실화할 수 있도록 하는 방안이 요구된다. 즉, 통일교육의 원칙은 변하지 않아야 할 지속적 목표와 상황에 따라 보완되어야 할 변해야 할 발전적 목표를 포함하는 것이다.

통일교육의 지속적 목표는 민주적 통일원칙과 평화적 통일원칙 그리고 자주적 통일원칙 등으로 파악될 수 있다. 첫째, 통일교육은 자주적 통일원칙을 견지하기 위하여 '민족주의'를 지속적 목표로 삼는다. 분단은 주체적 민족의사라기보다는 미·소 강대국의 이념이 반영된 결과이다. 즉, 한반도 분단은 민족 내부의 분단 상황을 극복할 수 없는 통일 역량의 미흡에 따른 것이었다. 이러한 측면에서 통일역량의 강화는 우리 민족의 과제이며, 민족의 통일역량은 자주적 통일의 기초이다. 독일의 통일역량은 정치·경제·사회·문화영역에서 주변국을 압도하는 데에서 얻어진 것이었다. 따라서 통일은 일방적으로 경제적 수준의 우위만을 통해 이루어지지는 않을 것이다. 한국의 통일은 민족 자체의 통일역량이 주변국의 한반도 정책에서 가장 해결해야 할 문제로 될 때야 비로소 이루어질 수 있는 것이다. 남북한 민족 동질성회복이나 신뢰구축은 유화적인 접근으로 이루어지기보다는 강고한 자주적 통일원칙이 실천됨으로써 가능한 것이다. 따라서 국민들은 통일교육을 통해 민족의 역량을 강화하고, 민주적 사회를 건설하는 데 노력을 기울여야 할 것이다.

둘째, 통일교육은 민주적 통일원칙을 이루기 위하여 '민주주의'의 지속적 목표로 삼는다. 민주적 통일원칙은 민족적 동질성을 회복하는 포용력을 확대하는 것이다. 이 원칙은 민주적 이념지향을 표방하는 것이다. 그 이유는 민족통일 지향이 이념적 타협을 원칙으로 내세울 수 없기 때문이다. 현실적으로 베트남, 독일과 예멘 그리고 홍콩의 중국 편입을 보더라도 이념적 타협에 의한 통일은 사실상 불가능하다. 각 나라들이 통일을 이룬 사례는 베트남의 경우 공산주의 체제로, 독일은 포용적 자본주의 체제로, 예멘은 이념적 합의를 통한 통일 이후 내전을 통해, 홍콩은 중국 사회주의 체제에서의 시장경제 체제의 인정으로 통합되었다. 한반도 통일은 이념적 타협으로 불가능하며, 한 체제를 다른 체제가 포용할 수 있어야 한다. 한국은 '다원적 가치'를 추구하는 민주주의체제이고, 북한은 '획일적 가치'를 지향하는 공산주의 체제이다. 일반적으로 볼 때, 자유민주주의체제 안에서 공산주의적 정당은 존재하지만, 공산주의 체제 안에서 자유민주주의적 정당이 건재할 수 없는 체제이다. 그렇기 때문에, 남북한 통일은 실질적으로 한반도의 남북한 구성원인 민족을 포용할 수 있는 자유민주주의체제인 한국의 통일 의지에 달려 있게 된다. 따라서 통일교육은 이념적 타협으로 조정되는 것이 아니라, 민족통합을 위한 민주적 통일 원칙 속에서 포용성을 넓혀 나가야 할 것이다.

셋째, 통일교육은 평화적 통일원칙을 이루기 위하여 교육목표나 내용에서 '평화주의'를 지속적 목표로 삼는다. 즉, 통일의 과정에서 폭력을 행사하는 경우, 그 논리는 어떠한 경우에도 정당화될 수 없는 것이다. 한반도 통일논의는 분단 상황 속에서 제거해야 할 대상을 고려하는 작업이 아니다. 이러한 원칙은 그 자체가 이상적인 의미를 갖는다고 일부에서 비판하더라도, '구성원의 공존합의'[31]를 보장할 수 있는 것이다. 통일의 과정은 분단의 원인에 대한 시시비비를 찾을 수 없을 정도로 복잡한 경우이다. 그러나 북한은 말할 것도 없고, 한국의 경우도 평화적 통일 원칙에 대해 아전인수격으로 이해하려는 경향이 있다. 통일은 민족구성원 전체가 민족에 대해 폭력사용을 포기하는 것이다. 따라서 분단상황에서 폭력의 포기는 일방적인 것이 아니라 상호적인 것이다. 즉 우리 사회에서의 폭력적 통일논의의 포기는 북한의 전쟁 불사의 통일논의의 포기를 같은 맥락에서 논의하는 것이어야 한다. 그러므로 평화적 통일원칙

---

31) 이상우, *op. cit.*, p.21.

은 이에 대해 반발하는 일체의 세력을 용인할 수 없는 것이며, 일방의 폭력사용에 대해 제어할 수 있는 것이다. 통일교육의 목표는 이러한 전반적인 평화적 통일원칙을 관철하고 있어야 한다.

또한 통일교육은 앞에서 밝힌 지속적 목표와 더불어 이러한 제 원칙을 도모하기 위해 변화해야 할 발전적 목표를 실천하는 것이다. 그동안 통일문제는 남북한 관계의 상황적 논리가 민족적 과업보다 더 작용하는 경향을 보였다. 한 예를 들면, 한국은 민주적 통일원칙을 설정하고 있지만 자체적인 민주적 역량의 부족으로 인해 변혁적 통일운동의 준동에 의해 상당히 경색되는 일면을 보여 왔다. 이러한 한국사회의 상황은 궁극적으로 남북한의 통일의지를 반감시킬 수 있다. 따라서 통일교육은 북한의 통일전략과 국내의 변혁운동의 부정형적 혼란유도에 빠지기보다 국가 안보적 측면을 고려하면서, 민족 동질성회복과 민족 주체성 확립을 강화하는 방향으로 나가야 한다.

통일교육은 한반도 상황의 급변속에서도 지속적 목표와 발전적 목표가 강화되어야 한다. 통일교육의 목표는 변동적일 수 없으며, 북한에 대해 보다 단호한 입장을 견지하여야 할 필요가 있다. 통일교육의 목표가 수시로 변동된다면, 주변국과 북한은 우리의 통일의 목표를 명확히 이해할 수 없을 뿐만 아니라, 국민들도 상당한 혼란에 빠지게 될 수 있다. 따라서 통일교육은 통일의 통일원칙인 지속적 목표와 발전적 목표를 명확하게 함으로써, 민간단체나 국민들이 통일의 국내외적 환경변화에 능동적으로 대처하도록 구성되어야 한다.

2) 시기별 내용특성

통일교육의 시기를 구분하는 과정에는 여러 가지 사항이 고려되어야 한다.[32] 먼저 통일교육의 구조를 통해 고려할 사항은 정치변동에 관한 구분이다. 또한 교육과정의 개정의 시기가 주요한 구분의 하나이다. 그리고 교육 신사조가 중요한 역할을 수행할 수 있다.

이처럼 통일교육은 결정적으로 정치 변동과 교육과정의 제정과 개정에 따른 구분과 일치하며, 통일교육의 내용변화는 실제로 교과서의 내용에서 표출된다.

본 연구는 시기구분을 교육내용의 구성에 따른 인식보다는 전반적인 통일환경의 변화와 남북한 관계의 변화에 초점을 두었다. 이러한 시기구분은 데어의 '교육의 사회적 목표'[33]에서도 잘 나타나고 있다.

---

32) 이재봉, "한국 정치교육 발달의 체계적 분석연구", 서울대학교 대학원 교육학 박사논문, 1991, pp.50-54. 이재봉은 정치변동, 교육과정의 제정 및 개정시기, 교육사조의 변화 등을 변천시기로 파악하였다.

33) R. L, Derr, 이종각 역, 『학교교육의 사회적 목적분류학』, 서울: 문우사. 1985 참조.

44

(표 Ⅱ-1) 통일교육의 시기구분

시대 구분 / 내용특징	정부수립 및 과도기		군부 통치기		민주주의 이행기	
	제1공화국	제2공화국	제3·4공화국	제5공화국	제6공화국	문민, 국민, 참여정부
교육과정	교수요목기·1차 교육과정	(1차 교육과정의 지속)	2차, 3차 교육과정	4차 교육과정	5차 교육과정	6차·7차 교육과정
통일교육의 명칭	반공교육		승공통일 교육	통일·이념 교육	통일·안보 교육	통일교육
데어의 敎育 社會化 目的分類에 의한 敎科書 分析 — 유지	안정화·재생산 기능이 강함		재생산 기능이 강함		안정화·재생산 기능이 약함	
데어의 敎育 社會化 目的分類에 의한 敎科書 分析 — 개선	수정·대체기능이 약함		수정기능이 강함		수정·대체 기능이 강함	
統一敎育 形態	반공교육의 기초 마련		적극적 반공교육의 강화와 공산주의 이데올로기 비판교육 실시		통일교육의 새로운 모색과 '통일교육의 비판적 입장'의 출현	
통일운동과 통일정책	북진 통일론	중립화 통일론과 남북한 자유 총선거론	선건설 후통일론과 8·15 선언의 선의의 경쟁 추진	민족화합민주통일 방안	변혁적 통일운동의 등장과 한민족 공동체 통일방안	시민통일운동의 활성화와 민족공동체 통일방안

출처: R. L. Derr, 『학교교육의 사회적 목적분류학』 참조: 이재봉, "한국정치교육 발달의 체계적 분석연구", pp.65-135.; 박순성, 『통일논의의 변천과정: 1945-1993』, 1993.; 통일교육원, 『통일문제 이해』, 1997, pp.79-99.; 추병완, "학교 통일교육의 개선방향", 한국교육신문사, 『새교육』 452호, 1992. 6. 등의 내용을 토대로 하여 재구성하였음.

데어의 '교육사회화 목적분류'에 의한 분석[34]을 통해 볼 때, 한국의 통일교육은 정부수립 및 과도기에 간접적으로 실시되었다. 이 당시 상황은 6. 25 직전과 직후의 시기로서 반공교육이 정규과목으로 실시되지 않았다. 그러나 반공교육은 독본을 통해 나타났다. 이후 제2공화국의 경우도 반공적 입장의 내용에 대한 변화가 없었지만, 통일논의 분출에 따른 반공교육에 대한 비판이 일어났다.

이후 군부 통치기의 통일교육은 남북한 체제경쟁 시대인 반공교육과 통일·이념 교육으로 실시되었다. 60년대 초기에는 승공사상이나 『자유수호의 길』 등의 교육내용에서는 공산주의와 일체의 대화나 타협이 불가능하다는 인식을 보였다. 제3공화국 이후 반공교육은 감정적인 호소보다는 실질적인 내용성을 가지고 있었다. 그리고 통일교육은 반공·안보·이념교육의 일환으로 인식된 부분적인 입장에서 전면적인

---

34) R. L, Derr, 이종각 역, 『학교교육의 사회적 목적분류학』, 서울: 문우사, 1985. 참조. 데어(R. L. Derr)는 교육의 사회적 목적자체의 의미에 연구목적을 두고 교육의 사회적 목적에 대한 분류체계를 제시하였다. 그래서 교육제도가 갖는 사회적 역할을 체계적으로 분류하였다. 즉, 데어는 교육의 사회적 접근이 기존에 사회학적 논의 속에서 이루어진 개념의 모호성에 대해 체계적인 인식의 도구를 마련하였다. 즉 교육을 교육체계 자체의 유의미성을 부여하여 분석하였다. 이 분석은 교육의 분류체계를 통해 사회적 목적에 관한 의의를 파악하게 하였다.

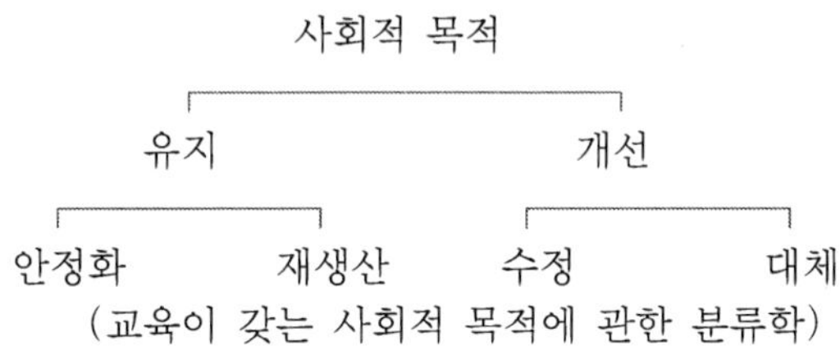

(교육이 갖는 사회적 목적에 관한 분류학)

데어(R. L. Derr)의 관점에서 본다면, 통일교육은 안정화와 재생산에 초점을 두고 실행되었다. 즉 통일교육의 입장이 개선적인 측면보다는 유지적인 측면으로 강화되었다. 교육의 목적과 같이 통일교육의 사회적 목적도 개인의 역할과 그 개인의 사회적 역할을 계속 강조하여 왔다.

입장으로 성립하게 되었다. 또한 이 시기는 남북대화가 72년 남북 공동 성명의 전후를 통해 이루어졌다. 그러나 당시는 권위적 체제가 남북한에 공히 존재하고 있었고, 대화의 의도가 체제의 강화에 있었기 때문에 한계를 보였다.

유신체제 붕괴 이후 등장한 제5공화국의 통일·이념 교육은 국내외적 이념적인 대립의 양상이 보이자, 국민정신 교육의 일환으로 강조되었다. 그러나 이와 같은 접근은 민간단체나 국민적 저항을 받았다. 1980년대 중반 이후 '통일교육에 대해 비판적 입장'이 부각되었다. 이 입장은 실질적으로 학교통일교육에 영향을 주었다.[35] 또한 이 시기의 변혁운동은 87년 6월 이후 결정적으로 통일운동에 영향을 주었던 것이다. 또한 '통일교육에 대한 비판적 입장'은 학교현장에서 민중교육의 논의와 결합하기 시작하였다.

이 시기를 거치면서 제6공화국의 성립은 1992년을 전후하여 '남북한 사이의 남북 기본 합의서'를 통해 남북대화의 상징적 특징을 볼 수 있다. 이 시기는 민주적인 이행 과정기이었다. 이러한 상황에서 국내환경은 정책적으로 북한을 전략적으로 이해하는 한계를 벗어나려는 조짐이 보이며, 국민적 통일논의 구조가 성립되어 가는 중요한 변화를 보였다. 이 시대의 통일논의는 이전의 중요한 통일교육의 분기점의 영향이 실질적으로 종합되는 성격을 갖는다. 특히 변혁세력을 중심으로 한 민간단체는 통일문제에 대한 기존 통일정책의 한계를 뛰어넘는 중요한 전환적 성격을 보였다. 즉 통일문제가 사회적 전환기에 중요한 이슈로 등장하였다. 이 시기는 중립화 통일논의가 나타난 4·19 혁명기와 1980년 초 '서울의 봄'의 통일논의보다 강조된 '통일교육의 비판적 입장'이 보다 더 강화되었다.

'통일교육에 대한 비판적인 입장'은 사회주의 체제보다 자유민주주의

---

35) 한국교육개발원, 『학교 통일교육의 새로운 전개방향』, 1988, p.15.

의 우월성을 견지한다는 견해를 내세우며 등장하였다. 이러한 입장은 통일교육의 목표와 내용 체계가 지나치게 보수적 인식구조의 반공·안보·안정 질서로 유지되고 있다고 비판하고 있다. 또한 이 입장은 미국이 남북한 관계에 과잉적 대립 국면을 조장한다는 인식을 가지고 있으며, 통일대비 교육과 통일 이후 교육에 대한 논의가 아직도 시기상조라고 보고 있다. 심지어 이 입장은 한국사회의 비현실적인 폐쇄체제를 모색함과 동시에 편협한 북한의 연방제 통일방안을 선호하는 경향까지도 보인다.[36] 그러나 '통일교육에 대한 비판적 입장'은 한반도 분단 상황을 파악하는데 있어서 남북한 분단구조의 적대감을 과소평가하는 비현실적 견해이며, 남북한 갈등과 안보에 대한 한반도의 상황의 적확한 이해가 결여되어 있다.

이후 문민, 국민, 참여정부는 초기에 보수적 성향의 일부와 변혁적 성향의 일부가 통합적 성향을 보이는 통일문제에 전향적 입장을 취하였다. 통일·이념 교육 역시 정부 주도 통일교육에서 정부와 민간이 결합된 통일교육으로 나타나는 경향과 급진적 통일운동의 일환으로 '통일교육에 대한 비판적 입장'이 강화되었다. 그러나 문민정부 후기는 통일운동의 극성으로 인하여 이념 강화의 경향을 보였다.

전반적으로 통일교육의 내용은 내부적 민족분열과 외부적 미·소 제국주의 세력의 대립과 갈등으로 나타나서, 민족분단을 극복하여 통일을 이루고자 하는 민족 화합의 교육으로 변천하여 왔다.

또한 통일교육의 내용은 민족의 분단 이후 우리나라가 추구해 온 통일교육의 변천과정을 학교 교육과정을 중심으로 고찰해 보면 크게 세 가지의 흐름으로 요약할 수 있다.[37] 즉 교육내용의 강조점 추세로 보아 반공교육의 시기, 통일·안보 교육의 시기, 통일교육의 시기로 구분

---

36) 박종철, "민족주의의 개념 및 한국 민족주의의 특성", 민족통일연구원 편, 『통일 이념으로서의 민족주의』(1993), p.38.
37) 교육부, 『통일교육 지도자료』 장학자료 제89호, 1993 참조.

할 수 있다.

첫째, 반공교육의 시기는 미군정기로부터 제4차 교육과정기 까지를 말한다. 이 시기에는 우리의 체제를 수호하기 위한 반공교육이 주류를 이루었다는 데에 그 특징이 있다.

둘째, 통일·안보 교육의 시기는 이전 반공교육의 국민적 요구 수렴에 미숙한 논의구조를 극복하고 나타났다. 이 시기의 안보·교육은 5차 교육과정 시기로, 반공교육보다 강화된 통일의지를 보여 주었다.

셋째, 통일교육의 시기는 통일·안보 교육에서 발생하는 이중적인 북한인식을 결합시키지 못한 것에 대한 대안 단계이다. 즉, 통일·안보 교육은 이전의 반공교육의 감정적인 내용구성을 극복하였지만, 통일노력과 통일방안의 현실성이 결여된 면이 있었다. 교육부는 제6차 교육과정을 개정하면서 중점 교육 분야로 도덕교육, 환경교육, 근로정신함양 교육, 진로교육, 성교육 등과 더불어 통일교육을 강조하였다. 그 명칭도 '통일교육'으로 개칭되었다.

교육과정을 통한 분석은 3분적인 구분을 시도하였다. 그러나 본 연구자는 더 세분화하여, 첫째 시기를 4분 하고자 한다. 즉, 반공교육기는 정부 수립 및 과도기와 군부 통치기로 구분된다. 그 이유는 전자의 경우는 문민 권위주의 시대의 수세적인 의미에서의 반공교육이었으며, 후자는 군부의 적극적인 반공의 표방이었다.

또한 후자의 군부 통치기의 경우는 또 다시 박정희 정권과 전두환 정권의 통일교육의 형태가 구분됨을 알 수 있다. 박정희 정권은 국내의 통일운동과 저항적 변혁세력이 미비한 상태에서 승공통일 교육으로 강화할 수 있는 환경이 조성되었다. 그러나 전두환 정권은 민주화의 흐름을 역행하면서 탄생한 정권이었기 때문에. 국내의 저항세력이 엄존하여 체제의 위기까지 몰고 갈 정도였다. 따라서 정부는 당시 이데올로기 비판교육을 실시하면서 통일교육을 강화하는 입장을 취하였다. 이를 본 연구자는 전두환 정권의 통일교육을 통일·이념 교육으로 명명하고자 한다.

한편, 통일원은 통일교육이란 '우리 민족의 한결 같은 염원인 평화통일을 앞당겨 실현하고 나아가 통일된 국가에서 행복한 삶을 이룩하기 위한 바람직한 가치관과 태도를 모든 국민들에게 심어주기 위한 교육'이라고 정의하면서 새로운 통일교육의 기본 전제와 방향을 제시하였다.[38] 특히 통일원의 통일교육 지침서에서는 "통일교육은 통일을 앞당기기 위한 노력과 아울러 통일 이후의 삶을 준비하고 대비하는 내용도 함께 다루어야만 하고, 동시에 우리 국가의 존립과 국민의 안녕, 그리고 통일 성취에 대한 현실적 장애와 위협 요소에 대한 경계심도 가르쳐서 모든 국민이 균형 있고 합리적인 통일관을 형성하고, 이에 부합하는 행동을 도울 수 있어야 한다"는 점을 강조한 바 있다.

지금까지 논의된 통일교육의 변화과정에서 내용체계를 다음과 같이 살펴볼 수 있다. 통일교육은 국내환경을 반영하는 교육내용체계를 갖는다. 전반적으로 통일교육의 내용체계는 실질적으로 반공 일변도 교육에서 객관적이며 보편적인 체계로 변화되는 양상을 보인다. 이러한 '통일교육 내용체계'의 변화 원인은 그동안의 한국의 국내환경이 북한의 경우보다 나아졌으며, 한국 내부적으로 인간의 보편적 가치를 지향하려는 민주화의 노력이 실현되어 가는 과정에 기인된다.

통일교육의 내용체계는 북한의 사회주의적 통일지향보다 객관적으로 민족 포용적 방향으로 지향하고 있다. 더 나아가 통일교육과 관련하여 통일의 방법을 비판적 사고 과정을 통하여 논의가 이루어 질 수 있도록 그 내용을 구성하려고 한다. 통일교육은 '통일 이후의 삶'에 대한 입장을 통해 통일 이후에 대한 대비 내지 분단 상태의 지속하에서 우호적 관계개선의 발판에 대해 동시적으로 생각할 수 있는 이론적 통일교육 체계를 수용하는 개방적인 자세를 표방하고 있다. 따라서 통일교

---

38) 통일원, 『남북한 화해협력 시대의 통일교육 기본방향』, 1992, p.4.

육의 접근방향은 남북한에 존재하는 이념적 차이와 체제적 차이를 동
질화시켜 나가는 것이다.

Ⅲ. 통일교육의 성립으로의 관련요인과 분석틀

1. 관련요인

통일교육을 체계적으로 파악하는 과정은 국제환경과 남북한 관계, 국내환경을 기본으로 하는 세계적 조망과 '통일운동'과 '통일정책'의 국내 상황을 포괄하여 보는 작업이다. 그러나 그동안 통일과업은 통일을 이루겠다는 정치 지도자의 욕망과 민중론자의 무분별한 참여론이나 보수주의자들의 절대적 원칙만 고수하려는 경향 등으로 인하여 많은 혼선을 보인 적도 있었다. 이처럼 원칙만을 고집하는 경우와 변화 추세만을 생각하는 경우로 인하여 통일문제에 대한 접근은 복합적 논의 전개가 이루어지지 못하고 있는 실정이다. 이러한 의미에서 통일교육은 젊은 세대의 통일의지[39]를 강화할 수 있는 보편적인 교육체계를 요구하고 있다.

1) 국제환경

환경(Environment)은 미소한 감각들의 덩어리인 개인부터 사회의 상호작용의 큰 덩어리까지를 사회전체 속에서 일정한 구조로 파악하는 것이다. 이 안에는 각각의 기능을 수행하는 특정한 유형의 조직이나 규범이 그 한정된 범위 속에서 활성화되어 나간다. 환경은 정신의 인

---

39) 민족통일연구원, 『1994년도 통일문제 국민여론 조사결과』, 서울: 민족통일연구원, 1994, 참조. 실질적으로 통일교육의 대상자인 국민들 특히 청소년들은 통일에 대한 관심이 줄어가고 있다.

공적 구성이나 자연적으로 결합된 현상의 상징적 재생과 무관하게 모든 체제들이 공유하고 있는 전형적인 요소들을 직관적으로 파악할 수는 없다. 그러나 모든 환경의 공통적 기본요소는 바로 개별적 개인이며, 환경은 이러한 개인들의 상호작용들로 구성되는 것이다. 따라서 전체적인 구조의 이해는 환경을 통해 분석적 해석에서 시도되는 것이다.

여기서 분석적 해석은 각 구성원으로 참여하는 사회적 기초단위에서 출발하여 구조 전체를 이해하는 것이다. 이러한 의미에서 국제환경은 각 국내의 환경을 포괄하는 요인이다. 남북한 관계도 이러한 국제환경의 영향을 받는다. 국제환경이 변화됨에 따라 하위체계인 지역, 국가, 사회 등이 저차원 생명체계들로 구성된 구체적인 유기체계와 같이 변화에 대응한다. 이처럼 국제환경은 分化 全能的(Totipotential)이며, 이것은 국제환경이 몇몇 필수적인 과정들을 수행하는 데 있어서 다른 하위체계(Subsystems)들의 도움을 필요로 한다.

국제환경은 2차세계대전이 끝난 이후 미·소의 맹주를 통한 양극체제에서 미·소의 화해를 통한 다극 체제적인 현상으로 변화되었다. 또한 국제환경은 1990년에 이르러 과거 이념적 대립의 원인 제공자였던 소련 및 동구 공산주의 체제의 몰락 등으로 인하여 더욱더 복합적인 양상을 띠고 있다. 즉 미국과 소련이 1989년 12월 몰타정상회담에서 '냉전체제의 종식40)을 선포하면서, 공산주의나 자본주의의 이념 논쟁은

---

40) 냉전체제에 대한 소멸시기와 신국제질서의 시작에 관한 정확한 시점을 말하기는 어렵다. 일반적으로 1990년대 초로 보는 것이 타당할 것이며, 이에 대한 입장들은 다음 세 가지 경우이다. 첫째, 1988년 중거리 핵미사일 폐기조약(IMF)에 서명한 시기로 보는 경우(John Stockwell, *The Praetorian Guard: The U.S Role in the New World Order*, Boston: South End Press, 1991), 둘째, 1989년 동유럽 공산국가가 붕괴된 1989년 크리스마스 무렵이라는 경우(William G. Hyland, *The Cold War is Over* N.Y: Random House, 1990), 셋째, 1990년 12월 19일 유럽에서 냉전종식을 선언한 '파리선언'을 기점으로 보는 경우가 있다.(이상의 내용은 이춘근, "21세기 동북아 군사균형과 한반도", 김철범 편, 『21세기 신

급격히 약화되었다.

국제환경은 대한민국 건국 이래로 경직된 양극체제(The Tight Bipolar System)의 냉전체제, 이완된 양극체제(The Loose Bipolar System)의 동서 데탕트시기, 이후 냉전의 종식과 함께 복합 구조적 체제(The Complex Structural System)의 단일 다극체제(Uni-Multipolarity) 등으로 변화하여 나타난다.[41] 이러한 국제환경에서 나타난 각 현상은 통일교육에 직접적인 영향을 주었다. 특히 80년대까지 지속되어 온 미·소의 대립적인 양극체제는 반공교육의 기초와 강화에 절대적인 영향을 주었다.

국제환경은 변화를 이루고 냉전에서 탈냉전 그리고 복합 구조적 성격을 보이고 있지만, 한반도의 분단은 동북아시아의 대립적 지역환경이 한반도와 그 주변에선 분단의 중대한 변화가 이루지 못하고 있는 실정이다. 일차적인 책임은 한민족이 적대적인 남북한 관계를 해소하지 못한 책임이 있다.

한반도 주변의 동북아시아의 상황은 정치·경제적 각축을 팽창시키는 원인이 된다. 세계 단일다극(uni-multipolarity) 체제의 맹주인 미국, 국내경제와 민족문제를 수습하고 세계에 재복귀하려는 러시아, 경제성장을 가속하고 홍콩을 반환받은 중국, 정치적 대국화를 꿈꾸는 일본 등 4대 강국이 경쟁하고 있다. 이 국가들은 남북한 관계의 진전에는 환영하지만, 궁극적으로 한국의 통일에 대해서는 한국의 의지와는 또 다른 양상을 보인다.[42] 아직도 한국은 북한과의 관계개선이나 한반도

국제질서와 한반도』, 서울: 나남, 1992, p.93.에서 재인용하였다.)

41) 이상우, 『국제관계이론』, 서울: 박영사, 1987, pp.243-262. 캐플란(Morton A. Kaplan)은 국제질서를 세력균형체제, 이완된 양극체제, 경직된 양극체제, 보편적 단일국제체제(국제연합의 이상형), 위계적 단일국제체제(강력한 한 국가가 모든 국가의 통제), 전단위 거부권 보유체제(모든 국가가 공격에 대응력을 갖춘 경우)로 구분하였다.

42) 김재한 외, "탈냉전과 지역주의 속의 한반도", 한림과학원 편, 『남북한 통합 그 접근 방법과 영역(上)』, 서울: 소화, 1996, pp.16-17.; 신정현, "일본과 남북한 관계", 경남대 극동문제연구소 편, 『현대일본의 정치』,

주변의 4대강국과도 통일여건 조성을 위한 구체적인 실행성과를 거두지 못하고 있는 실정이다.

그러나 분단상황에서 우리는 국제환경에 대해 근본적으로 냉정하게 생각할 필요가 있다. 따라서 한국은 국제환경에 대한 주도면밀한 관심을 통해 통일여건을 조성하는 동시에 적극적인 한반도 평화체제로의 전환을 모색하는 국제적 시각이 요구된다. 이러한 국가적 노력은 통일교육을 포함한 통일환경의 복합적 상황에 대한 통일논의를 강화하며, 실질적인 효과를 얻게 할 것이다.

2) 남북한 관계

한반도에는 아직도 냉전체제의 산물인 민족분단이 그대로 남아 있다. 그리고 지금까지도 한국사회는 이데올로기의 갈등으로 인한 분단의 고착화, 분단의 재생산 등으로 국민들에게 직·간접적인 역사적 부담을 주고 있다.

과거 반공교육의 기조는 북한과의 전쟁과 양극 체제에의 갈등에서 나타난 절대 절명의 생존적 의미를 가지고 있었다. 강대국의 논리에 의해 분열된 남북한 체제에서 한국의 선택은 미국의 선택과 동일시되

서울: 경남대학교 출판국, 1986., pp.259-281. 미국은 그간 한국인의 일반적 정서와는 어느 정도 거리를 두면서 통일자체에 대한 기대보다는 분단의 안정적 관리에 대해 주목해 왔다. 즉, 미국은 통일한국을 현재 미국의 동맹관계에 있는 남한의 연장으로 바라고 있을 뿐이다. 또한, 일본의 대한반도 정책의 기조는 '한반도의 안정＝현상유지'로 집약된다. 일본은 남북한 대화의 환경에 대해서는 지지를 보내지면 현상유지를 깨는 통일한국의 위상이나 미래에 대해서는 지극한 관심을 표방하고 있다. 곧 한반도의 위험한 사태는 일본의 안보에 직접적인 영향을 주기 때문이다.

는 이념적 구조를 가지게 되었다. 한국은 자국의 한반도에 대한 영향력 강화라는 문제에도 불구하고, 분단 상태의 긴장감 속에 놓여 있다. 이에 비해 북한이 소위 그들 특유의 독자적 입장에 설 수 있었던 배경에는 중·소의 대립이라는 특수성이 있었다. 이러한 전반적인 상황에서 북한은 '주체사상'의 기조를 건설할 수 있었다. 그러나 한국사회는 다원적 가치 추구나 민족주의적 정서조차 보장받을 수 없는 상황에서 굳어진 반공주의와 권위주의 체제가 성립된 것이다.

여기서 국제환경 체계와 상호작용을 수행하는 남북한 관계는 남북한 통일정책과 남북한 교류를 포함하는 것이다. 예를 들어 북한의 휴전위반 사건이 발생되면, 남북한 관계가 대립적 상황으로 치닫게 되고, 통일교육은 국내환경에 즉각적인 영향을 주었다. 따라서 통일교육적 기반은 통일정책과 북한에 대한 인식의 변화에 의해 좌우되었다.

한반도가 냉전상황에서 외부적인 힘에 의해 분단이 된 상황에서, 남북한 정권은 통일을 제일의 목표로 삼으면서도 실질적인 통합방법보다는 정권의 대중적 기반과 생존을 위한 통일문제를 접근하여 갔다.[43] 이에 남북한 관계가 일정한 합리성을 가지는 형태로 전개될 경우, 통일논의나 통일교육의 극단적인 논리간의 대립이 약화되고, 통일방안에 대해 검토할 정도로 상당히 남북한 관계는 통일교육의 환경에 민감하게 작용하였다.

이러한 의미에서 남북한 관계는 상호불신의 이미지가 잘 적용되는 반응－자극 상호작용 모델이 적용된다.

---

43) Chun In-Young, "A Comparative Analysis of South and North Korean Unification Policy, 1945-1996: Consistency and Change", Korean Society for the Systems Science Research and International Society for the Systems Sciences, *Complex Systems Model of South-North Korean Integration: Systems Perspective*, S. N. U., May 17-18, 1996, pp.1-3.

(그림 1) 남북한의 자극반응 상호작용 모델

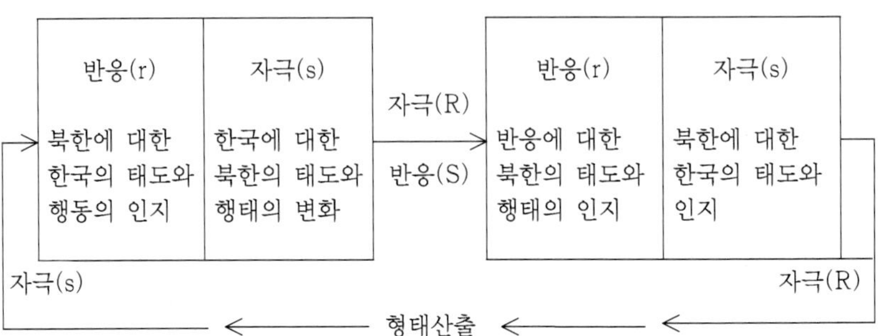

출처: Chun In-Young, "A Comparative Analysis of South and North Korean Unification Policy, 1945-1996: Consistency and Change"에서 인용.

즉 아자르(Azar)의 S-O-R 모형을 기초로 한 전인영의 남북한의 자극반응 상호작용모델을 볼 때, 남북한 관계는 복잡한 상황 속에서 직관적인 상호작용을 보인 것으로 설명될 수 있다.[44] 민족국가 체계의 경계 내에서 자극에 대한 인식은 상황에 대한 정의나 객관적 현실에 대한 이미지이다. 이 모형을 통해 볼 때, 남북한은 상호신뢰를 구축할 수 있는 행태를 산출할 수 있는 환경이 거의 없었다. 따라서 적대적인 이미지가 더욱 증폭되어 가는 모습을 보였다. 남북한은 각각 분리된 공간을 차지하고 있는 상황에 있었다.

그럼에도 남북한은 남북대화의 입장에 놓이는 경우도 있었다. 60년대 초 북한의 적극적인 통일공세는 남북교류, 경제활동과 함께 연방제 통일방안을 제의하였다. 그러나 이러한 북한의 제의에 대해 한국은 '북진 통일론'이나 '남북한 자유총선거론' 등의 이상적 입장을 보였다. 또한 한국은 70년대 이후 북한에 대해 적극적인 남북대화를 주장하였다. 그러나 북한의 반응은 냉소적이었다.

그동안 한국정부는 국내의 통일논의나 북한의 공세에 대해 적대적인

---

44) *Ibid.*, p.7.

입장을 고수하였다. 심지어 정부는 통일논의의 표현까지도 안보의 공백이나 사회혼란의 현상으로 보기도 하였다. 이러한 인식구조의 근저는 강력한 반공주의에서 비롯된다. 또한 그 원인은 북한의 선택이 강경한 군사적 도발의 기초가 된다.

그동안 북한에서는 줄곧 대남 강경노선이 주도적으로 주창되었다. 북한은 베트남 게릴라식의 '청와대기습 미수사건', '울진·삼척 무장공비 침투사건(1968)'과 '미얀마테러(1983)'와 '대한항공기 폭파사건(1987)', '동해 무장공비 침투사건(1996)' 등 침략적 행위를 강행하여 왔다. 그리고 북한은 전적인 책임을 한국과 미국에 돌리는 태도와 형태를 표명하였다. 따라서 전반적으로 정부와 국민들은 북한에 의한 전쟁과 일련의 침략 사태에 맞서기 위해서는 철저한 반공의식만이 국가 존립을 가능하게 한다는 입장을 견지하고 있었다.

이러한 관점에서 반공교육은 남북한 관계를 다음과 같이 인식하고 있다.

> 우리나라는 휴전선 너머에 공산 침략자들을 대하고 있기 때문에 항상 전쟁의 불씨를 안고 있으며, 불안이 이 땅 위에 감돌고 있다. 이미 1950년에 공산 침략자들이 도발하였던 6·25 사변의 경험이 아직도 우리 뇌리에 생생한데 지금도 김일성 일당은 호시탐탐 제2의 6·25 사변을 벼르고 있다.[45]

> 북한 공산주의자들은 공산정권 수립 이후 우리 민족의 전통적인 이념이나 사상과는 전혀 다른 공산주의를 북한지역에 들여와 북한주민들을 통치해 오면서 민족 이질화를 심화시키고 있다. 이는 우리 민족이 전통적으로 지녀 온 이념이나 체제와의 단절을 의미한다. 더욱이 북한 공산주의자들은 민족 모두의 염원인 평화적 통일이 아닌 공산화 통일을 달성하기 위해 노력하고 있다.[46]

---

45) 문교부, 『승공통일의 길』, 서울: 동아서적주식회사, 1967, p.187.
46) 교육부, 『국민윤리』, 서울: 대한교과서주식회사, 1996, p.294.

이처럼 한국은 "반공교육적 입장이 변화되지 않아야 한다"는 견해가 지배적이다. 그러나 이러한 인식의 원인 제공자인 북한은 침략 의도에서 한국을 위협하고 있으며, 한국에 대한 대립적 인식을 강화하는 경향을 보인다. 따라서 한국사회의 반공주의는 오랜 기간 북한의 계획적인 테러나 위협을 받으면서, 사회 분위기로 강화되어 온 것이다.

한편 이러한 대립적 남북한 관계에 대한 인식과 달리하는 비판적인 입장이 나타났다. 이 입장은 북한의 변화를 시도하려는 입장과 한국사회의 남북통합을 위한 여건조성에 주력하는 경향을 보인다.

> 놀라움과 비통함을 금할 길이 없음 …… 남북한 간의 체제경쟁을 구실로 더 이상 민족의 생명을 희생시키는 일이 없어야 …… 이럴 때일수록 우리 정부와 국민은 냉정을 잃지 말아야 하며 약한 자에 대한 힘의 응징보다는 그들이 평화와 동족 번영의 길을 택하도록 대화의 길을 터야 할 것 ……47)

이러한 논리는 그동안 강력한 국가구조와 전쟁 이후 분단상황 등의 정치변동과 산업화, 도시화라는 급속한 사회경제적 변화상황에서 새로운 인식의 세력에 의해 주창된다. 이 세력은 노동계, 학생운동 세력, 종교계, 진보적 지식인, 변혁세력 등으로 볼 수 있다. 그러나 사회 민주화운동이 확장되는 상황 속에서도 남북한 간의 대립적 관계는 극복되기 어려운 양상을 보인다.

이처럼 통일문제는 그동안 분단과정과 전쟁 등으로 말미암아 여러 가지 복합적 문제가 관련된 현실의 갈등적 성격을 갖는다. 통일교육은 좌·우의 대립에 따른 역사적 규명이 시도됨과 동시에 대립적 남북한 관계의 개선이 실질적으로 이루어져야 한다. 이러한 작업은 통일의 과정을 성사시키는 중요한 의식공유를 이룰 수 있는 것이다. 즉 통일에

---

47) 한국기독교교회협의회(KNCC), 88년 1월 26일 성명.

대한 관점은 사회적인 통념에 대한 새로운 의식을 요구한다.

남북한 관계는 실질적인 민족 동질성회복을 위한 노력에 의해 호전될 수 있다. 이러한 변화를 위한 노력은 통일교육에 의해 남북한 적대감을 해소함으로써 효과를 얻을 것이다.

3) 국내환경

국내환경은 사회구조와 정치·경제·사회적 현상 그리고 지도자의 리더십을 망라한 사회적 분위기를 의미하는 것이다. 따라서 국내환경은 통일교육의 국내적 상황에 대한 이해의 척도가 되며, 개인이나 집단들이 가지는 사회적 이념성을 의미하는 것이다. 이러한 근거에서 국민들은 정치, 경제, 사회 문화 등에 대한 환경을 통해 통일문제를 파악하고 있는 것이다.

이러한 국내환경을 어떻게 분석해야 할 것인가? 이는 체계를 통한 분석을 시도함으로써 체계 속에서 인식의 상이한 기반을 파악할 수 있다. 일반적으로 체계란 상호작용하는 요소들의 집합이라고 정의된다. 또한 체계는 대상들 간 그리고 속성들 간의 관계를 포함한 대상들의 집합이라고 정의된다. 이와 같은 추상적 수준의 체계 특히 환경은 이러한 정의 속에서 일련의 합의를 도출할 수 있다. 즉 체계의 추상적 부분을 구체화한다면, 사회현상에 대한 인식에 있어서 스스로의 오류나 한계를 명확하게 할 수 있다.

영(Oran R. Young)은 "우리는 체계라는 개념을 명료화하고 경험적으로 조작하기 위해서 체계개념에 대한 여러 정의를 다소 정교화시킬 필요가 있다"고 말하였다.[48] 따라서 한 체계는 시간과 장소에 있어서 정

---

48) 이용필, *op. cit.*, p.10.

확성에 의거해서 규정될 수 있다는 것이다. 이러한 의미에서 사회구조는 무작위로 형성된 집합체(random aggregation)와는 구별되는 요인들 간의 상호 의존수준과 연결수준이 높은 요인에만 적용된다는 것이다.

이러한 접근을 가능하게 하려면 여러 관계에 대한 구성적 시각(Constructive View)이 의미 있는 작업이 될 것이다. 이 방법은 체계이론의 연구목적을 위하여 추상보다는 실제적 활용에 더 관심을 두는 것이다. 실제로 이 활용은 유기체가 통합되는 국내환경에 관한 체계적인 관점이라고 할 수 있다.

따라서 국내환경에 대한 각각의 변수에 대한 이해는 체계적 본질을 이해하는 데 있어서 중요한 의미를 갖는다. 즉 환경은 각각의 변수를 규정하는 내부적 평형 상태를 유지하고 있다. 또한 구조는 이론적 문제에 따른 중요한 요인의 행태에 있어서 여러 변수의 범위를 넘는 상수를 다루는 체계의 특징을 설명하는 것이다.[49] 이러한 의미에서 환경은 측정이 가능한 관련요인들을 다각적으로 파악할 필요가 있다.

$$R_{iii} = f(\alpha,\ \beta,\ \gamma,\ \delta)[50]$$

국내환경에 관련된 내용의 인식과정은 사회 과학자들의 노력으로 발전하여 왔다. 사회과학자들은 오랫동안 인간사회의 본질에 관해서 관

---

49) Ervin Laszlo, *Introduction to Systems Philosophy* NY: Harper & Row, Publishers, 1994, p.102.
50) Ervin Laszlo, *op. cit.*, pp.98-117. R_{iii}는 사회체계의 관련된 기능을 의미하며, $f(\alpha,\ \beta,\ \gamma,\ \delta)$ 는 변수의 작용으로 $f(\alpha)$는 전체성과 질서의 변수이며, $f(\beta)$는 체계 사이버내틱의 변수로서 체계 내에 존재하는 상호작용의 산출결과와 구조를 의미한다. $f(\gamma)$는 적응하는 자기조직화 과정으로 체계는 스스로 자기안정화 과정->자기조직화-> 또 다른 자기안정화를 반복하며 발전해 나간다. $f(\delta)$는 체계내적 위계를 설정하는 것으로서 체계와 환경의 범위에서의 활동을 의미한다. 특히 개방적 사회체계에 있어서는 그 영역의 한계를 파악하기 어렵다.

찰해 왔다. 로크와 루소는 사회계약론을 통해 인간사회의 본질이 상호
필요와 이익을 위한 자유의지에 의해 받아 들어진 집합이라고 생각해
왔다. 홉스는 인간사회의 본질이 안전과 요구의 만족을 위한 교환에서
의 개인주권의 자발적인 굴복으로 보았다. 아리스토텔레스와 마르크스
는 인간사회의 본질을 사회적인 인간에 의해서 형성된 필연적인 관계
로 보았다. 꽁트는 사회학 이론의 생성과 함께 사회는 실재하는 어떤
것으로 인식하였다. 그래서 그는 여러 가지 구조모델과 평형모델이 내
부와 외부요인을 설명하면서 인간사회의 본질을 설명하려고 하였다.

이렇게 볼 때, 국내환경은 사회적 실재론에 관한 생물유기체의 유추
를 근거하여 발전한 유기적 구조의 인식으로 잘 파악될 수 있다. 따라
서 체계환경의 정태적인 관점에 얽매여 사회를 이해하는 것은 환경에
대한 정확한 이해가 아니다. 환경 안의 사회자체를 유기적 구조로 파
악할 수 있다면, 국내환경에 나타나는 역동적인 조직의 유형도 파악할
수 있는 것이다.

이러한 관점에서 국내환경은 사회체계로 파악할 수 있으며, 그 근거
는 국내환경의 역동성에 대해 정확한 이해를 시도할 수 있다는 전제에
서 성립하는 것이다.

(그림 2) 정치체계 환경의 구성요소

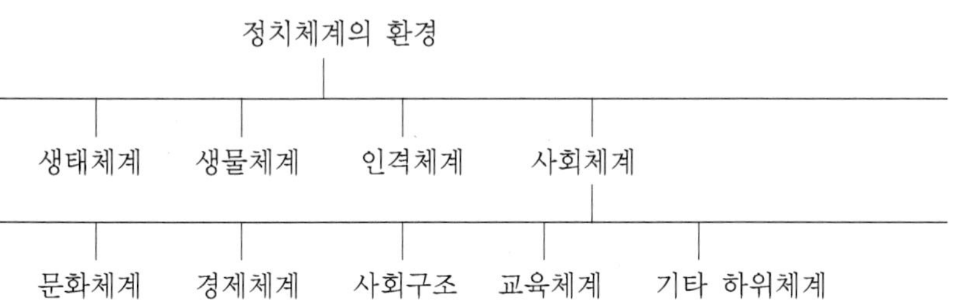

출처: David Easton, 이용필 역, 『정치체계 분석』, 서울: 서울대 출판부, 1984, p.109.
　　참조.

정치체계의 환경은 사회내적 환경과 사회외적 환경으로 구분된다. 후자의 사회 외적 환경은 국제 정치체계, 국제환경, 국제 생태체계로 구분하여 볼 수 있다. 국내환경은 정치체계 안에서 사회체계 그리고 그 체계 안에서의 문화, 경제, 교육체계의 구체적인 사회적 상호작용의 관계를 파악하는 유의미한 과정인 것이다.

파슨즈와 스멜서는 "사회적 상호작용이란 어떤 환경에 있어서 여러 성원의 행태 또는 상태변화가 체계의 상황에 영향을 미치고 또한 서로의 여러 상황과 여러 관계에 영향을 미치는 과정"[51]이라고 정의하고 있다. 또한 브라우는 "사회적 교환 작용이란 여러 집단과 개인 간의 관계들에 있어서 그 기초를 이루고 있다"[52]고 보았다. 이러한 의미에서 환경은 근본적으로 기초단위인 개인에게 관심을 두면서, 인간과 여러 가지 상황과 관계들에 대한 이해를 파악하는 것이다. 궁극적으로 환경은 이념적 흐름과 인식을 파악할 수 있는 것이다.

그러나 부분적 이해는 사회구조의 복합적인 영역을 이해하는 데 있어서 전체적인 영역을 총체적으로 이해하는 데 불가능하다. 따라서 개인의 실제에서부터 환경을 이해하는 데에는 생물학의 영역에 발전된 사회관계의 개념의 영역으로 파악하는 작업이 요구되는 것이다. 이러한 의미에서 스펜서는 "부분의 상호작용을 파악하는 데 있어서 개개인의 실체로 사회를 보는 사회유기체의 논의 방법이 가장 확신적인 것이다"[53]라고 주장하고 있다. 이러한 실체로서의 개인의 총화를 통해 환경을 파악하는 것은 한 단면으로의 통찰이 아니기 때문이다.

국내환경은 한 단면의 부분적 관점을 전체적인 구조적 관점으로 인식하는 것이다. 이러한 관점은 환경의 전체적 시각을 강화하는 기준이

---

51) Talcott Parsons & Neil Smelser, *Economic and Society*, N.Y: Free Press, 1956, p.9.
52) Peter M. Blau, *Exchange and Power in Social Life*, N.Y.: Wiley, 1967, p.5.
53) Ervin Laszlo, *op. cit.*, p.98.

될 것이며, 체계의 상호작용에 대한 생태학과 생태 체계분석의 복합적이며 동태적인 연구에 시사를 줄 것이다. 결국 환경은 "어떤 사회에 의해서 구성된 전체적 구성체계 안에 존재하는 하나의 분석적 체계"[54]인 것이다.

국내환경 안에는 다음과 같은 하위체계들이 있다. 하위체계는 경제체계, 사회구조와 교육체계를 망라한 것이다. 경제체계, 사회구조와 교육체계는 전체적인 환경의 가치의 권위적 배분의 문제에 대한 정확한 인식을 기초로 하여야 한다. 이러한 근거에서 정책의 사회적 필요성이 요구된다. 이러한 가치의 권위적 분배에 대한 관심은 환경의 모든 구성원들에게 끊임없이 상호작용을 하며, 그 과정에서 상호간의 귀속감을 발전시키는 인간들의 특수한 모임인 것이다. 따라서 흔히 공동체의식이라고 불리는 것은 그 환경의 구성원들이 그들의 문화나 사회구조에 있어서 근본적인 유사성을 갖고 있다는 것을 의미한다.

국내환경은 여러 하위체계들의 특징 이상으로 구성되어 있다. 예컨대, 예속적인 국민들은 이러한 일체감을 공통의 문화와 사회구조를 통해 경험한다. 한 사회 집단은 일반적으로 자신들의 생존과 관계된다. 한 사회의 활동들은 그 구성 집단들의 어떤 활동들보다 광범위하다는 것이다. 다시 말해서 우리가 사회에 대해 언급할 때 의미하는 것은, 함께 생활하며 함께 집단생활에 필요한 최소한의 필수 조건들을 만족시키려고 노력하는 최대 범위의 인간들의 집단인 것이다.[55]

일련의 국내환경에 대한 체계적 이해는 환경의 변화, 적응뿐만 아니라 붕괴까지의 동태적 측면을 파악하는 것이다. 이것은 사회엔트로피 이론에 의한 개념들의 구성을 통해 일반적인 여러 이론들의 구체적 적용이 가능하게 된 것이다. 이러한 국내환경의 정향은 일반적인 사회현

---

54) 이용필, *op. cit.*, p.369.
55) David Easton, 이용필 역, 『정치 체계론』, 서울: 인간사랑, 1990, pp.157-158.

상에 대한 구체적인 인식의 기준을 파악하게 하는 중요한 성과를 나타
낸다. 따라서 사회구조를 통한 시각은 사회현상에 대한 경험적 연구를
통해 개념과 모델의 근원을 제시하고 경험적으로 확인할 수 있는 특수
한 영역이나 본질적 영역에도 적용할 수 있는 이론적 기반인 틀을 제
공하는 것이다.

이상과 같이 국내환경은 사회구조와 경제체계 그리고 정치체계에 전
반적으로 영향을 주어 한 시대의 국민의식을 형성하는 데 중요한 역할
을 한다. 특히 한국은 권위주의적 성향에서 민주주의적 성향으로 서서
히 변화하면서, 통일교육에 있어서 중요한 변화를 보인다.

4) 통일운동

초기의 통일운동은 해방 이후 민족주의적 열망이 거세게 일어났던
민족통합 운동인 좌·우 합작운동을 통해 나타났다. 그러나 국내의 반
공주의자나 공산주의자들은 다른 양식의 통일운동을 생각하고 있었다.
그들은 그들 이데올로기 중심의 통일을 바랬다. 남북한에 각각 다른
정권이 수립되면서, 민족통일운동은 당분간 현실적인 의미를 상실하게
되었다. 또한 전쟁 이후 민족통일을 위한 노력은 그 자체가 불법이며,
국시를 위반하는 체제전복의 행위로 비추어 졌었다.

보수적 통일운동의 전형인 북진 통일론의 성립은 한국사회의 남북
대립적 상황을 그대로 표출한 것이었다. 그러나 이러한 보수적 상황에
도 불구하고, 통일문제에 대한 또 다른 인식인 변혁적 통일운동은 분
단극복을 이루기 위한 북진 통일론에 반기를 들고 전개되었다. 이처럼
민간단체나 국민 각 계층은 그들의 인식구조를 통해 통일운동을 전개
한 것이다. 따라서 한국의 통일운동은 '분단과정을 전후하여 등장하였
으며, 이후 역사적 공간 속에서 의미성을 가지고 통합을 지향하려는

운동'으로 파악될 수 있다.

통일에 대해 각각 달리 나타나는 인식은 한 시대, 한 사회의 정신과 행위 일체 즉 체제의 조직, 계층 간의 제목표 개선, 그 사회의 목표지향에 대해 이데올로기적 편향성에 따라 서로 다른 보수적 인식구조, 변혁적 인식구조 그리고 대안적 인식구조로 통일문제를 파악하게 되었다. 이러한 측면에서 통일운동은 추구하는 바와 그 흐름에 있어서 서로 다른 인식을 기반으로 표현된다.

보수적 인식구조는 '자유민주주의적 이데올로기'가 반영되어 있으면서, 권위적 입장에 서있다. 또한 이 인식구조는 반공주의를 통해 일관된 국가목표로 상당 기간 통일문제 인식에 있어서 안정적 성격을 보여준다.56)

진보적 인식구조는 "통일운동은 전체 민족민주 운동의 한 영역으로 전개되며, 민족자주운동과 계급운동의 한 표현형태를 이루는 것이며 상호 유기적으로 결합되어 발전해 가는 것"57)으로 보았다. 즉 변혁적 인식구조의 세력은 권위주의 시대가 비합법적인 투쟁으로, 민주화 이행기에도 반합법적 투쟁으로 분출되어 정치적 억압에 대항한 극단적인 투쟁성격을 갖는다.58)

---

56) 이온죽, "남북한 사회통합의 이론적 탐색", 이온죽 외, 『남북한 사회통합』, 서울: 삶과 꿈, 1997, p.21. 이온죽은 현재 통일논의의 다양화가 국민들에게 장기적 국가목표와 통일과정에 대한 혼란을 가중할 수 있다는 것을 경계하면서, 과거의 반공교육이나 새마을운동 같은 프로그램은 일정 정도의 한계는 있지만, 국가목표의 일관된 사회통합적 성과도 인정해야 한다고 주장한다.

57) 장하진, *op. cit.*, p.409.

58) 이종오, "한국사회 변혁운동의 과제와 전망", 한국사회학회·정치학회 편, 『한국의 국가와 시민사회』, 서울: 한울, 1995, pp.433-434. 변혁적 인식구조는 건국 당시 모든 사회주의 세력의 제거와 민족주의 세력의 탈락과정을 통해 전혀 정치적 기반이 없는 상황에서 나타난다. 이러한 보수적 인식구조에서 변혁적 통일운동은 60, 70년대 남북한 간의 격심한 긴장상태에서 비합법 전위당의 결성운동 조직사건인 통일혁명당,

이러한 양자의 한계를 극복하는 새로운 중도적 인식구조가 나타났다. 이 인식구조는 민간 통일운동의 중도적 입장으로 주체적인 시민의 등장과 활동에 그 의미를 두고 있다. 이 통일운동은 보수적 인식구조·변혁적 인식구조의 통일론에서 1980년대 이후의 급격한 사회변화, 한국의 정치적 변동과 민주화 이행과정을 통해 분화되었다. 이는 그동안 30여 년간 권위주의 정치체제가 변하면서, 실제적으로 통일운동은 관변운동이나 비합법적 조직운동의 성격을 벗어나게 됨을 의미한다. 즉, 통일운동은 다원주의 사회의 풀뿌리 민주주의 과정과 민간참여를 통해 두드러지게 된 것이다.[59]

이상과 같은 논의에서 통일운동은 '보수적 인식구조·변혁적 인식구조·중도적 인식구조에서의 남북 분단상황을 극복하고 통일을 지향하려는 운동'이라고 정의할 수 있다. 이처럼 통일운동은 대립적 양상과 경직된 북한의 통일전략에 따라 '다원적인 남북문제 접근'이 불가능하였다. 그러나 통일운동 세력은 남북한 양자 중에서 상호신뢰를 조성하고 통일의 실마리를 풀 수 있는 윈-윈(Win-Win) 전략을 내세울 수 있는 경우가 한국이라는 것을 직시하여야 한다. 즉, 국내의 통일운동 세력은 남북한 관계개선을 위해서, 정부의 통일정책과 국민들의 통일

인민혁명당, '남조선 민족해방전선 준비위원회'(남민전) 등의 활동으로 나타났다.

59) 이신행, *op. cit.*, p.201. 이전과 달리 변혁적 통일운동과 시민통일운동은 90년대 이후 그 성격이 일반적으로 분화된 양상을 보인다. 그동안 통일운동은 같은 지향 목표로 보여졌으나, 이것은 잘못된 인식이다. 시민통일운동이 개량적인 입장이라면, 변혁적 통일운동은 조국통일 범민족연합(범민련)·주사파를 근간으로 하는 저항적 통일운동 세력이다. 전자의 경우에는 민간적인 차원의 '북한 동포 쌀 보내기 운동'을 전개하고 있으며 정부의 통일정책에 대해 비판적인 입장을 견지하는 통합지향적 통일운동이라고 할 수 있다. 그러나 후자의 경우에는 독자적으로 북한과 친북인사를 중심으로 한 해외동포를 연계하여 1988년 이래로 한국 사회 운동의 한계를 뛰어 넘는 급진적 통일운동을 전개하고 있다.

교육과 내적 통합문제를 검토할 필요가 있다.

5) 통일정책

그동안 남북한 정부는 민족통일을 지상 목표로 삼았다. 남북한 정권은 분단극복이 최우선의 국가정책이었으며, 정책 결정자들은 그들의 생존과 인기를 위해 통일의 중요성을 통일정책에 반영하고자 하였다.[60] 한국의 통일정책은 건국 이래로 자유민주주의적 이념을 고수하면서, 양극체제가 전형적으로 나타난 국제환경 속에서 국가의 조정과 변화에 대처하였다. 이러한 의미에서 초기의 통일정책은 북진 통일론과 남북한 자유총선거론으로 이루어졌다. 북진 통일론은 민족 분단이 강대국에 의해 분단되었기 때문에 무력이라도 사용하여 불완전한 분단 상태를 극복하자는 의도를 반영하는 것이며, 남북한 자유총선거론은 UN을 통한 해결을 시도하려는 경향에서 비롯된 것이었다.

한국의 통일정책은 정치적 구조의 변화, 남북한 관계의 변화, 지역적·국제적 체제의 변화에 따라 변화되는 양상을 보였다. 일례로 남북한 통일정책은 미·소 관계가 진전되는 국제환경이 조성될 때, 남북한 관계는 유연성을 보이곤 한다. 그러나 과도기를 겪었던 제2공화국과 제5공화국의 통일정책은 판이한 현상을 나타내곤 하였다. 전자의 경우는 이상적이며 무력적인 북진 통일론을 포기하고, 남북한 자유총선거론이 강화되었다. 후자의 제5공화국의 경우에는 남북한 최고당국자 회담을 제의하는 등 적극적인 통일정책을 바탕에 두고 있었다. 이러한 현상은 제2공화국의 통일정책은 북한에 대한 전반적인 열세로 인하여 수세적인 입장이었고, 제5공화국의 경우는 남북한의 가시적인 경제적 격차에 따른 국가적

---

60) Chun In-Young, *op. cit.*, p.2.

자신감의 발로로 공세적이며 적극적인 입장이었다.

통일정책은 평화적 통일을 위한 진지한 협상을 기획하기보다는 체제 대립에서의 우위를 인정받고 싶은 정책 결정자의 이상적인 동기에서 비롯되었다. 이러한 배경은 외부 환경에 의한 변화보다도 남북한 지도자의 미시적인 심리전 성격이 중요한 영향을 미치고 있다. 실제로 권위주의 시대인 박정희와 김일성의 심리적인 측면이 통일정책에서 반영될 정도로 정책 결정자의 심리가 잘 적용되는 양상을 보인다. 이러한 입장에서 볼 때, 통일정책이 평화를 주장하면서도 경제적, 정치적, 군사적 우위를 암시하는 것도 바로 정책 결정자의 의도가 반영되는 것임을 알 수 있다.

통일정책은 실질적으로 한국사회의 보수세력에 의한 여론 형성에 민감한 반응을 보인다. 특히 문민정부 초기 통일정책의 결정자는 대안적 논리를 내세우는 진보적 논리가 득세했으나, 남북한 관계 및 국내환경의 악화로 인해 보수적 논리로 회귀하는 경향을 보였다. 이러한 현상은 통일정책의 결정이 분단의 현실적 관점과 통일의 미래적 관점이 혼재되어 있는 상태에서 나타났기 때문이다.

그럼에도 불구하고, 한국의 통일정책은 계속적으로 이상적 접근의 북진 통일론에서 현실적 입장의 반공 통일론, 이후 절충적인 접근인 '한민족공동체 통일방안'이라는 진전을 보여 왔다. 이것은 이전의 '민족화합민주 통일방안'에 비교할 때, 상당한 진전을 의미한다. 즉 이 방안은 결정적으로 통일 과정의 과도기적 상황인 '남북연합'을 제시한 것이다. 이 '남북연합'의 구상은 원칙적으로 한국 우위의 인원 구성을 벗어나 남북한 인원 동수에 의한 통일문제 접근을 시도하였다. 그럼에도 북한의 통일정책은 1960년 연방제 제의 이후 '고려민주 연방공화국' 방안으로 이상적 통일논의로 수렴되는 결과를 보여 주고 있다. 남북한 통일정책은 한국의 자유민주주의적 통일접근과 북한의 연방제에 입각한 통일접근을 시도하였다. 남북한은 2차례의 남북공동성명·남북한 기본 합의를 이루었음에도 대립적 심리를 극복하지 못하는 통일정책을 지속하고 있다.

건국 이후 근 30여 년 동안 통일정책은 북한과의 실제적인 대화를 강조하지는 않았다. 제1공화국에서 제3공화국까지는 일체의 평화론을 거부하였으며 이러한 내용이 교과서에도 그대로 반영되었다.

> 그래도 철모르는 국민 일부에는 은근히 공산주의에 **共鳴**하는 사람이 없지 않았는데, 6·25 사변은 결정적으로 공산주의를 남한 내에서 일소하고 말았다. 6·25 사변으로 인하여, 우리 국민들은 공산주의의 정체가 무엇인지 뼈가 저리게 깨달은 것이다. 공산주의를 체험하지 못한 다른 나라 사람들 가운데는, 아직도 공산주의에 대하여 은근히 동정하는 사람들이 적지 않은데, 우리나라에서는 그러한 경향이 일소되고 온 국민의 사상이 민족주의·민주주의로 통일되었으니, 이것은 불행 중 다행이라 할 것이다. 우리는 하루 바삐 아직도 공산치하에서 신음하고 있는 북한동포를 구해 내지 아니하면 안 될 것이다.[61]

이러한 상황에서 볼 수 있듯이, 통일정책과 통일교육은 북한에 대해 반공적 입장만 보였다.

그러나 70년대 통일정책은 북한에 대한 평화적 입장으로 변화하는 상황을 보인다. 그러나 통일정책이 확연한 평화통일 지향을 제시하지 못함으로써 통일교육은 60년대의 승공통일의 입장과 평화통일의 입장이 혼재되는 양상을 보인다. 이후 통일정책은 중대한 변화를 보이는바, 북한에 대한 적극적인 통일론을 제시하게 된다. 80년대 이후 국내환경은 통일교육에 대한 비판이 성행되는 상황에서 대안까지 모색하게 되었다. 통일교육은 통일정책에 의한 일방적 교육이라는 비판적 사회 분위기가 나타나면서 점진적이며 중도적 입장으로의 통일정책으로 전환함과 더불어 합리적 모색을 보이기 시작하였다.

---

61) 유진오, 『고등학교 사회과 정치와 사회』, 서울: 일조각, 1962, p.243.

통일정책 결정자는 계속적으로 대안을 찾으려는 다양한 요구를 통해, 통일논의 간의 대립적인 국면을 변화시키는 실질적인 방도를 구상하였다. 따라서 통일교육은 '정권 및 체제 안정적 차원교육'에서 '국내의 통일논의에 대한 비판적 검토와 남북한의 인정 그리고 통일'을 위한 교육으로 전환되어 왔다.

이처럼 한국의 통일정책은 남북한 대립구도 속에서도 실질적인 민족 통합 교육을 실시하겠다는 대원칙을 두고 있다. 이러한 의미에서 한국은 민주적 통일원칙을 지향하면서 내부적으로 민주적 입장으로서의 제도화와 현실화를 이루고 있다. 한국사회는 민주적 제도화로의 정착과 지향에 중요한 의미를 두고 있다. 우리는 민주적 통일의 원칙을 지향할 수 있게 되는 것이다.

또한 우리가 평화적 통일원칙을 지향하려면 북한에 대한 우리의 일방적인 사고나 인식이 변화되어야 한다. 한국은 북한에 대한 제어능력을 배양하면서 평화적 통일 원칙을 실천할 필요가 있는 것이다. 또한 환경에서 국가 공권력의 과도한 사용을 통한 통일논의의 억제나 폭력적 통일운동, 북한에 대한 자만심, 이기심 등이 변화되어야 한다. 남북한 평화체제는 강경한 억제정책이나 유화적 교류정책만으로 이루어지는 것이 아니다. 호전적인 북한의 행동에 대해 우리 사회는 익숙해 있다.

남북한 통일은 체제 경쟁적인 입장을 통해서 이루어질 가능성이 희박하다. 적대적 경쟁이든 선의의 경쟁이든 민족 간의 갈등을 야기할 수 있는 것이다. 따라서 한국사회의 구조는 평화를 위한 자체적인 능력을 강화하면서, 호의적인 남북한 관계 개선을 위한 방법으로 변화되어야 한다. 독일의 통일과정을 보더라도, 통일문제는 주변국과 통일 당사국 간의 긴밀한 협조가 요구된다. 이러한 측면에서 제6공화국의 북방정책은 상당한 의미를 가지는 정책이었다.

그러나 중요한 사실은 이러한 외교가 국민적인 논의나 성과이상의 선전적인 입장에 치우친 감이 있다는 점이다. 사실 통일역량을 가지지 않는 상태에서 북한을 고립시키겠다는 논리는 오히려 북한을 호전적으로 변화시켰으며, 그 피해는 한국이 되돌려 받는 경우도 있었다. 또한 민족 자체적으로 통일문제를 해결하려는 변혁적 통일운동은 국제환경을 감지하지 못하다는 근본적인 한계를 갖는다.

따라서 통일정책은 민주화 과정에서 한반도 주변 상황을 이용하면서 국민적 통일의식을 고양하는 방향으로 변모되어야 할 것이다. 이러한 의미에서 통일의 원칙은 한반도의 주변 상황을 이용하는 민족 주체적 통일과정을 갖도록 하는 것이다.

2. 통일교육의 관련요인 분석틀

현대의 사회문제는 단선적이며 부분적 이해에 의해서는 해소가 불가능하다. 이러한 의미에서 코닝(Peter A. Corning)은 그 이론의 전체적인 사회적 관심을 보다 심층적이고, 복잡하고, 상호작용적인 측면에서 파악하고 있다. 즉 상호작용적 패러다임(Interactional Paradigm)의 방법[62]은 인간의 생존에 대한 심층적인 구조로부터 인간 본질의 내면적 핵심(the Inner Core of Human Existence)에 대해 관심을 두는 것이다. 이 논의는 각각 기초 생물적인 단위인 인간의 심리적인 의식부터 거시적인 국제환경을 이해하는 구조적 인식이다. 따라서 패러다임적인 구조를 통한 통일문제에 대한 인식은 미시적 변화와 거시적 변화의 통합성 여부를 관찰하는 데 주효할 것이다.

남북한 통일논의는 최종적으로 통합을 추구하려는 작업이다. 이러한 노력은 일차적으로 통일환경과 통일운동·통일정책과 통일교육의 논의

---

62) Peter A. Corning, *The Synergism Hypothesis*, N.Y: McGraw-Hill Book Company, 1983, p.

에 대한 '복합 체계적 시너지즘적 가설(Synergism Hypothesis)[63]의 이해'로 강화될 수 있다. 즉, 통일교육의 체계적 구조를 파악해 보면, 복합체계의 발전을 설명하는 또 다른 개념인 시너지는 자기 조직과 사실상 모순적인 것이 아니라 보완적인 성격을 지니고 있다. 실제로 시너지 효과는 복합성을 지향하는 환경의 더 큰 복합성을 이해하는 중요한 단서를 제공한다.

시너지즘 가설은 복잡하고 기능적으로 조직화된 환경의 진화를 촉진시키는 과정이다. 통일문제는 이러한 의미에서 복잡화 과정의 수많은 특정 단계에 내재한 공통의 기능적 원리가 작동하여 왔으며, 이러한 원리가 서로 다양한 형태의 시너지와 관련되어 있다. 시너지는 너무나 다양해서, 완벽한 유형을 제시하기가 어렵다.[64] 그중에서 기능적 수렴(Functional Convergencies)은 상호작용으로 인한 유형 중에 기능적 자기질서화 과정의 산물인 것이다.[65] 즉, 통일문제는 근본적으로 서로의 시너지 효과를 가지고 있다. 이러한 효과는 보다 근원적인 이해를 통해 통합의 요건을 제시하기도 한다. 따라서 '통일교육의 관련요인'을 통해 통일문제에 대한 발전적 시너지 효과를 파악하는 것이다. 이러한 과정은 바로 복합체계에 대한 적확한 이해로부터 출발하는 것이다.

그렇다면 그동안 분단 이후 '통일교육의 관련요인'을 설명하는 것은 무엇인가? 일반적으로 체계에 있어서 요인 간의 관계에 대한 이해는 보다 과학적인 근거를 파악하기 위한 노력이다. 이러한 일관성과 통합성의 논의에서 요인들은 어떤 형태의 집합 구성에서 긴밀하게 또 의미 있게 관련된 경우에는 체계내적 유대로 나타난다. 이러한 측면에서 통일교육의 배경요인은 '국제환경'과 '남북한 관계', '국내환경'과 '통일운동'과 '통

---

63) *Ibid.*, pp.76-78.
64) Peter A. Corning, "Synergy and Self-Organization in the Evolution of Complex System", *System Research* Vol. 12 No.2, 1995, pp.105-107.
65) 이범웅, "공동체주의의 통합적 기능에 관한 복합체계론적 연구", 서울대학교 대학원 교육학 박사학위논문, 1997, p.48.

일정책'이 서로의 연계성을 보이고 있다.

통일교육은 실질적으로 국내외 환경과 남북한 관계가 악화될 경우 그 영향이 국내환경과 국내 교육체계보다 통일교육에 미치는 영향력이 절대적이다. 1996년 한총련 사태가 발생하자, 국내의 통일교육에서는 이념교육의 강화라는 현상이 나타났다. 이와 같은 현상은 국내환경 및 남북한 관계가 국내적으로 수용할 수 없는 급진적 한총련의 활동에 대한 보수적인 회귀를 통해 국내적 안정을 찾으려는 데에서 기인된다. 이러한 양상은 남북 상황이 긴박했던 96년 북한의 잠수함 침투 사태에도 이와 비슷하게 나타났다. 따라서 전반적으로 통일교육은 '국제환경' 과 '남북한 관계' 그리고 '국내환경' 등의 요인에 의해 통일문제에 대한 인식 수준을 조절하면서 구체적으로 교육목표와 내용이 각 요인들의 변화와 긴밀한 관계성을 보이고 있다.

(그림 3) 한국 통일교육의 관련요인 분석틀

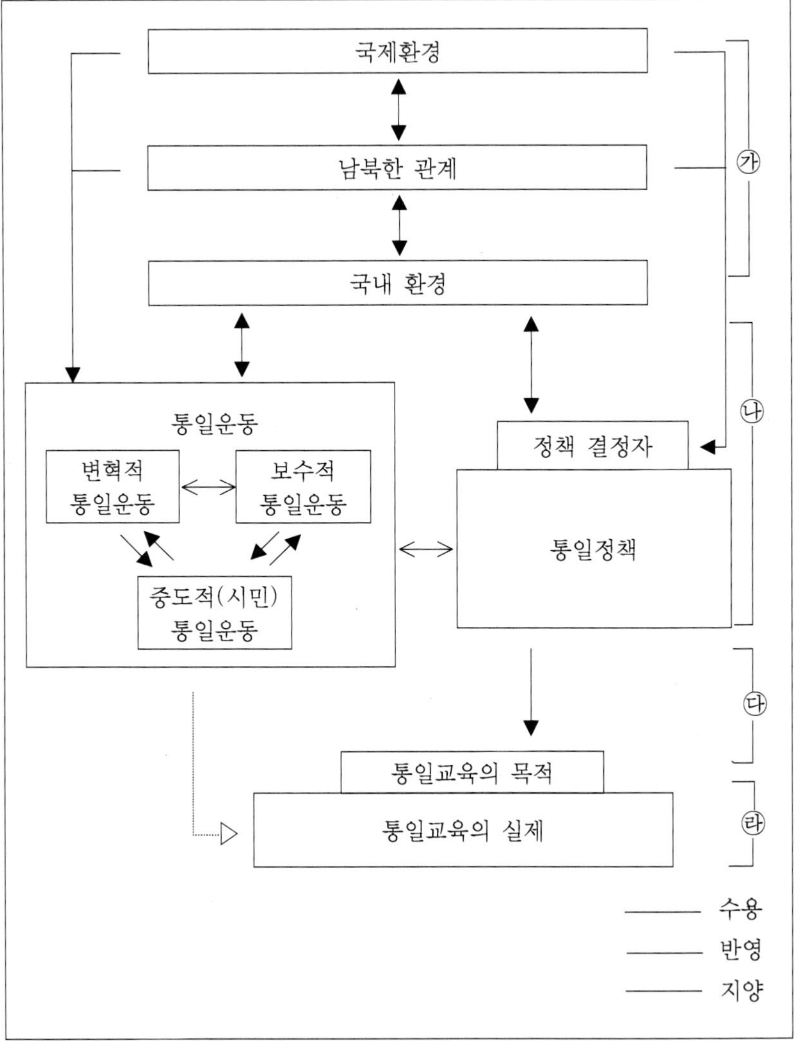

출처: 김석준, 『한국산업화국가론』, p.92.; 정세구, "국민윤리교육론", 『국민윤리학개론』, p.237.; Kaufman, 『교육체제설계』, p.79. 재구성.

'통일교육의 관련요인 분석틀'을 통해 볼 때, 한국 통일교육의 변천에 대한 연구는 논의 ㉮, ㉯, ㉰, ㉱로 구분하여 파악할 수 있다. 이 내용은 다음의 통일교육 변천의 각 절 1), 2), 3), 4)에서 설명될 것이다.

먼저 ㉮의 논의는 전반적인 통일환경이 통일교육에 미친 영향에 대한 것이다. 즉 국제환경, 남북한 관계, 국내환경의 영향으로 나타난 통일교육의 환경을 각 장의 1절에서 다루었다.

시대 구분	정부수립 및 과도기		군부 통치기		민주주의 이행기	
	제1공화국 (1948-1960)	제2공화국 (1960-1961)	제3·4 공화국 (1961-1979)	제5공화국 (1981-1987)	제6공화국 (1988-1992)	문민, 국민, 참여정부 (1993-)
내용	냉전상황과 남북한 대결구도	보수적 사회 구조에서의 4·19 혁명	경제건설과 국가 권위주의 체제	신냉전의 전개와 민주화의 좌절	탈냉전 국제 환경의 형성과 민주화 이행	복합구조 체제와 시민 사회의 형성

각 시기별로 보이는 두드러진 현상은 철저한 대결구도에서 보다 복합적인 변화 양상을 보인다. 전반적으로 통일환경은 상당한 복잡성의 상황으로 변화하고 있음을 알 수 있다. 따라서 통일문제는 국제환경, 남북한 관계와 국내환경을 이용할 수 있는 국민적 의식구조의 변화를 요구함을 알 수 있다.

논의 ㉯의 성격은 통일운동과 통일정책과의 관계를 각 시기별로 파악하는 내용이다. 이는 통일논의의 변화를 보여 주는 것으로, 각 장의 2절에서 다루었다.

시대 구분	정부수립 및 과도기		군부 통치기		민주주의 이행기	
	제1공화국 (1948-1960)	제2공화국 (1960-1961)	제3·4 공화국 (1961-1979)	제5공화국 (1981-1987)	제6공화국 (1988-1992)	문민정부 (1993-1997)
내용	북진 통일론의 주도	남북한 자유 총선거론과 중립화 통일론의 대립	평화통일론과 남북 대화의 시도	민족 화합 민주 통일 방안의 기조와 비판	한민족 공동체 통일 방안의 지향과 통일 운동의 분출	민족공동체 통일방안의 기조와 시민 통일 운동

전반적으로 통일정책은 통일교육의 배경에 중요한 역할을 하고 있음을 파악할 수 있다. 건국 초기의 심정적이며 이상적인 통일정책에서 현실적인 통일방안으로 변화됨을 파악할 수 있다. 또한 통일운동의 성향이 대립적인 국면에서 비판적인 국면으로 변화됨을 알 수 있다.

그리고 논의 ㉯의 내용은 통일정책이 직접적으로 통일교육의 목적에 영향을 준 것과 간접적으로 통일운동이 통일교육의 대안에 영향을 준 것으로서 각 장의 3절에서 파악할 수 있다.

시대 구분	정부수립 및 과도기		군부 통치기		민주주의 이행기	
	제1공화국 (1948-1960)	제2공화국 (1960-1961)	제3·4 공화국 (1961-1979)	제5공화국 (1981-1987)	제6공화국 (1988-1992)	문민정부 (1993-1997)
내용	반공교육의 기초	반공교육의 재논의	승공통일 교육의 성립	통일·이념 교육과 민중 교육론	통일·안보 교육의 지향과 비판	민족통합 교육의 모색

통일교육은 각 시기별로 반공교육적 분위기에서 벗어나는 경향을 보인다. 건국 초기의 통일적 환경은 통일교육을 실시할 수 있을 정도로 통일정책과 통일운동이 완화되어 있지 않았다. 경직된 통일환경을 그대로 표출하는 통일교육의 목표를 파악할 수 있다. 그러나 민주주의

이행기를 거치면서 한국의 통일교육은 실천적으로 민족통합을 추구하는 면모를 보여 준다. 또한 통일운동의 영향으로 비판적인 시각이 나타나지만, 궁극적으로 민족 화합적 차원의 통일교육을 지향하는 모습으로 비추어 지고 있다.

통일교육의 구체적 실제는 통일운동과 통일정책의 영향을 파악할 수 있는 것으로서 논의 ㉣는 각 장의 4절에서 다루었다.

시대구분	정부수립 및 과도기		군부 통치기		민주주의 이행기	
	제1공화국 (1948-1960)	제2공화국 (1960-1961)	제3 · 4 공화국 (1961-1979)	제5공화국 (1981-1987)	제6공화국 (1988-1992)	문민, 국민, 참여정부 (1993-)
내용	반공정신의 배양	반공정신의 고수	국가안보와 민족 주체성의 강화	자유민주주의 수호와 비판적 인식	민족통합적 북한인식의 시도	민족동질성 회복과 상호 신뢰구축

구체적인 교육현장의 모습은 상당한 우여곡절 끝에 변화되었음을 파악할 수 있다. 반공정신으로 출발한 군부 통치기의 통일교육은 이념교육으로 강화되어, 통일교육적 지향을 제한하기도 하였다. 한편 통일운동의 통일교육에 대한 영향은 상당한 부정적인 면이 있음에도 불구하고, 통일교육에 대한 비판적이며 합리적인 대안을 강화시켰다.

이처럼 통일교육의 관련요인을 통한 체계적인 접근은 그동안의 통일교육의 성격을 극명하게 파악할 수 있으며, 왜 한국사회에서 반공교육과 승공통일 교육 그리고 통일·안보 교육으로 나타났는가를 적실하게 설명할 수 있다. 또한 이러한 접근은 통일교육이 민족갈등을 해결하기 위한 전환적 사고를 모색하게 하는 중요한 단서가 될 수 있다. 즉 통일교육은 보수와 급진 사이에서 온건하고 합리적이며 비판적인 통일논리의 정착과 확산을 위한 새로운 전환을 시도할 수 있는 단서를 제공한다. 그리고 과격한 통일운동이나 보수적 통일운동은 통일교육에 부정적인 영향을 준다는 것을 파악할 수 있다.

이러한 의미에서 통일교육의 변천에 관한 논의는 좌·우 대립의 해방정국으로부터 문민정부까지의 역사에 대한 이해이며, 고루한 현상의 하나가 아닌 미래 지향적인 통일국가와 통합사회의 건설이라는 중요한 시대적 인식을 밝히는 작업인 것이다.

Ⅳ. 정부수립 및 과도기의 통일교육

(1948-1960)

1. 제1공화국의 통일교육

1) 냉전상황과 남북한 대결구도

2차세계대전 이후 국제환경을 논의한 카이로선언은 한국의 조속한 독립을 보장하지는 못하였다. 따라서 우리 민족의 8·15 해방은 다만 민족갈등의 서막이었다. 해방 이후 한반도에는 수많은 정치단체들과 정파들이 대립하였고, 자기 이념적 지향을 이식하려는 미·소 강국의 냉전논리가 복합적으로 작용하였다.

> 아! 왜적의 항복! 이것은 내게는 기쁜 소식이라기보다 하늘이 무너지는 듯한 일이었다. 천신만고 끝에 수년간 애를 써서 참전할 준비를 한 것도 허사다. ……(중략)…… 그보다 걱정되는 것은 우리가 이번 전쟁에서 별로 한 일이 없기 때문에 장래에 발언권이 약하리라.[66]

패색이 짙어 가는 조선총독부는 한반도의 일본거류민 보호를 위해 유력한 한국인에게 모든 전권을 부여하기로 하였다.[67] 다급해진 총독

---

66) 김구, 『백범일지』, 서울: 백범 김구선생 기업사업회, 1974, p.348.
67) Gregory Henderson, *Korea: The Politics of the Vortex*, Combridge, Mass.: Harvard Univ. Press, 1968, pp.113-114. 일본이 미국에 항복할 의사를 밝힌 날은 1945년 8월 11일이었다. 그런 과정에서 조선총독부는 한국에 있는 일본 거류민 80만 명의 일본으로의 안전한 귀환을 위해 한국의 지도급인사를 물색하다가, 45년 8월 12일 정무총감인 엔도 류사쿠(袁藤柳作)는 보성학교를 중심으로 한 전라도 부호인 김성수의

84

부는 여운형을 만났다. 여운형은 민족주의자인 안재홍과 함께 해방 이후 한국에 거주하는 일본거류민의 안전을 보장하는 조건으로 총독부에게 이에 필요한 권위를 부여받았다. 이들은 건국 준비위원회(이하 建準)를 조직하였다.

건준은 좌파나 우파의 인사를 포함한 조직이었다.[68] 이후 건준은 미군의 한반도 진주 전인 9월 7일까지 각 지방의 군에 135개 하부조직을 만들었다. 건준은 소련이 거의 한반도 전 지역에 주둔할 것이라는 생각[69]에 움직임이 빨라졌다. 이 조직은 여운형의 사회주의세력, 안재홍의 중도 민족주의세력과 박헌영의 공산주의세력으로 구성되어졌다. 건준은 해방 초기에 1만 명이 넘는 독립지사들의 석방과 언론매체의 좌

친구인 송진우와 만나려 하였다. 그러나 송진우는 임시 정부의 구성이 미국과의 조정에 의해 구성될 것이라는 의견을 제시하고 일본 총독부와 대화를 하려고 하지 않았다. 이러한 입장에 대해 반대적인 견해도 있다. 일본이 여운형을 만나려고 한 것은 그의 민족주의적 영향력에 근거한다고 보는 견해이다. 따라서 총독부의 송진우와의 사전 접촉은 단지 하위 직급에서의 동요를 바라지 않는 보조적인 차원의 협조였다. 그러나 일본의 이러한 조치는 미국의 대한반도 정책의 무관심으로 변경되었다. 즉, 미국은 한반도의 미군입성 이전에 기존 질서를 조선총독부가 유지하길 바랐다. 따라서 광복직후 독립만세를 부르다가 피살되는 한국인도 상당한 수가 있었다. 이는 결정적으로 초기 한반도의 미국정책이 실수임을 보여주는 단전인 예이다.

68) 이만규, 『여운형선생 투쟁사』, 서울: 민주문화사, 1946 참조. 건국준비위원회의 조직에는 송진우와 안재홍, 민족주의 우파나 중도계열의 참여를 강조하였으나, 엔도가 8월 16일 미국이 한반도에서 목포나 부산 지역만 점령할 것이라는 말을 듣고 민족주의자들을 조직에서 제거시켰다.

69) 진덕규, "해방 직후 좌·우세력의 성격", 한국정치학회 편, 『현대 한국정치론』, 서울: 법문사, 1990, pp.89-90. 소련군은 일본에 대한 선전포고를 하고 8월 8일 함경북도 토리에 진공, 9일부터 나진·청진·웅기 등지에 공습을 감행하고, 13일 청진에 상륙하여 접수지역마다 사회주의자 중심으로 소비에트식 인민위원회를 구성하였다. 소련군에 의해 서울이 접수될 것이라는 소문이 나돌자 좌파들은 세력확장을 위해 더욱 노력하였다.

익경도 등의 영향으로 인해 상당한 정치력을 유지하고 있었다.

그러나 미군의 한반도 남반의 주둔은 건준의 사정과는 다른 방향으로 흘렀다. 일단 미국 정부는 조선 총독부가 미국의 지시에 의해 해방 직후의 치안을 유지하게 하였고, 이에 따라 조선총독부는 건준에게 부여해준 권위를 부정하였다. 또한 국내 민족주의자들은 미군주둔의 사실에 고무되어 김성수·송진우를 중심으로 8월 27일 정당을 결성하였다.[70]

이처럼 해방정국은 민족주의와 사회주의라는 이데올로기가 형성되어 가고 있었다. 각 세력은 자체의 결속력이 부족하여 그들의 정통성을 간접적으로는 상해의 임시 정부나 외국에 있는 민족지도자들의 지원을 받으려고 했다. 또한 민족주의자나 사회주의자들은 직접적으로 외세의 인정을 통해 자체 세력을 확대하려는 외세 의존적인 특성을 가지고 있었다. 따라서 해방 정국에서의 각 세력은 민족 자체 결집 입장보다는 외세나 외부의 영향력에 그 정당성을 부여하려는 속성을 보였다.

미군의 한반도주둔은 국내환경에 중대한 변화를 주었다. 미군은 한국의 민족주의자들의 요구와 다른 계획을 가지고 있었다. 해방 직후 민족주의자들은 좌·우 합작에 관심을 두었으며, 이 노력은 바로 한국민의 통일의지를 반영하였다. 그 당시 김구와 김규식을 중심으로 한 민족주의자들은 좌·우 합작운동을 통해 1945년부터 1949년까지 남북 통일운동을 전개하였다.[71] 그러나 미군의 진주는 건준의 활동이나 남북 통일운동으로 나타난 민족운동의 상황을 반공주의라는 입장으로 고정시키는 역할을 하였다. 미국은 건준의 활동이나 대한민국 임시정부의 존재를 인정하려 하지 않았다. 그들은 1943년 카이로회담에서 적당한 시기(in due course)의 독립이라는 입장에 서 있었다.

이러한 상황과 함께 국제환경은 미국과 소련의 격돌이 일어나는 조

---

70) 강진화, 『대한민국 십년』, 서울: 대한민국 10년 기록 사업회, 1956, pp.186-187.
71) 서중석, 『한국현대 민족운동연구 2』, 서울: 역사비평사, 1996 참조.

짐이 보였다. 미·소 간의 대립은 유럽에서의 갈등 그리고 UN 체제가 미국 중심으로 이루어지는 것에 대한 소련의 불만 등은 한국에 절대적인 영향을 끼치며, 한반도를 더욱더 냉각적인 사태로 몰입시켰다. 한국은 민족통합 운동과 단독정부수립 운동의 대립, '모스크바 3개국 외상 회담'에서 결의된 신탁 통치 안에 대한 찬성과 반대로 분열이 극심하였다. 특히 신탁 통치 안에 대한 입장 차이인 찬탁과 반탁의 공간에서 민족주의·반공주의 진영과 사회주의 진영이 대립하였다. 민족주의 진영은 반탁이라는 일치된 입장을 보이고 있었다. 그러나 사회주의 진영들은 신탁 통치 안에 대해 신중한 입장에서 찬탁으로 변경되어 가면서 그 지지 기반이 악화되었다.

이러한 공간에서의 국내환경은 신탁 통치 안으로 인한 분열 이후 반공주의 구조로 개편되어 갔다. 민족주의 임정 진영은 미군 군정 불인정으로 인하여 정치적 입지가 계속 줄어들었다. 이에 비해 반공주의자들은 이승만의 세력 확대와 함께 성장하여 나갔다. 남북통일을 주도했던 김구·김규식 세력은 한국의 보수화와 북한의 사회주의화가 진행됨에 따라 정치 생명력을 유지하기 어렵게 되었다. 한편 반공적 사회구조는 1946년 5월 8일 미군정의 공산당 불법화, 본격화된 북한에서의 소비에트화 정책[72] 등으로 강화되었다. 국내에서는 좌익 정당과 단체의 불법화는 좌파 세력들의 약화를 의미하는 것이었다.[73]

---

72) 윤근식·김운태, "한국현대 정치의 전개과정", 김운태 외, 『한국정치론』, 서울: 박영사, 1994, p.315.

73) 박세길, 『다시 쓰는 한국현대사』, 서울: 돌베개, 1988, pp.62-169. 참조. 해방 직후 사회주의자와 반공주의자 사이에 격심한 대립을 하였는데, 사회주의자와 공산주의자들은 국방 경비대(우익)의 창설 이전에 국군 준비대(좌익)가 있었다. 미군정의 시기 이후 경제난 악화와 북한에 비해 유약한 일제청산, 사회주의자들의 분노 등으로 민심은 사회주의나 공산주의에 상당한 관심을 두었던 것 같다. 이후 국내의 좌·우 갈등은 대구, 서울, 제주, 여수·순천 등 전국적으로 1946년부터 1948년까지 이루어졌고, 이후 공산주의자와 사회주의자들은 태백산, 지리산을

반공주의의 성립은 냉전체제의 대립적 남북관계에 의한 필연적 결과
이다. 반공주의의 성립과 강화가 민족주의 진영과 사회주의 진영에 상
당한 반향을 일으켰다. 그러나 반공주의는 좌·우 혼란 속에서 국가를
주도하는 이념이 되었다.[74] 실제로 해방공간의 좌·우 갈등상황에서
사회주의는 초기의 국민적 열기에도 불구하고, 냉각된 세계질서와 사
회구조에 의해, 민족주의적 열망의 통일론을 전개하였지만, 이 운동은
냉전적 시대의 한계를 극복할 수 없었다.[75] 1948년 정부 수립을 전후
하여 줄기차게 거론되었던, 김구·김규식을 중심으로 한 좌·우 통합
운동은 많은 국민적인 지지에도 불구하고 가능할 수 없었다.[76]

　　중심으로 한 게릴라식 공작을 수행하였다.
74) 양동안, "한국 민주당의 창당과정과 초기정책에 관한 연구", 한국정신문
　　화연구원 편, 『한반도 통일의 전망』, 성남: 한국정신문화연구원, 1994,
　　p.241., pp.254-255. 초기 한민당은 민족진영인사들을 주축으로 하였으
　　며, 사회주의에 대해서는 관용적이었지만, 친일파에 대해서는 배타적인
　　입장을 보였다고 말한다. 그러나 46년 4월 한독당과 통합 문제로 제1차
　　탈당, 좌·우 합작의 한민당 반대로 46년 10월 제2차 탈당, 김성수 단일
　　지도 체제에 대한 반발로 제3차 탈당, 46년 11월 미군정과 타협에 반대
　　하는 제4차 탈당 등으로 초기의 범우파 정당의 성격은 상당히 친일적인
　　색채를 가지게 되었다. 이에 대해 양 동안은 현실주의적 정당의 입장이
　　라고 주장하고 있다.
75) 그러나 해방공간이나 1950년대의 반공주의적 사회에서 이루어진 민족
　　주의의 열기는 이후 시민사회 논의에 있어서 통일문제에 중요한 영향
　　을 미치게 된다.
76) 정영훈, "광복후의 중도파와 통일운동", 한국정신문화연구원 편, 『광복
　　후의 정치세력: 중도파와 좌파』, 성남: 한국정신문화연구원, 1995,
　　pp.70-82. 중도파가 싸웠던 대상은 바로 공산혁명에 모든 것을 희생시
　　킨 극좌세력과 반공의 기치에서 민족문제를 해결하려던 극우세력들의
　　증오감이다. 중도파는 극단적인 이데올로기의 강화에 대항하는 '도덕
　　적 정서' 이상의 민주주의적 시각을 가지고 있었다. 그러나 민족공동
　　체을 저해하는 공동운명의식을 방해하는 식민지 시기 이후의 사회제
　　도와 체제의 문제로, 분열적 이데올로기로 그들의 노력은 역사 속에서
　　'낭만적인 통일 운동'내지 의심스러운 이념으로 매도되고 말았다.

　건국 초기의 한국사회는 사회주의과 반공주의가 대립하고 있었다. 반공주의자와 사회주의자들은 국가의 형태와 조직, 구성 등의 이해관심이 서로 다른 인식으로 대결하고 있었다. 그러나 한국사회가 자유민주주의 체제로 강화되면서, 당시 반공주의 이외의 논리는 서서히 논외로 취급되었다. 즉 반공주의적 이념이 아닌 주장은 공산주의의 주장과 대동소이한 것으로 파악되었다. 역으로 북한의 입장도 이와 다를 바 없었다. 한국에서 반공주의적 통일논리가, 북한에서는 공산주의적 통일논리만이 받아들여지는 냉전 상황의 전형적 모습을 보였다.

　이러한 좌·우의 대립결과 대한민국은 결정적으로 우익 논리의 주도로 수립되었다. 1948년부터 1950년까지의 한국은 반공주의에 의한 정치력이 집중되는 상황이었다. 반공기반의 대한민국의 성립은 전쟁 전까지 분단이라는 현실과 한반도에 두 정권이 존재하는 사실에 대해 인정하기를 거부하고, 한반도가 자체 정부에 의해 정통성과 권한을 가지고 있다고 보았다. 이처럼 대한민국은 '유일한 합법 정부론'의 입장을 강조하고, 북한은 '전조선적 통일 중앙정부론'을 주장하였다.77) 한국은 48년 UN 감시하에 의한 총선거 실시 이후 8월 15일 대한민국 정부를 수립하였고, 북한은 인구 5만 명 당 1명의 비율로 북한에서 212명, 남한에서 360명 등 총 572 명의 대의원을 뽑고, 조선민주주의 인민공화국을 그해 9월 9일에 수립·선포하였다. 여기서 한국은 UN 총회에서 합법정부로 승인되었고, 북한은 그들 스스로 남북한 전역에 걸쳐 실시한 선거를 통한 전조선의 참여에 의한 정부임을 강조하였다. 이처럼 남북한 각각은 상대정부를 괴뢰정부라고 주장하는 등 분단의 현실을 인정하지 않는 입장을 가졌다. 따라서 대한민국은 북한을 인정하지 않고 출범하게 되었다.

---

77) 양성철, "학문외적 통일논의 총점검 및 새 정책 방향모색", 양성철 편, 『한국 통일논의의 새로운 전개』, 서울: 경남대 극동문제연구소, 1989, p.140.

제1공화국의 정국은 국제환경을 통한 한국분단, 이러한 상황에서 반공주의적 논리가 결합되어 1960년까지 권위주의적 사회구조를 지속하여 나갔다. 권위주의 체제는 민족주의자들의 반발과 민주주의적 열망 속에서도 국제적 양극체제의 질서와 한국전쟁의 영향으로 인해 강화되었다. 즉 제1공화국은 반공적 사회를 권위주의 체제 속에서 구축하게 된 것이다.

이후 한국 전쟁은 해방과 분단을 계기로 분출된 좌·우의 총체적인 갈등의 극단적인 전형을 보여 주었다. 이 사건은 반통일적인 분위기를 강화하는 반공 이데올로기의 발흥의 근원이 되었으며, 한국의 권위주의적 장기집권의 토대를 구축하게 하였다. 그 결과 반공교육이 바로 북진 통일논의에서 시도되었으며, 이러한 구조적 배경은 남북 대결이라는 측면을 한치도 벗어나지 못하게 하였다.

2) 북진 통일론의 주도

전쟁 이후, 이승만 정권은 북한의 붕괴를 통한 북진 통일론을 더욱 확고히 하였다.

> …… 우리는 공산당을 반대하는 것이 아니라 공산당의 매국주의를 반대하는 것이므로 이북의 공산주의자들은 이것을 절실히 깨닫고 일제히 悔心改過해서 우리와 같이 같은 보조를 취하여 하루바삐 평화적으로 남북을 통일해서 정치와 경제상 모든 복리를 다같이 우리끼리 하기를 바라며 부탁합니다. 만일에 종시 깨닫지 못하고 분열을 주장해서 남의 괴뢰가 되기를 甘心할진대 從此는 天意와 人心이 결코 放任치 않을 것입니다. …… [78]

---

78) 한희석, "남북통일과 이승만 박사", 『신태양』, 1957년 4월호, pp.9-10. 이는 이승만 대통령이 1948년 7월 24일 초대 대통령 취임식에서 한 연설문이다.

여기서 볼 수 있듯이, 이 대통령은 북한을 소련의 사주를 받는 괴뢰 정권으로 보고 있으며, 공산주의와의 일체 대화를 인정하지 않았다. 이러한 전쟁 전후 상황의 냉전적 국면은 남북 분단의 장기화를 예고하는 것이었다. 따라서 국내에 존재하는 중도 계열과 민족주의 진영에서 벌여 온 통일논의는 남북한 정권에 의해 매도됨으로써, 그 성과를 얻기에는 한계를 가지고 있었다. 전쟁을 전후로 하여 남북한 사이의 냉전 이데올로기는 더욱더 강고하게 자리 잡게 되었다.

제1공화국은 반공이데올로기의 측면을 통해 북한을 인정하지 않음으로써 국내의 반공적 여론을 결속할 수 있게 하였다. 특히 북진 통일론은 이승만 정권의 정치적 논리를 강하게 반영[79]하는 것으로서, 그 정권의 위상강화와 밀접한 관련이 있다. 또한 '남북한 자유총선거론'은 미국의 입장과 UN의 입장이 중시되는 면을 가진다. 이에 대해 북한은 통일정부를 수립하기 위한 이러한 정책에 동의하지 않았다.[80]

---

79) 이호재, 『한국 외교정책의 이상과 현실』, 서울: 법문사, 1975, p.275., p.291. 한국의 이승만 대통령과 북한의 김일성의 집권은 냉전체제에서의 상황이 한반도에 그대로 재현된 것이다. 따라서 이 둘은 한반도의 분단상황을 극복하는 방법으로 '적화통일', '북진통일'을 추진하려는 의도를 농후하게 가지고 있었으며, 이러한 의미에서 이승만 대통령은 무력적 통일정책을 강조하였고, 김일성은 소란·폭동·침투·전쟁의 정책을 전개하였다. 이승만은 "우리는 사실 조국을 통일할 모든 준비가 다 되어 있다. 다만 무기와 총탄만이 부족하다. 대부분의 북한 공산군도 폭동을 일으켜 우리와 합세하여 북한으로부터 공산도당을 쫓아 버릴 만전의 준비가 되어 있다. 또한 북한주민도 궐기하여 폭동을 일으킬 북한 병사와 합세하여 공산당을 처치해 버릴 것이다. 그들은 우리의 지원 없이도 궐기할 준비가 되어 있으므로 폭동을 일으킬 날짜만 확정하여 라디오나 다른 비밀 통신 기관을 통해 알려 달라고 요청하고 있다. …… 내가 그들의 궐기를 지연시키는 이유는 궐기 후에 궁극적 목적을 달성하기 위해 필요한 무기와 총탄을 확보하지 못했기 때문이다"라고 말할 정도였다.

80) 이만열, "한국 기독교 통일운동의 전개과정", 남북나눔 연구위원회 편, 『민족통일을 준비하는 그리스도인』, 서울: 두란노, 1994, p.25. 북한은

또한 당시 반공적 권위주의 체제는 독재로 이어지는 상당한 정치적 위기를 보여 주고 있었다. 여당인 자유당은 헌법상 임기제한에 걸려 있는 이승만에게 3선의 길을 가능하게 한 1954년 11월 '사사오입 개헌 파동'을 거치면서 정권연장을 꾀하였다.[81]

이에 대항하는 보수야당과 달리 조봉암을 중심으로 한 범혁신계는 1955년 12월 22일에 가칭 진보당 발기취지문과 강령초안을 공표하였다. 또한, 진보당의 통일에 관한 강령은 통일에 대한 획기적인 변화를 예고하는 정치적인 전기를 마련하게 된다. 진보당은 무력을 통한 민족상잔의 비극을 토대로 하는 '북진 통일론'이 더 이상 불가능하다고 보았다. 그리고 '반공'은 더 이상 정권유지의 수단이나 부를 축적하기 위한 방패로 삼아서는 안 된다는 입장을 가졌다.

진보당의 조봉암은 정부통령 선거 유세에서 UN을 통한 조국의 평화적 통일방안을 공약으로 내세웠다. 여기서 '평화적 통일'은 그 당시 통치이데올로기인 '반공'과 '멸공'에 대해 거세게 저항하는 의미를 가졌다. 그러나 북진통일을 강조하는 시대에 평화통일론은 결국 제거를 의미하는 것이며, 조봉암의 혁신적인 세력은 제도권의 횡포인 사법적 처리를 받을 수밖에 없게 되었다.[82] 조봉암의 평화 통일론은 당시 상황에서는 수용될 수 없는 민족주의적 입장을 가진 한계를 가지고 있었다. 또한 그는 평화 통일론을 통해 '북진 통일론'과 '남북한 자유총선거론'보다 더 현실적으로 타협 가능한 방안을 내세웠다.

휴전 이후 1954년 10월 국토통일을 협의하기 위한 회담, 55년 3월 감군과 불가침 조약체결, 56년 6월 한국의 평화적 통일에 관련된 강대국을 포함한 국제회의개최, 57년 9월 10만 감군제의 등 표면적으로는 평화정책을 펴왔다. 그들의 주장은 중립국 감시단의 감시하에 총선거를 실시하며, 총선준비와 남북한 경제 및 문화접근에 대한 조치를 취하기 위해 조선민주주의 인민 공화국 최고인민위원회와 대한민국 국회에서 각각 선출된 대표들이 '전조선 위원회'를 조직한다는 것을 골자로 하였다.

81) 김광식, "한국혁신정당연구", 『신동아』, 87년 10월호, p.249.
82) 조봉암, "평화적 통일의 구체적 방안", 『신태양』, 1957년 4월호, pp.54-55.

한편 1955년 남북통일에 관한 제네바회담에서는 서방 측과 한국이 UN 감시하의 남북 총선거를 내세웠다. 이에 중립 진영과 북한은 중립국 감시하의 남북 총선거를 각각 정치적인 명분으로 강조하였다. 여기서 북한과 중립진영의 주장인 중립국의 총선거론은 UN이 한국 전쟁 때 한국을 지지했기 때문에, UN을 통한 자유총선거론보다는 일면 공정한 방법이라고 볼 수 있다.[83] 실제로 이 당시의 UN 감시하의 '남북한 자유총선거론'은 냉전체제라는 국제질서에서 한국의 정책적 선호였다. 이 방안은 전쟁 이전부터 1954년 제네바회담에서도 제시된 방안이었다. 즉 미국이 UN을 좌우하고 있는 한, 한국은 미국의 입장이 강화된 유엔의 결의를 무시할 수 없었다.[84]

그러나 건국 후 주도적인 통일론은 "최후적인 방법이며 가장 확실한 수단은 북진 통일을 위한 만반의 태세를 갖추고 기회를 촉구하는 방법뿐이다"[85]라는 이미지로 구체화되듯이 반공적 시각에 고착되어 있었다.

이후 한국전쟁은 해방과 분단을 계기로 분출된 좌·우의 총체적인 갈등을 잠정적으로 마무리 짓는 배경이 되었다. 또한 전쟁은 한국에서의 반공이념을 강화하는 결정적 계기가 되었으며, 이승만의 장기집권 토대를 구축하게 하였다. 그 결과 한국의 통일논의는 바로 무력적 북진 통일론만이 존재하게 하였고, 이 정책은 남북대결이라는 측면을 한 치도 벗어나지 못하고 있었다. 북진 통일론은 결국 이승만 정권의 권위주의 통치를 용인시켜 주는 의미를 갖는 것이었다.

> 지난번 5·15 정·부통령 선거 때에 자유당은 북진 통일문제로 무수히 공격을 당하였습니다. 자유당은 마치 국민을 끌어다가 죽음의 구렁텅이에 몰아넣는 無智無謀한 무리로 지목받고 갖은 못된 이름으로 불려졌었습니다. ……(중략)…… 우리 자유당은 덮어놓고 피만 흘리고 멀쩡한 사람을

---

83) *Ibid.*, pp.56-57.
84) 이만열, *op. cit.*, p.23.
85) 이기붕, "북진통일의 방법과 주장", 『신태양』, 1957년 4월호, p.40.

끌어다가 까닭 없이 죽이기 위하여 북진 통일을 주창하는 것은 아닙니다. 비록 공산당이라 하더라도 같은 피가 섞인 저들과 꼭 싸워야만 하겠다는 것도 아니고, 서로 피를 흘리고 죽이는 것을 원해서가 아니라 ……(중략)…… 남북통일 없이는 우리는 도저히 살아 나갈 수가 없는 것인데 우리가 살기 위한 남북통일을 하는 데 있어서 평화적인 방법으로 이루워 질 것을 기대하는 것은 거의 몽상에 가까운 노릇인 까닭에 우리는 백계가 다 진하여 북진통일의 방법 이외에는 방법이 없다는 것입니다. 그렇다고 우리는 평화적인 방법으로 남북통일을 할 기회를 포착하는데 노력하지 않는 것도 또 게을리 하는 것도 결코 아닙니다. 무혈 통일을 위하여 우리는 최후까지 최선의 노력을 할 것이지만 최후적인 방법으로, 가장 확실한 수단으로, 북진 통일의 만반의 태세를 갖추자는 것입니다.[86]

당시의 통일론은 공산주의자들과의 일체 대화를 인정하지 않고, 3대 대통령선거의 정책적인 갈등의 하나인 평화 통일론에 대한 一喝을 하면서, 통일론의 다양한 논의를 막고 있었다. 남북 분단상황은 통일방안의 합리성이나 객관성으로 개선되는 것이 아니었다. 북진 통일론은 남북한 관계개선을 위한 통일정책이라기보다도 국내의 국민의식의 통합을 위한 조치였다. 따라서 조봉암의 통일론이나 북한의 '중립국 감시 총선거론'과 같은 여타의 통일논의는 당시 반공적 상황에서는 수용될 수 없는 것이었다.[87]

이러한 차원에서 이승만 정권은 해방정국부터 1960년까지 좌·우 합

---

86) 이기붕, *op. cit.*, p.44.
87) 서중석, *op. cit.*, p.70.; 김창순, "한인 공산주의운동의 역사적 배경", 전인영 편, 『북한의 정치』, 서울: 을유문화사, 1989, pp.25-26.; 강원룡, "빈들에서 1", 『열린문화』 1993, 참조. 조봉암은 1926년 조선 공산당 창당에 주요한 역할을 하였으며 이후 좌익 인사의 친일적인 행태와 같은 행동을 의미하는 듯하여 김규식의 오해와 감시를 받아, 그 당시 중도파와 좌익이 주도한 민련에 가입하지 못하였다. 그러나 그는 공교롭게도 단정정부 수립에 대해 호의적이었으며, 미군정은 그를 좌익으로 분류하였지만, 인천 을구에서 초대 국회의원으로 당선되고 초대 농림부 장관을 맡으면서 토지개혁에서 그의 입장을 개진하였다.

작운동에서 출발한 통일논의를 억제하였으며, 반공이념을 통해 한반도의 전쟁과 냉전상황에서 국가와 권위주의 체제를 지키려고 하였다.

3) 반공교육의 기초

건국 당시의 교육은 미국식 민주주의를 한국에 수용하려는 경향을 보였다. 그 당시 미국의 교육정책은 한국 교육계에도 상당한 영향을 주었다. 따라서 통일교육은 그 의미가 직접적으로 교실현장에 수용되지 못하였다.[88] 한국의 새 교육은 미국 교육사조의 영향으로 사회생활과를 통해 민주시민 교육을 실시하면서 간접적인 교육을 실시하였다. 그 당시 이데올로기의 난맥 속에서 통일교육은 실시되지 않았으나, 반공정책의 일환으로 교육이 실시되었다.

---

88) 국토통일원 정책기획실, 『초등학교 교과서에 반영된 통일·반공 교육의 변천과정 분석연구』, 1974, p.87. 통일정책과 통일교육의 관계를 파악해 볼 때, 건국 초부터 1961년까지 통일정책이 교육정책에 전혀 반영되지 않았다.

(그림 4) 반공교육의 이념과 일반목표

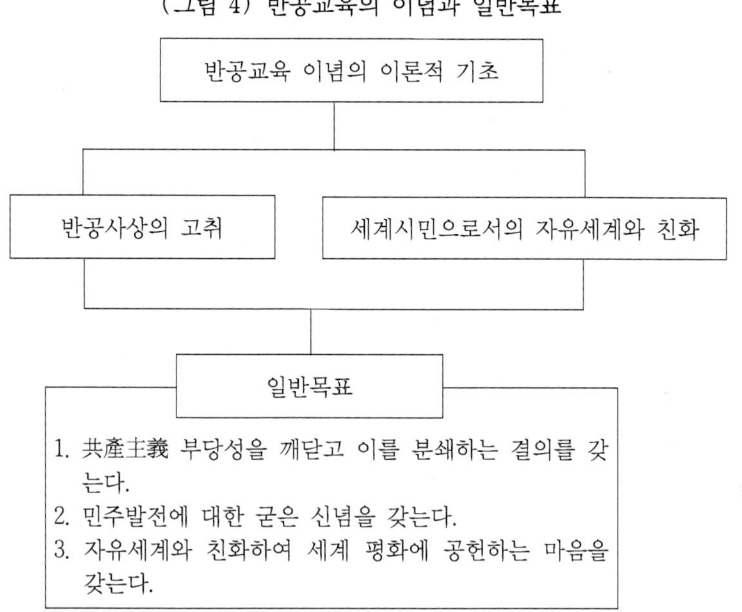

출처: 국토통일원 정책분석실(1978), pp.26-27. 참조.

건국 초기의 반공교육은 당시 교과 전반적으로 민주주의의 제창, 개성존중과 아울러 사회성을 강조하는 내용에서 간접적으로 실시되었다. 반공교육은 분단의 현실이 보였다고 해도, 민주발전과 자유세계와의 관계도모를 통해 평화를 이룰 수 있다는 입장이었다. 이후 반공교육은 전쟁을 겪으면서, 공산주의에 대한 강한 결의와 자유세계와 세계평화에 더욱 관심을 두는 교육적 이념과 목표를 강화하게 되었다.

이러한 반공교육의 이념과 일반목표는 미국의 영향이 다른 무엇보다 컸다. 미국의 교육이론의 영향과 민족내부의 요구로, 건국당시의 교육내용은 수신과가 폐지되고, 사회성의 강조를 반영한 중심교과가 사회생활과로서 '새교육-〉사회생활과 -〉듀이의 교육사상'으로 나타난다.[89] 생활중심 교육이론이나 학문중심 교육이론은 미·소의 경쟁이라

96

는 사상적 배경을 갖는다. 이러한 미국중심의 교육이론이 한국교육에 이식되는 현상은 전반적으로 미국의 실용주의적 교육이론의 사조와 학문중심 교육이론의 실천 등으로 나타났다.

또한 민족교육과 통일교육의 논의는 국적 있는 교육의 일환으로 민족주의의 고양이라는 측면을 갖는다.[90] 이 시기의 교육이념의 방향은 국가재건작업을 모든 영역에서 준비하던 때였기 때문에, 민족주의와 민주주의 지향[91]을 강조하였다. 그러나 그 경향성은 민족교육적 입장보다는 통합적이며, 중도적인 입장보다는 미국의 민주주의적 이념으로 경도되어 있었다. 이에 따라 교육현장에서의 교육내용은 전통적인 가치의 민족교육보다는 민주주의의 입장의 '민주시민 교육'이 강화되었다.[92] 광범위한 미국 교육사조의 도입에 대해 당시 문교부장관인 안호상을 비롯한 일부인사들은 민족주의 성격의 교육철학을 주장하였다. 이는 일민주의 또는 "민주주의 민족 교육론"으로 나타났다.[93]

그러나 당시 한국의 교육적 기초는 전반적으로 미국의 실용주의적 교육이론의 실천 공간이 되었기 때문에, 민족주의적인 입장의 교육은 그 효과가 부분적이었다. 생활중심 교육이론은 기존의 전통적인 입장의 교육이론을 벗어난 경우라 하겠다. 또한 이 교육이론은 민주주의와 자유주의 사조를 확산하는 의미를 갖는다. 따라서 한국 교육계는 이

---

89) 한기언, 『한국 교육사상사 연구』, 서울: 서울대 출판부, 1969, p.232.
90) 김종서, "우리나라 교육과정의 변천", 김종서 외, 『교육과정과 교육평가』, 서울: 교육과학사, 1987, p.29. 해방부터 1954년 4월 20일 문교부령 제35호로 공포된 '교육과정 시간배당 기준령'이 나타나기 까지의 교육을 일컬어 교수 요목기라고 한다.
91) 오천석, 『발전한국의 교육이념탐구』, 서울: 배영사, 1973, pp.203-223.
92) 박용헌, "국민윤리의 사적 개관", 한국국민윤리학회 편, 『국민윤리학개론』, 서울: 형성출판사, 1987, p.54.
93) 김동규, "남북한 학교교육 체제의 이질화 과정과 통일 후의 동질화 방안", 한림과학원 편, 『남북한 통합 그 접근방법과 영역(下)』, 서울: 소화, 1996, p.277.

이론의 영향으로 경험적이며, 응용할 수 있는 교과 내용에 그 이론적 배경을 심화하게 되었다. 한편 그 당시 교육계는 국가권력의 편향적 운영이라는 결정적인 문제점을 가지고 있었다. 또한 상황적 논리이지만, 당시 반공교육은 반공주의 이외의 것에 대한 적대감이 강화되어 모든 사고를 흑백 논리로 평가하려는 경향을 보였다. 따라서 국가의 교육정책은 민족주의 세력에 대한 탄압과 친일파에 대한 상대적인 수용으로 비추어지는 한계를 보여 주었다.

이러한 혼란과 전쟁 이후 문란해진 사회 속에서 나타난 사회악의 횡포가 교육계에서도 반영되고 있고 있었다. 이에 1953년 7월 교육과정 개정을 위한 심의는 도덕교육의 중요성을 논의하였다. 그 결과 극도로 혼란한 사회와 학생의 도의를 바로잡기 위하여 도의교육 특설시간이 설정되었다.94) 이러한 과정에서 도의교육의 당면 목표는 '공민 생활과 반공·반일생활에 있어서는 애국애족심의 함양', '반공교육과 도의교육의 일원화'를 시도하게 되었다.

국민들은 학교·사회에서의 반공교육을 통해 통일논의 자체가 자유민주주의 체제의 분란을 야기하는 것으로 보았다. 이러한 분위기는 전쟁의 경험 속에서 극단적 보수세력과 이에 상반되는 논리가 발생하는 분단에 따른 민족의식의 분열을 가져 왔다. 따라서 민족의 통일문제는 상당한 한계를 보이고 있었다. 실제로 통일을 지향한 김구의 암살과 조봉암의 사형에 대하여 당시의 국민들은 의견을 적극적으로 보이지 못했다. 그것은 당시 사회적 분위기가 평화 통일론을 실천하는 것이 마치 공산주의자들의 농간 내지는 그들과 동조하는 것으로 보는 맹목적인 반공 이데올로기의 상황이었기 때문이다.

따라서 그 당시 반공교육은 1960년 이전까지 '북진 통일론'과 '남북한 자유총선거론'을 강조하는 반공적 기조의 직접적인 영향을 받았다.

---

94) 도의교육위원회 편, 『도의생활 지도요령』, 서울: 문교부, 1958, p.35.

그리고 정부는 한국전쟁의 경험을 통해 북한정권과 이념에 대한 정치적·사회적·문화적 단절을 더욱 강화하는 반공적 기초를 강화하였다.

4) 반공정신의 배양

해방 이후 1960년까지의 통일논의나 통일교육은 건국 초기 민족주의와 사회주의 일색의 경향이 상대적으로 취약해진 가운데 자유주의 사상과 자유주의 교육이론의 영향으로 기초가 마련되었다. 건국 초기 교육계는 미국의 교육논리와 교육목표가 한국사회에 대한 이해가 결여된 채, 대부분 반영되어 나타난다. 따라서 이 당시의 반공교육은 반공을 통한 자유민주주의의 수호라는 입장이 반영된다. 전반적인 반공교육의 실제는 다음과 같은 교육과정의 변화 속에서 반영되었다.

미군정 시기(1945. 8-1948. 7)에는 군정청 학무국이 '일반명령 제4호'를 발표하여 교육 방침을 시달했는데, 이것을 근거로 일제 시대의 '修身科'를 폐지하고 새로운 민주 시민 양성을 위한 公民科를 설치하였다. 처음 개설된 공민과는 주로 국가 생활 영역의 애국심, 민족애, 국가발전에의 협력 등의 요소들을 특히 강조하였다. 그러나 이 시기에는 반공에 관한 내용이 전혀 나타나 있지 않았으며, 다만 국제우호에 관한 내용에 상당한 비중을 두고 있었다. 『초등공민』이나 『중등공민』은 민족주의적 입장을 반영하는 개천절, 세종 임금과 한글, 화랑도, 우리 민족성, 임시정부, 우리 겨레의 사명 등의 내용을 다루었다.95)

그러나 이후 정부수립 전후기(1948. 8-1955)는 민족주의와 함께 국가·안보가 강화되는 일면이 보인다. 또한 이 시기는 국제이해 교육의 비중도 강화되고, 실질적인 통일문제에 대한 교육에 있어서는 북한을

---

95) 이재봉, *op. cit.*, pp.55-58.

겨냥한 공산주의에 대한 경각심이 강화되었다. 이러한 상황에서 민족주의와 반공주의는 건국 초기 교육정책의 중요한 의미를 갖는다. 심지어는 건국 초기 상황에서 반공주의는 민족주의적 교육의 논리를 대치할 수 있는 강력한 것이었다.

교수 요목기(1945-1954)에는 정부가 수립된 이후 미수복 지구인 북한을 통일시킨다는 차원의 입장만 가지고 있다. 실질적으로 반공교육은 교육내용으로 6·25 전쟁 이후에야 강화되기 시작하였다. 이것은 북한 공산집단과의 전쟁에서 승리하기 위해서는 체계적인 반공교육이 요구되기 때문이었다. 따라서 분단 이후 통일교육은 교육과정에서의 교육내용으로 나타나게 된 것이다. 그러나 그 당시의 반공교육은 경험적인 차원에서의 논의였지, 구체적인 교과내용으로 적용되지 않았다. 또한 이 시기에는 전쟁으로 인해 수반된 도덕성 타락과 가치관의 혼란을 극복하기 위하여, 초·중등학교의 도덕교육 시간을 특설하는 변화를 보였다. 당시 학교에서는 통일교육이 교과교육으로 강조되지는 않았지만, 실질적으로 국민들은 좌·우 갈등의 고통이나 전쟁의 피해를 통해 적대적인 북한인식이 보편화되어 있었다.

> 1952년 백락준 문교장관은 교육의 목표를 ① 자주인 ② 자유인 ③ 평화인의 양성에 두고 교육 영역을 4개로 구분하여 교육지침을 제시하였다. 교육목표에는 통일·반공교육이 언급되지 않았으나 교육방침으로 제시한 4개 영역(1. 지식교육 2. 기술 교육 3. 도덕교육 4. 국제교육) 중 마지막 영역인 국제교육에서 멸공교육이라는 명칭으로 강조되어 있다. ……(중략)…… 국제교육: 공산주의는 우리, 인류의 적이라는 개념하에서 공산당을 쳐부순다는 강한 정신을 가지고 이 나라 전쟁이 정의를 위한 전쟁이며, 이 세계의 도덕적 전쟁을 승리로 종말을 거두게 한다는 인식을 철저히 고취시키는 국방지식을 교육하는 동시에 대학 이하 중학에서는 군사훈련을 시행한다.96)

---

96) 국토통일원 정책기획실, *op. cit.*, pp.22-23.

　이처럼 북진 통일론은 평화 통일론에 대한 반대논리로 다소 절대적인 의미를 가지게 된 경직된 국민적 정서와 사회 분위기를 반영하는 것이었다. 1차 교육과정기(1954-1963)에는 반공교육이 제도화되면서, 반공교육과 도덕교육이 일원화되었고, '道義敎育要項'에 반공·방일의 항목이 구체화되었다. 그리고 1956년에 고등학교, 1957년에 국민학교와 중학교의 도덕교과서를 국정으로 개발보급하기 시작하였다. 이 시기는 제1공화국의 말기에서부터 5·16 혁명정부의 상황으로서 북한의 평화공세에 대한 전쟁의 경험적인 내용을 중심으로 한 반공교육의 강화를 시도하였다.

　반공교육은 주로 『초등 공민』, 『중고등 공민』, 『도의』, 사회생활과의 『도덕』을 중심으로 모든 교과에서 시도되었다. 당시 반공교육은 6·25를 겪으면서 반공은 멸공과 북진통일로 적극성의 극치를 이루게 되며, 이것은 전 국민적 호응 속에서 전개될 수 있었다. 6·25 이전까지만 해도 반공은 防日과 더불어 그 비중의 우선순위를 다투기 어려울 정도였으나 6·25를 겪으면서부터 反共은 防日의 비중을 더할 나위 없이 초과하게 된다.

　이러한 우리나라의 여러 애국지사들 중에 가장 뛰어난 공적을 쌓아 놓은 세기의 위인이 여기 있으니, 그가 곧 대한민국 대통령 이승만 박사이다. 이승만 박사는 조국의 해방을 위하여 한평생 몸과 마음을 다 바쳐 마침내 국권을 회복하였으며, 다만 우리나라 국권뿐 아니라, 세계의 자유민을 위한 반공에 가장 위대한 선도자이기도 하다. ……(중략)…… 그의 애정이란 한국에 대한 것이요, 그의 성실성이란 전 세계의 자유를 위함이요, 그의 공분이란 극악무도한 무신론의 공산주의에 대한 것이다.[97]

---

97) 문교부, 『중학도덕 Ⅲ』, 1960, pp.16-17.

절대적인 권위주의 체제를 통해 반공주의는 전쟁 직후 강화되었다. 또한 이승만 대통령은 반공주의를 국가이념의 중심에 둠으로써, 국제적 냉전환경을 한국사회에 그대로 적용하였다. 이 당시 통일정책은 북한에 대해서는 北傀라는 칭호를 사용함으로써, 통일문제에 대한 협상조차 용인하지 않았다. 이러한 논리는 교육에도 그대로 적용되었으며, 북한과의 싸움을 '정의 십자군에 의한 진군 명령'으로 보는 무신론과의 싸움이었다.[98] 따라서 그 당시 교육 내용의 실제는 북한에 대한 무조건적 해방, 무조건적 수복, 무조건적 북진통일이 우선시 되는 양상을 보였다.

> 6·25 사변은 불의의 침공에 대한 정의의 반격이었다. 싸움에 있어서 일시적으로 불의가 승리하더라도 오래지 못하는 법이고 최후의 승리는 반드시 정의의 편으로 돌아가는 법이다. 사변은 휴전 중에 있기 때문에 우리나라가 완전 승리하고 국토를 통일할 단계에까지 이르지 못하였지마는 우리에게 정의가 있는 이상 최후의 승리는 우리의 것이라는 것을 굳게 믿는 바이다. 사변 중 전세가 우리에게 최악의 경우에 도달하여 4천 년대 전통을 자랑하는 이 민족의 운명이 풍전등화로 되었을 때에 세계 민주 우방의 동정이 우리에게로 집결되고 경제적으로 또는 군사적으로 우리를 원조한 것은 정의를 돕는 하나님의 뜻이요, 동시에 민주 우방의 도의적 양심이 아니고 무엇이었던가. 우리는 하나님의 보호와 민주 우방의 원조에 보답하며 최후의 완전 승리를 얻기 위하여 어디까지나 정의를 지키고 정의를 실현하기 위하여 목숨을 아끼지 않아야 할 것이다.[99]

미·소의 냉전과 함께 분단된 현실에서 북진 통일의 구호는 사실상 그 실현가능성의 여부와 관계없이 당시 국민들에게는 매우 호소력이 있는 것이었다. 따라서 정부는 교육내용 속에서 북진통일을 강조함으

---

98) 서울 신문, 1956. 6. 3일자.
99) 심태진·권상철, 『문교부추천 중학교 사회생활과 도덕 Ⅱ』, 서울: 문음사, 1955, pp.27-28.

로써 국부격인 이승만 대통령의 정당성이 북한의 김일성보다 높다는 의지를 가지고 있었으며, 상당수 국민들은 이에 대한 반감을 가지지 않았다. 그러나 60년을 전후로 하여 자유당 정권은 경직된 세계적 냉전체제의 변화와 국내 경제의 악화에 적절한 조치를 취하지 못함으로써 마침내 4·19 혁명으로 붕괴되고 말았다.

2. 제2공화국의 통일교육

1) 보수적 사회구조에서의 4·19 혁명

1960년대에 들어오면서 국제환경을 주도한 미국과 소련의 입장은 냉전체제에서 벗어나 유화적인 국면으로 변화되고 있었다. 특히 미국은 혁명적 분위기인 한국 상황에서의 극단적인 반공주의 정권인 이승만을 경계하고 있었다. 이처럼 미국의 외교정책은 소극적이고도 비합리적인 '반공주의'라는 관념에서 벗어나, 적극적인 민주적·혁명적 태도를 취하고 있었다.

4·19 혁명을 전후하여 국제환경은 미국과 소련 중심의 이념체제에서 변화되어 제3세계나 중·소 분쟁이 가열되는 경직된 냉전체제에서 이완된 양극체제로 변화하고 있었다. 냉전체제의 완화는 북한의 자주노선에 중대한 영향을 끼쳤다. 그러나 당시 한국사회는 정치적 격변기 상황에 있음에도 불구하고 미국의 한반도에 대한 절대적인 영향력 속에 있었다. 미국은 정치적·경제적으로 한국의 건국 초기 이후부터 중요한 역할을 전개하였다. 미국정부와 사이가 나빴던 이승만 정권이 물러가고, 장면 민주당정부가 들어섬으로써 양국의 정치적인 관계는 개

선됐으나 경제 원조를 둘러싼 관계는 호전되지 않았다.

미국은 이승만 정권의 호전적 태도에 대한 반감으로 인해 반공정권에 대한 지원의 대대적인 지원감축을 단행하였다. 1957년을 고비로 미국의 원조는 한국의 자립 기반을 만들기 이전에 무상에서 유상의 공공차관으로 경제적 압박을 가하였다. 또한 미국의 원조가 감소되면서, 우리 사회의 심각한 '대미 의존적 정치경제 구조'는 한국의 혁명적 분위기의 외적 요인이 되었다.[100]

이러한 분위기에서 등장한 제2공화국 정부는 전쟁에 의한 적대적 반공논리로 보수 사회론을 반영하는 정권이다. 또한 정부는 자유민주주의의 정치적 목표를 치중하기 앞서, 경제적 파탄에 대한 원조책을 구해야 하는 입장이었다. 이러한 제2공화국의 정치적 불안과 경제적 위기는 혁명 이후 혁신계나 학생세력과 대립할 수밖에 없는 근거가 되었다. 한편 이완된 냉전체제와 4·19 혁명에 힘입어 등장한 학생을 중심으로 한 세력들은 민족주의적인 사고 즉 생존문제와 통일문제에 대한 주체적인 시도를 전개하였다. 그러나 건국 이후 강화된 보수적 국내환경에서는 의식적으로 반공적 정신 무장이 이루어져 있었다. 국민들은 혁신계나 학생중심의 통일논의에 대해 적극적인 관심을 갖지 않았다.

따라서 제2공화국 정부는 민족주의적인 사고 즉 경제적인 문제와 통일문제에 대한 주체적인 시도를 억지 하려고 하였다. 따라서 민족주의적 사고는 제1공화국에선 정권의 유지를 위한 방편으로 인해, 제2공화국에선 대미 종속적인 정권의 입장에 의해 결과적으로 억압받는 상황의 연속이었다. 이러한 상황에서 한국국민들은 미국을 한국의 생존에 중요한 역할을 하는 수혜자이며, 그들의 정책을 한국을 위한 절대적 선으로 인식하는 관념이 통용되어 있었다.

---

100) Donald Stone Macdonald, *US-Korean Relations From Liberation to Self-Reliance: The Twenty-Year Record*, Boulder: Westview Press, 1992, p.246.

그러나 민족주의적 사고는 한국의 경제성장에 중요한 정신적인 기둥인 반공이념·성장 논리와 결합되었다. 따라서 반공주의는 그 당시 정치·경제 후진국인 한국이 남북한의 통일에 대한 의식적인 한계를 극복할 수 있는 정신적 무장을 갖추게 하였다. 따라서 국민들은 통일논의의 분출에 따른 이념적 갈등에도 불구하고 심리적인 안정을 보였다. 또한 반공교육은 북한의 위협이 강화되는 상황에서 한국의 생존을 가름할 수 있는 교육적 방편이었다.

이러한 국내환경 속에서 민주적 개혁요구는 성과를 거두기 어려웠다. 4·19 혁명의 혜택자는 혁명의 주도세력이 아니라, 한국민주당, 민주국민당의 후신인 민주당 인사였다. 그러나 당시 민주당은 당 내부의 갈등으로 강력한 정치 세력화에 한계성을 보이고 있었다. 그들의 혁명에 대한 입장은 보수적이며 수동적이었으며, 리더십이 부재한 정권이었다. 이러한 민주당의 상황에 대해 혁신계나 학생, 지식인들은 거부감을 가지고 있었다.

> 이승만 정권의 집권기간에 관계없이 어떠한 보수세력이 적어도 당분간 한국정권을 지배하게 되리라는 것은 뚜렷하다. 현재 불법화되어 있는 진보당 등의 집단으로 좌익은 아직 비교적 약하다. 이것은 뿌리 깊은 한국의 보수주의, 한국전쟁이 좌익에 미친 충격, 정부의 억압정책 등 여러 가지 요인에 기인한다. 결국에 있어서는 이 대통령의 사망 혹은 은퇴는 보수정당 사이에 어떤 정당재편의 움직임을 생기게 할 것이다.[101]

이승만 정권의 몰락 이후에도 한국사회는 그동안 만연되어 있었던 보수화된 국면이 지배적 이였다. 그러나 민주당정권은 자유당의 무력적 통일정책인 '북진 통일론'을 포기하고 '선건설 후통일정책'을 표명하

---

101) 박태순·김동춘, 『1960년대의 사회 운동』, 서울: 까치, 1991, p.66. 미국의 '클론 보고서'의 내용으로 4·19 이전에 한국정세에 대해 예상한 것이다.

였다. 당시 정권은 경제면에서의 대북 열세를 의식하여 제네바협상의 통일방안에 따른다는 명분을 내세우는 가운데 일체의 남북협상과 남북교류를 배격하고 있었다. 민주당은 통일문제에 있어서 'UN 감시하의 남북한 자유총선거론'을 표방하였다.[102]

이에 비해 4·19 혁명 이후 개혁을 주장하는 혁신계와 학생세력들은 변화를 추구하고, 이러한 변화요구는 집권세력과 사회 전반적인 측면에서 대립적인 양상을 보였다. 특히 혁신계와 학생세력들은 통일문제에 있어서 보다 다각적인 변화를 강조하였다. 이러한 의미에서 혁신계와 학생세력들은 민족경제의 회복을 지향한 민족주의적 요구를 제기하였다. 따라서 이러한 요구는 대외 종속적 상황에서의 부정축재 환수, 악질재벌 타도 등 종속적인 국민 경제에 대한 새로운 인식, 국산품 애용운동으로서의 신생활 운동으로 전개되었다. 또한 국민경제의 자립, 자주에 대한 요구뿐만 아니라 노조의 민주화를 위한 투쟁 등 자주적인 입장이 구체화되어 가고 있었다.

그러나 혁신계와 학생세력들의 '중립적 평화통일방안'의 제기는 민족주의적 요구임에도 불구하고 현실성에는 한계를 가지고 있었다. 이는 전쟁 이후 막대한 원조에 의해 한국경제가 이루어졌고, 통일논의 역시 그 시혜자인 미국의 영향력에 의미를 두는 장면 정권의 한계를 암시하는 것이었다. 민주당 정권은 민주주의 발전이 한 국가 안에서 내부의 관계를 개선시키는 정책만을 염두에 두고 있었다. 따라서 제2공화국 정권은 민주주의의 조정을 신뢰하면서도 민족주의 요구에 대해서는 정권 자체의 속성상 수용력이 매우 낮았다.[103]

---

102) 김병오,『민족분단과 통일문제』, 서울: 한울, 1985, p.206.
103) 차기벽, "4·19 과도정부 및 장면정권의 의의(1960-1961)", 성균관대 사회과학연구소 편,『사회과학』, 제13집, 1975, pp.97-101. 제2공화국의 주요인사는 엄격한 의미에서 이승만의 자유당정권의 유형에서 단절되어 있지 않았다. 이들의 생각은 자유당정권보다는 민주주의의 발전에 대해 낙관적인 신념을 가지고 있었으나, 일본에 대해 익히 알고

그만큼 분단과 전쟁의 경험은 20년이 지난 60년대에도 여전히 상당한 위력을 가지고 있었으며, 전쟁에 따른 인적·물적 파행에 대한 치유는 한국 경제의 악화로 인해 많은 앙금을 가지게 하였다. 그래서 제2공화국에 대한 국민들의 반감은 바로 4·19 이후의 혁신계·학생 통일운동과 거리를 두고 있었다. 이 과정에서 혁신적인 '민족일보'의 창간이 지식인들의 생각을 상당히 변화시키는 면도 있었다. 이 시기의 국민들은 통일운동을 북한에게 이용당하는 것으로 생각하는 경향이 있었다. 따라서 통일운동에 대한 국가 위기의식이 팽배되어 있었다. 이러한 전반적인 상황 속에서 제2공화국 정부는 한반도를 둘러싸고 있는 현실을 통해 반공적 보수 사회를 구축하려고 하였다.

2) 남북한 자유총선거론과 중립화 통일론의 대립

60년대를 전후하여 북한은 가장 적극적인 통일정책을 추진하였다. 그 당시 북한의 경제력은 강력한 추진력을 통해 상대적으로 한국보다 나은 성장을 이룬 상태였다.[104] 남북한정권이 전쟁 이후 대립하는 상황에서 북한은 1960년 4월 21일 한국의 4·19 혁명과 관련하여 통일방안을 제시하였다. 이러한 북한의 통일방안은 무력적인 통일방법과 연방제를 제시하는 이중성을 보인다. 한편으로는 무력통일이 좌절된 상황에서 '혁명의 고양' 그리고 한편으로는 '연방제'를 통해 반공노선을

　　　있는 보수적인 정권으로 민족주의적이라기보다는 친미서구적인 입장이 더 많았다고 볼 수 있다.

104) 이태욱, "경제: 자력갱생정책의 이점과 한계", 이상우 외, 『북한 40년』, 서울: 을유문화사, 1989, pp.170-171. 미국 중앙정보부(CIA)와 한국개발연구소(KDI)에 의한 60년대-70년대 남북한 1인당 GNP를 비교해 보면, 북한의 전쟁 직후에서 60년대 초까지의 경제성장은 대단한 의미를 갖는 것이다.

제외한 '중립화 통일론'과의 연계를 꿈꾸는 정책을 보였다.[105]

> 첫째, 남한에서의 미군이 즉시 철퇴할 것.
> 둘째, 통일문제를 토의하기 위하여 남북한의 여러 정당 사회단체, 연석
> 회담을 개최할 것.
> 셋째, 남북의 자유로운 왕래와 서신 거래를 신속히 실현할 것.
> 넷째, 남북한 경제대표로서 남북연합 경제위원회를 구성할 것.
> 다섯째, 어떠한 외국의 간섭도 없이, 전체 한국민의 자유로운 의사에 의
> 하여 남북한선거를 실시할 것.[106]

이러한 북한의 논리는 북한이 한국보다 경제적, 사회적 우위에 있음을 과시하는 것이었다. 여기서 이채로운 것은 '남북연합 경제위원회의 구성'으로, 이것은 북한이 경제적 우위를 통해 통일정책에 중요한 평화공세를 보인다는 것이다. 또한 통일문제 토의에 대한 적극성은 이후 국내에서 통일논쟁을 가열시키는 단서가 된다.

연 도 ＼ 구 분	한 국	북 한
1965(CIA)	245	375
1967(KDI)	143	162
1968(KDI)	168	194
1969(KDI)	208	200
1970(CIA, KDI)	365, 242	425, 208
1976(CIA)	605	590

이 표에서 보면, 60년대 북한이 한국에 대해 왜 적극적인 대화와 평화공세를 하였는지를 알 수 있으며, 또한 박정희 대통령이 자신 있게 무력 통일론을 평화 통일론으로 변화시켰는지 그리고 1970년에 왜 8·15 선언을 하였는지를 알 수 있다. 이처럼 남북한은 정책 결정자들부터 수량적인 경쟁에서 벗어나지 못하고, 양적인 생산량의 비교에 상당한 관심을 두는 경쟁체제였다.

105) 강인덕, "북한의 통일정책 - 혁명 전략에서 생존전략으로의 전환", 경실
련 통일협회 엮음, 『민족의 화해와 통일을 위하여』, *op. cit.*, pp.177-187.
106) 국민윤리 교육연구위원회 편, 『勝共論』, 서울: 양서각, 1971, pp.576-577.

이처럼 북한은 중립화 통일론보다도 평화적 통일논리를 내세워 통일 정책에 있어서 한국에 대해 공세적 논리를 폈다. 이는 북한의 경제적 성장이 한국에 비해 상당한 수준으로 진척되어 있었고, 남북대화에서의 선전적인 효과를 배가할 수 있는 이점을 그대로 표방하는 것이었다.

북한은 그동안 사회주의의 결속과 건재함 속에서 미국에 대한 적대적인 입장을 강화할 수 있었으며, 한국에 대한 이미지를 미국의 괴뢰라는 인식으로 상정할 수 있었다. 이러한 의미에서 북한은 미군의 한국주둔을 그들의 통일전략에 있어서 중대한 걸림돌로 보았고, 한국을 일제 식민지와 같은 상태에 놓여 있는 것으로 파악하게 되었다. 그러나 이러한 북한의 전략은 사회주의권의 붕괴, 한국의 역량과 위상변화, 미국의 건재함에 의해 그동안에 쌓아 올린 주체적인 역량에 많은 손상을 주었다. 즉 북한은 그들의 사회적 인식에 있어서 변화의 조짐을 보이게 된 것이다. 이제 북한은 적대적인 태도와 양상을 한국정부에 돌리고 미국과 관계 개선을 취하려는 의도를 가지게 되었다. 분단 이래로 북한은 당시 한국 정부에 대해 미국에 의해 움직여지는 부차적인 성격을 갖는 괴뢰라고 인식하고 있었다.

4·19 혁명 이후 한반도의 통일방안에 대해서는 많은 논의가 있었다.

학원과 사회에 대한 학생들의 불만과 반향이 국가정치와 기성세대에로 향하여졌다. 그 결과로 나타난 것이 작금에 학생들 간에 일어난 평화 통일론 중립주의 운동이다. 이러한 정치문제와 외교문제에 부딪친 학생운동은 차차 그 의견의 차이로 분열 상태에 놓이게 되었다. ……(중략)…… 사회에서는 반드시 외세의 침투가 있을 것이라고 추측하고 있는 모양이나 여기서는 학생들의 자율적인 행동으로 간주하고 그와 같이 된 이유를 생각할 수밖에 없다. ……(중략)…… 일부 학생층에 있어서 중립주의, 평화 통일이 가장 현실미가 있다고 생각하나 그 뒤에 어떤 체제가 생겨날 것인가에 대하여는 깊은 관심을 가지고 있는 것 같지 않다. 그들은 무조건 민족이 통일하고 보자는 것이다. ……(중략)…… 그 이유는 만일에 민족이 대로 갈라져 있다고 하면 남·북 한은 전연 다른 인간으로 되고 말 것이요. 그때에 민족통일이란 실로 어려운 것이라는 생각에 있는 것이다. ……(중략)……
이리하여 4월 혁명에 같은 노선에 섰던 학생들은 이렇게 갈라지게 된 것이
다. 기성세대와 젊은 세대의 차이야말로 오늘날의 학생문제의 중요한 원인
이 될 것이다.[107]

제2공화국정부는 북진 통일론을 부인하면서, 남북한 자유총선거론을
중요한 통일방안으로 삼았다.[108] 이 통일방안은 제1공화국에서도 강조
된 바 있는 것으로, 미국이 UN에 강력한 영향력을 주는 상황에서 강
화된 것이다. 이 방안은 전쟁 이전은 물론 1954년 제네바회담에서도
제시된 방안이었다. 집권세력인 서상일은 "적당한 시기에 UN 감시하
의 남북선거에 의한 선통일·후 중립화의 실현이 최선의 방법이다"라
고 주장하기도 하였다.

한편 이러한 '남북한 자유총선거론'에 반대하는 '중립화 통일방안'이
논의되었다. 원래 중립화 통일방안은 국외에서 제기되었다. 1955년 5월
김삼규, 같은 해 미국의 '재미 한국문제연구소장'인 김용중 등이 이러
한 통일방안을 주장하였다. 이들은 한국의 중립적인 통일을 통해서만
남북 분단을 극복할 수 있다는 논지를 가지고 있었다.[109]

혁신계와 학생세력들은 한국의 중립화 통일방안의 국제적인 논의와
함께 북한과 교류를 통한 통일방안을 제기하였다. 사회당과 사회대중
당은 종래의 중립화 통일방안보다 북한과의 무조건 협력과 통일을 내
세운 급진적인 입장을 반영하였다.[110] 한편 사회대중당과 사회당을 중

---

107) 김성식, "최근 학생운동의 성격과 방향", 『사상계』, 9호, 1961년 1월
    호, p.235.
108) 한국일보 1961년 6월 25일자. 김홍일 외무부장관은 힘에 의한 한국통
    일을 부인하면서, 평화적 방법에 의한 한국통일을 역설하였다.
109) 김병오, *op. cit.*, pp.341-342. 중립화 통일방안은 한국에서 공산주의의
    논리로 여겨졌으며, 북한에서도 중립화 구상을 한 부수상이 1956년당
    에서 추방되었다. 김용중의 경우는 남북한 정부의 해산을 강조하였기
    때문에 제안의 실천이 불가능하였다.

심으로 60년 9월 15일 준비위원회가 발족한 민족자주 통일중앙협의회 (民自統)는 '자주·평화·민주'의 3대 원칙에 입각하여 '남북통일을 실현하기 위한 국민운동의 전개'를 표방하였다. 그들이 주장하는 실천방안은 즉각적인 남북협상, 남북 민족대표자에 의한 민족통일 건국최고위원회의 구성, 외세배격, 통일협의를 위한 남북 대표자회담 등이었다. 민자통의 통일방안은 "무정견한 개념적 통일론을 고수하여 중립화 통일방안에 동조하지 않는다"는 이유로, 원래 민자통에 가입되어 있던 통사당과 혁신당이 탈퇴하여 61년 2월 '중립화 조국통일운동 총연맹'(중통련)을 발족하여, 국제회의를 통한 국제적 보장 하에 영세 중립화를 기하고, 영세중립화 통일을 성취하기 위해 국민 서명운동을 전개할 것을 주장하였다.

또한 혁신계와 학생세력들의 급진적인 요구에 대해 당시 집권당인 민주당정권은 폭력적인 북진 통일론을 포기하고, 통일문제에 있어서 "한국은 어디까지나 반공 국가이고, UN 감시하의 남북한 자유선거만이 통일달성의 유일한 길이다"라고 못 박았다. 아울러 서울의 미국대사관은 남북통일 움직임에 대해 민감한 반응을 보였으며, 미군본부도 남북 회담이 열릴 경우 그것은 반드시 UN 사령부의 사전승인을 얻어야 한다고 경고하였다.

이러한 정국을 운영하는 민주당과 혁신계·학생세력의 갈등은 통일문제에 있어서 가장 극단적인 대립을 보였다. 한마디로 제2공화국은 통일에 관한 진보적 성향의 운동은 시대 상황에 있어서 적절한 판단이 되지 못하였다. 즉, 국내 환경적 상황을 파악하지 못한 민주화의 논의는 실천하지도 못할 내용을 가지고 국내혼란만을 가중하였다. 따라서 통일논의는 5·16 군사 쿠데타의 정당성을 부여해 주었고, 이후 통일논의의 활성화는 근 20여 년간 불온시되는 양상을 보이게 하였다.

---

110) *Ibid.*, p.344.

4·19 때의 통일논의는 전체적인 보수적 성향의 사회를 만드는 데 일조하는 결과를 낳았는데, 그 이유는 북한의 공세에 원인이 있었다. 북한은 당시 적극적인 통일 성명을 통해 한국사회의 혼란을 조성시키는 데 일익을 담당하게 하였다. 북한의 통일정책의 의도와 한계는 실질적인 제2공화국 시기에 보여지고 있다.[111] 북한은 한편으로는 치밀한 평화공세와 다른 한편으로는 무력적 통일전략을 모색하고 있었다.

이처럼 보수적 사회구조 속에서 혁명적 분위기로 변화하려던 4·19 때의 통일논의는 실패할 수밖에 없었다. 그 당시 통일논의는 보수적 민주당과 미국의 영향력 그리고 반공적 보수상황 등의 시대적 한계에 의해 거세된 것이다.[112]

따라서 해방 이후 반공논리는 한국사회의 중요한 이념적 기초가 되었으며, 이러한 기초를 생각하지 않는 어떠한 통일정책이나 통일논리도 남북 간에 성사되지 않았다. 당시 한국사회의 보수성은 이 시대의 한계를 벗어나고자 노력하는 것이 아니라 시대를 수호하는 논리였다. 그리고 이러한 보수적 기조는 현실적으로 북한의 '사회주의 체제'가 존재하는 한, 건재할 수밖에 없는 것이었다.

---

111) 양영식, *op. cit.*, pp.106-108. 한국에서 남북 학생회담론(1961. 5. 4)이 제기되자마자, 북한은 내무상, 조선로동당, 북조선민주당, 천도교청우당의 중앙위원회 위원장 담화를 즉각 호응하여 왔다. 외형적으로 북한의 대학생조직, 정권기관, 사회단체의 호응이었으나, 북한사회의 一絲不亂한 체제는 얼마나 한국사회의 분열의 열기가 고조되었는지를 알 수 있게 해준다.

112) 그러나 4·19를 전후한 보여준 남북한 관계의 전형은 1990년대 현재 남북한에서도 적용된다. 즉 한국과 북한의 사정이 바뀌어, 한국이 북한을 능가하는 상황에서 북한은 정책적으로 한국정부의 통일정책에 반응을 보이지 않았다. 이러한 양상은 4·19를 전후하여 한국정부가 보여 준 것과 같이 북한정권이 그대로 재연되고 있다.

3) 반공교육에 대한 재논의

반공교육은 전반적으로 정치적 기반이 약화되어 국가적으로 위기에 접할 경우나, 북한의 대남정책이 강경화되는 경우 한국의 생존을 가름할 수 있는 중요한 의미를 두는 교육적 방편이었다. 그러나 제2공화국 정권기는 반공교육에 대한 일대 논란이 일어났고, 이에 대한 교육전반에서의 새로운 모색이 일어났다.

그 원인은 건국 이래로 교원의 국가통제에 대한 불만에서 기인된다. 국가는 교육계에 대해 모든 자금을 중앙통제 하였으며, 공립학교 교원들을 정부의 피고용자로 간주하였다.[113] 이러한 교육정책의 문제는 제2공화국의 정치권의 유화국면을 통해 교원의 노조운동으로 분출되었다.

4·19 혁명 이후 불만이 고조된 교원들은 교육문제에 대한 의식을 고양할 수 있었다. 교원 노조는 그 당시 분위기에서도 실질적인 합법적인 조직으로 인정받지 못하였다.[114] 정부는 교원노조의 합법성을 보장하지 않았고, 교원노조는 수개월 동안 계속해서 국가공권력과 대항하였다. 이러한 과정은 결국 4·19 이후 민주당의 성격이 보수적인 입장에서 별다른 변화를 추구하지 못하고 있었음을 반증하는 것이다.

한편 제2공화국에서는 교육전반에 있어서 북진통일의 당위성을 강조하던 제1공화국의 경우와 유사하게 정치적·사회적 유화 국면이 조성되었음에도 감정적인 반공교육이 실시되었다. 민주당정권은 혁명 이후 집권하였지만, 전반적으로 혁명의 의미를 이행하려는 교육적 조치가 미비하였으며, 통일논의에 대한 진지한 태도도 가지지 못하였다. 이러한 이유 중 하나는 미군정 이후에 미국 교육학의 확산에 따른 친미 반공리념의 확산에 기인된다.[115] 따라서 제2공화국 정권은 교육 전반에

---

113) 한승주, 『제2공화국과 한국의 민주주의』(종로 서적, 1983), p.180.
114) 이철국, *op. cit.*, pp.102-107.
115) 노응희, "학교교육에서의 교과서 내용비판", 윤구병, 『교과서와 이데

서 평화적 통일교육을 실시하지 못하게 하는 반공적인 분위기라는 근본적 한계를 가지고 있었다. 제2공화국의 통일교육 정책은 과도하게 분출되는 통일논의에 대해 대응하는 노력보다는 한마디로 반공의 기조가 통일에 대한 열망보다 우위인 현상을 보여 주었다.[116]

남북 학생회담은 정치적 협상을 위한 것이 아니라, 남북학생간의 기자 교류, 학생학술단, 체육 팀의 교류, 학술토론회 등을 학생 자주적으로 토론하기 위한 것이며 ……(중략)…… 기어코 북한학생들을 만나서 민족의 노래 「도라지」와 「아리랑」을 부르며 통일축제를 열고 시와 춤을 마련할 것이며, 곧 학생회담 가부투표를 실시하겠다.[117]

그러나 남북 학생회담을 추진하는 서울대 민통련과 같은 단체는 정부의 단순 반공논리에 반대하였다. 그러나 통일논의가 정당한 것은 아니었다. 전반적으로 한국사회는 보수성향의 분위기를 가지고 있었기 때문에, 이를 무시한 혁신계와 학생들의 통일논의는 현실성이 없었다. 그럼에도 통일논의가 나타난 이유는 강력한 반공주의에 대한 반발이며, 국제적인 제3세계의 민족주의의 분출과 무관하지 않다. 이 속에서 통일논의를 주장하는 혁신계와 학생들은 '민족통일전선'을 형성하였고, 이에 장면 정권은 '멸공전선'으로 대치하였다. 여기서 통일논의는 해방공간에서 있어 왔던 사회주의적 성향의 전위들이 제1공화국의 반공논리에 의해 감추어져 있다가, 민주화의 시기에 분출된 것으로 볼 수 있다. 이처럼 한국사회에서는 공산주의가 제거되었다 하더라도 좌경적 뿌리가 여전히 남아 있음을 의미하는 것이며, 이러한 에너지가 혁신계나 학생들에게 정신적으로 영향을 준 것으로 볼 수 있다.

이에 대한 정부의 태도는 단호하였다. 정부는 민주적 분위기에서 설

올로기』, 서울: 천지, 1988, pp.52-54.
116) 한국교육개발원 편, *op. cit.*, (1988), p.9.
117) 대학신문, 1961년 5월 11일자.(양영식, *op. cit.*, p.75에서 재인용)

득을 우선으로 하는 논리 전개보다는 보수적 국민 정서에 호소하면서, 통일논의를 무산시키려는 의도를 가지고 있었다. 당시 정부는 남북 학생회담에 대한 단순 논리적 반박을 통해 정권의 무능함을 비켜가고, 학생들의 혁명적 과업수행의 평가절하를 통해 정권의 안정을 찾으려는 의도를 가졌다.

> 4·19 이후 학생을 영웅 대접하고 거족적으로 환영하였다. 근간 학생 간에 남북 회담 운운하는 것을 볼 때, 북괴는 이런 것을 노려 분규를 조장하고 사회불안을 조성코자 혈안이 되어 성실해지려는 학생들을 부채질하고 있는 것으로 알고 있다. 학생들은 정치고 외교고 모든 학생이 해야 하는 것처럼 알고 구세대는 물러나야 한다고 주장하는데, …… 첫째는 좋은 의미로 …… 둘째는 나쁜 의미로 북쪽의 지령을 혹은 알고 혹은 모르고 손발이 되어 움직이고 있는 것으로 불 수 있다. …… 북한의 학생은 학생이 아니고 공산당이다. …… 통일문제를 정치적·집단적으로 움직이는 것을 막아 주기 바란다.[118]

그 당시 대부분의 지식인들은 전반적으로 통일논의에 비판적이었으며, 정부의 반공교육정책에 대해서도 비판적이었다. 통일논의 자체가 용공시되는 상황은 이후에도 계속되었지만, 장면정권의 반공의 의지는 유보될 수 없었던 것이다. 즉, 그 당시에도 정부를 포함한 보수세력이 수적으로나 사회적 분위기에서나 주류였으나, 통일논의의 주창자인 혁신계와 학생세력은 그 수가 아주 한정되어 있었다. 그 속에서 양자에 대해 비판적인 입장을 가진 중도세력들은 통일의 원칙을 세우지 못하는 상황에 놓여 있었다.

한편 교육정책은 반공논리에 더욱더 적극적인 입장을 견지하였다. 즉 통일논의의 분출에 따라 야당인 신민당에서는 통일문제에 대한 논의를 상시적으로 할 수 있는 '통일국의 설치'를 주장하는 일면도 있었

---

118) 대학신문, 1961년 5월 15일자.(양영식, *op. cit.*, p.85에서 재인용).

으나, 정당정책으로 채택되지는 못하였다.[119] 그러나 교육정책에서는 막연한 반공논리에 의한 교육에 대하여 회의를 가지게 되었고, 이러한 회의는 보수적 입장이 강화된 강력한 반공무장의 실천이라는 논리로 나타났다.

정부는 "국방예산 다음으로 막대한 예산을 묻는 문교부로서 교육효과가 이꼴이다"[120]라는 입장에서 혼란상황을 수습하는 교육

방향으로 첫째, 교직원 정치활동 금지 둘째, 통일문제에 대한 지도 셋째, 숭공생활의 지도 등으로 대처하고자 하였다. 이러한 조치는 결국 그 당시 상황에서의 극복은 통일문제에 대한 논의보다는 경제적 발전이라는 '선건설 후통일'의 논리가 그대로 반영되는 것이었고, 이러한 의미에서 제2공화국은 안정을 도모하기에는 너무 짧은 정권시기를 가졌을 뿐이다.

4) 반공정신의 고수

실질적으로 반공교육의 내용에 대한 변화 움직임은 미약했다. 다만 통일운동의 논의가 학생들에게 어떻게 영향을 끼쳤을 것인가를 가름할 수 있다. 4·19 상황의 한국사회도 보수적 풍토와 분단논리가 해방과 전쟁 이후와 같이 그대로 적용되었다. 분단 이후 한국은 생존적인 반공주의가 교과서나 교육현장에서 보여 주었다.

그러나 혁명기에는 이러한 남북한의 논리와 반공적 정서에 대한 비판이 일어난다. 혁명직후 7. 29 총선에서 혁신정당이 참패하는 결과[121]

---

119) 양영식, *op. cit.*, p.93.
120) *Ibid.*, p.85.
121) 박태순·김동춘, *op. cit.*, p.110. 혁신계 정당인 사회대중당은 6%, 한국사회당은 0.6%의 지지를 얻는 데 그쳤다. 이러한 원인은 과도정부와 민주당, 언론 등의 보수적 사회구조에 의한 일대 참패였다.

혁신계 세력은 근원적인 개혁이 선거를 통한 정당에서 실현되기보다는 '대중운동을 활성화하는 정당운동'으로 이루어진다는 의미로 전환하였다. 당시는 표면적으로 해방기의 혼란과 전쟁을 통해 공산주의 세력이 한국사회에서 제거되었지만, 극단적인 공산주의와 다른 사회주의 성향의 생존력은 4·19 혁명기를 통해 드러나기 시작하였다. 이 세력은 민족주의이면서 좌익에 동조적인 부류, 사회주의자들, 건준 참여자들 등이 포함하고 있었다.[122]

원래 제2공화국 정권은 민주주의의 근대화적 입장에서 '계몽을 통한 사회개혁'을 강조하는 경향이 있었다. 그러나 초반기 '계몽'그룹의 활동이나 선거라는 제도적 절차를 이용한 민주주의에 대한 회의는 사회적 실천활동의 한계를 느끼게 만들었다. 반공법이나 한미 경제협정 등에 대한 소위 '2대 악법 반대운동'이 전개되면서 통일운동은 더욱 강조되었다.

통일논의의 혼란 속에서 민주당 정권은 통일에 대한 강력한 의지나 선전도 없는 무력함을 그대로 보여 주었다. 다만 정부는 보수세력의 지지를 얻게 되면서 통일논의의 혼란을 극복하려는 의도를 보였다. 그 당시 국내환경은 전쟁의 갈등을 통해 심화된 반공논리가 사회구조를 유지하였다. 이러한 상황에서 남북 학생회담론은 한국 정부의 전혀 상반된 통일논의에 있었으므로, 이는 한국의 보수적 사회의 이념구도를 강화하게 하는 구실도 되었다.

그럼에도 통일논의 속에서 드러난 내용은 한국사회의 비현실적인 통일 내용에 대해 반발하고 있다는 것이다. 그 당시 남북 학생회담 지지세력은 대학 내에서 중요한 역할을 수행하였다. 따라서 그들은 "남북

---

122) *Ibid.*, p.98. 이들 세력 내에서도 전직 좌익세력의 구성여부에 따라 가입에 대해 주저하는 양상도 보였다. 이러한 혁신계 세력은 민주민족청년동맹(민민청), 민족자주통일 중앙협의회(민자통), 진보적 학생들의 모임인 민족통일연맹(민통련) 등이 있었다.

협상이나 학생회담이 불가능하다는 것은 넌센스에 지나지 않는다. 얼마든지 가능한 것이다. 결국, 가능한 것을 불가능하다고 보는 보수정객의 사고방식이 문제인 것이다"[123] 라는 입장을 가졌다.

이것은 북진 통일론이나 비현실적인 남북한 자유총선거론에 대한 반발을 의미하는 것이며, 전반적인 반공교육 세대조차 반공교육으로 통일교육이 이루어지기가 얼마나 어려운가를 보여 주는 것이다. 이처럼 정부가 반공교육을 실시함에도 불구하고, 변화를 추구하는 학생들은 통일교육의 근간이 되는 반공정신에 대한 비판적인 입장을 버리지 않았다. 결국 제2공화국의 통일교육은 남북한의 교류를 시도하지 않는 상태에서의 북한에 대한 한국의 수세적인 한계를 보여준 것이었다.

---

123) 고대신문, 1961년 5월 13일자.(양영식, *op. cit.*, p.103.에서 재인용)

V. 군부 통치기의 통일교육

(1961-1987)

1. 제3·4공화국의 승공통일 교육

1) 경제건설과 국가 권위주의 체제

어떤 정부이건 그 정부가 수행하여야 할 기본적인 업무는 군부에 대한 통제를 실시하는 것이다. 그런데 제2공화국 정권은 군부에 대한 통제를 강화하지 못하는 실수를 범하였다.[124] 즉 장면정권은 정치적 불안과 사회적 불안의 고조를 극복하지 못하였다. 이러한 상황을 이용하여 당시 한국에서 유일하게 강력한 조직이던 군부 세력은 4·19 이후 군부 내 숙정에 대한 약속위배에 따른 불만을 배경으로 하여 5·16 군사 쿠데타를 감행하였다.[125]

새롭게 등장한 군부의 정치이념은 그 당시 국내환경의 보수성과 결합되기에 충분한 논리성을 가지고 있었다. 즉, 그들은 반공을 국시로 한 경제건설을 혁명공약으로 내세웠고, 이는 당시 사회혼란의 극복책으로 수용될 수 있는 대안을 제시한 것이다. 한 연구에 의하면, 자유당 정치 엘리트는 37%, 민주당 정치 엘리트는 41%가 상류지주 계층 출신인데 반해, 5·16 이후 군정에 참여한 정치 엘리트는 26%만이 지주

---

124) 김정원, "제2공화국의 수립과 몰락", 『1960년대』, 서울: 거름, 1984, p.86.
125) *Ibid.*, p.90.; 군사혁명사 편찬위원회 편, 『한국군사혁명사』 1집 상권, 서울: 동아출판사, 1963, p.915. 군부 내의 불만으로 인해 군부쿠데타 는 4·19 혁명 훨씬 이전 이승만 정권이 타락하기 시작했을 때부터 비롯되었다. 원래 계획은 60년 5월로 잡았으나 4·19 혁명으로 流産 된 것이다.

계층의 출신이었음을 밝히고 있다. 따라서 이승만 정권과 장면 정권이 전통적인 상류계급에 의한 정권이라면, 박정희 정권은 5.16 군사 쿠테타 이후 중하층 계층의 정치 세력화라고 할 수 있다.[126]

그러나 군부의 등장은 민주당 정권하에서 일어났던 민주주의에 대한 신념과 민주주의 및 혁신운동의 위축을 가져 왔다. 한국 현대사에서 군부와 보수화된 사회구조는 이승만 정권 이후 또 다시 보수주의에 의한 정치권력 독점현상을 보였다. 따라서 4·19 혁명으로 일시 고개를 들었던 통일논의는 곧 자체의 취약한 분위기와 군부의 집권으로 활성화되지 못하였다.

5·16 이후 등장한 군사정권은 반공을 국가의 근본으로 삼는 국시로 하여 반공체제를 철저히 구축하였다. 60년대의 남북한 상황에서 한국은 북한의 공세적인 대화 태도에 대해 수세적인 입장이었다. 그러나 박정희 정권은 4·19 당시 반합법적인 수준에서의 통일논의를 억압하면서, 그들의 정통성에 대한 한계를 극복하고자 반공을 중시한 경제성장론에 치중하였다. 따라서 박정희 정권은 경제적인 '희망의 시대'를 구가하면서 한국 근대화의 주춧돌을 놓았고 그 위에 한국형 고도 경제성장이라는 신화를 세운 것이다.

박 정권은 남북한의 대립 속에서 북한에 대한 철저한 경쟁의식을 가지며, 경제적, 군사적 우위를 점유하려고 하였다. 이러한 노력의 결과, 70년대에 한국은 북한과의 경제적인 격차를 더 벌릴 수 있었다. 그리고 그 과정에서 통일정책은 북한과의 대화라는 일대 변화를 가져왔다. 70년대 이후 한국은 통일문제에 있어서 이전의 일방적인 수세적 태도에서 벗어나 발전된 모습을 가졌다. 이러한 근거로 정부는 '북한 연구소'와 '국토 통일원'을 설치하여 대북한 정책과 통일논의를 위한 국가 중심의 연구를 시도하였다.

---

126) Han Bae-Ho & Kim Kyu-Taik, "Korean Political Leaders(1952-1962): Their Social Origins and Skills", *Asian Survey*, July 1963, p.32.

이후 반공교육의 기조는 적극화되어 승공의 개념으로 변화하였다. 이와 같은 적극적인 반공의 기조는 70년대 남북대화 도중에 '북한의 땅굴발견'으로 해방 이후 계속되어 왔던 전통적인 반공관이 상승하고 있었다. 즉 제3공화국은 반공·성장·안보 논리로 무장하였다. 이에 대해 사회 운동 세력은 60년대 한일회담 반대운동을 통해 정치군부에 대한 반대세력을 조직하였다. 그 세력은 6·3 사태와 베트남 파병 반대, 예비군창설 반대투쟁으로 제3공화국의 강력한 지도력에 대항하였다. 또한 북한은 '프에블로호 납치사건', '청와대 기습사건', '울진·삼척 무장공비 침투사건' 등의 강경한 대남노선을 강화하였다. 이러한 국내환경과 남북한 관계의 악화는 국내의 저항세력의 활동을 원천적으로 봉쇄하는 구실을 하였다. 정부의 조치는 국민들의 지원을 얻어서, 전반적으로 권위주의 체제가 민주화 요구세력을 능가하는 환경을 용인하고 있었다.

제3공화국의 국내환경은 분단국가의 특수한 권위주의적 정치풍토와 국민적 관심을 통해 형성되었다. 건국 초부터 60년대 말까지의 통일론은 평화 통일론에 대한 반대하면서, 통일운동의 다양한 논의의 한계선을 긋는 정부주도의 일방적인 통일운동이 주류였다. 이러한 현상은 5·16 이후 등장한 군사정권이 반공을 국시로 하여 반공체제를 철저히 구축한 이후 더욱 강화되었다. 기본적으로 한국의 국내환경은 권위주의적 사회구조를 강화한 것이다.

한편 70년대의 국제환경은 상당한 변화를 보이기 시작하였다. 미국은 자국의 이익을 강조하는 '닉슨 독트린'을 발표하였다. 닉슨 독트린은 현지의 군사력에 대한 의존을 강화할 것과 동시에 아시아 지역국가의 영토에서 미국의 결정적인 이익을 수호하기 위해 미군이 싸울 것이 아니라 현지국가들이 그 전쟁을 떠맡아야 한다는 논리였다. 미국은 적대국이었던 중국과 호의적인 대화와 수교에 임하였다. 이러한 국제환경의 변화는 미군의 군사력으로 남북의 군사적 균형관계를 유지하고 있던 한반도 상황에서 국가 안보적인 위기를 의미하는 것이었다.

이때 한국은 위기적 국면을 돌파하려는 의지를 정치와 교육적 제도로 보강하게 된다. 정부는 정치적으로 국민들을 통합할 수 있는 초국가적인 장치를 원했으며, 또한 교육적으로 적극적인 반공교육을 강화하면서 전반적으로 국가 통제 분위기를 강화할 수 있는 계기를 만들려고 하였다. 통일문제에 있어서도 정부는 경쟁적인 북한과의 관계에 입각하여 남북대화를 주도하기보다는 실질적으로 국력 강화의 논의에 주요한 의미를 두었다. 따라서 민주화 요구나 사회 운동은 정권에 의해 억압받게 되었으며, 정권은 안보논리를 내세워 민주화의 이행을 유보하고, 정권연장의 논리를 강화하였다.

권위주의 정권은 사회·경제적 근대화를 추진할 정치적 상부구조의 수립[127]을 국가가 당면한 중대한 과제로 보았다. 권위주의의 환경은 경제성장을 통한 정치적 안정기반을 그 목적으로 구축하고 있었다. 일반적으로 권위주의 국가는 커뮤니케이션과 정보 시스템의 독점을 통한 국가 통제력을 강화하고, 경제발전을 통하여 그 정치적 과제를 해결하고자 한다. 따라서 국가는 사회의 장악력과 정치의 조직작업을 우선으로 추진하려는 경향이 있다. 이러한 의미에서 한국의 권위주의적 정권의 전형은 박정희 정권이 대표적이라고 할 수 있다.

한국은 경제성장에 치중한 70년대 이후 북한에 비해 대등관계나 우세로 변화되었다. 박 정권은 그동안의 경제성장과 수출정책의 성공을 통한 경제적 기반을 이루면서, 대북 우월적인 통일정책을 시도하게 되었다. 경제성장 논리는 정권의 의도적인 권위주의적 정치안정을 기초로 하여, 지배 엘리트들이나 대중 모두에게 강력한 발전의 의욕을 강화한 것이었다. 이처럼 권위주의 체제의 박정희 정권은 민주주의를 유보하면서 정치적 안정과 수출을 통한 경제성장으로 정통성의 확보와

---

127) 장달중, "제3공화국과 권위주의적 근대화", 한국정치학회 편, 『현대
    한국정치론』, 서울: 법문사, 1990, p.237.

국가권력기구를 확대하는 방법을 채택하였다. 그러나 정부는 계속된 산업화에 따른 불균형 성장과 노동자의 불만 그리고 사회제반의 변화에 대한 제약장치를 필요로 하며, 국가주도의 경제발전을 계속 강화하여야 했다. 따라서 박 정권은 국가 관료제에 정치력을 고도로 집중하였다. 그리고 그동안의 수입대체 산업화 전략을 수출 지향적 발전전략으로 변모하면서 70년대에는 본격적으로 수출주도 전략을 지향하였다.

박정희 정권은 강력한 국가의 주도를 통해 중화학 공업과 방위산업의 육성에 초점을 두었다. 이러한 경제전략의 변화는 노동자의 권익과 복지시설의 확충보다는 고도성장이 주요한 방향설정이었다. 따라서 국가는 민간기업에 대한 적극적인 지원과 정략적인 재벌기업의 육성을 조성하는 절대적인 정치안정의 기초를 이루었다.[128] 이러한 상황에서 70년 대통령 선거에서 공화당 정권에 대한 국민적인 반대 표출은 집권세력에게 보다 강력한 사회구조를 계획하는 계기를 마련하였다. 즉, 집권세력은 군부독재에 대한 저항감을 가지고 있는 세력에 대한 철저한 정치적 억압과 함께 강력한 국가중심의 체제를 구축하는 것이었다. 전반적으로 박 정권은 반공이념과 고도성장에서 돌아난 사회적 폐단과 해악에 따른 '절망의 시대'를 상쇄하는 '발전과 퇴행의 중첩적인 구조'의 장치를 가지고 있었다.

이 논리는 급기야는 유신체제라는 제4공화국의 '권위부재의 권위주의 체제'[129]를 등장시켰다. 즉 유신체제는 제3공화국의 정통성을 부정

---

128) Lawrance Westphal & Ima Adelman, "Refletions on the Political Economy of Planning: The Case of Korea", Sung-Hwam Jo & Seong-Yang Park(eds.), *Basic Documents and Selected Papers of Korea's Third Five-Year Economic Development Plan (1972-1976)*, Seoul: Sogang University Press, 1972, p.18. 유신체제는 경제발전의 효율을 기하기 위하여 1972년부터 실시된 제3차 경제개발 5개년계획을 1969년에 신설된 경제기획원을 중심으로 실천하였다.

129) *Ibid.*, pp.244-247.

하는 3선 개헌을 통해 출범한 것이다. 이 체제는 민주적 과정에 대한 유보를 통해 권위주의정권을 강화한 예라고 할 수 있다. 이러한 현상은 민중주의적(populist) 정치세력에 의해 야기된 정체와 위기를 극복하기 위하여 억압적인 강력한 관료적 권위주의 체제의 등장[130]을 의미하는 것이다. 이러한 유신의 조치는 박정희 대통령을 중심으로 한 장기집권을 조장한 모습을 띠고 있다.

이와 같이 권위주의적 성향은 통일논의에 중요한 영향을 미치고 있었다. 통일논의는 그 궁극적인 목표를 자유민주주의를 수호하는 논의로 귀착되었다. 그러나 권위주의적 통일정책은 국민적인 공감형성보다는 정책 결정자의 의도만을 반영하는 일방적인 논의 구조를 가지고 있었다. 따라서 통일논의는 개방성을 확충할 것이 요구되는 한편, '완강한 권위주의정치'[131]의 전통을 어떻게 극복하는가가 중요한 문제이기도 하였다.

유신체제는 민주적 의식개혁을 존중하는 한국 국민의 가치나 정권의 도덕성과 논리성에 대한 실천의지가 결여된 모습의 전형이었다. 이는 결국 사회의 모든 조직체의 의사결정 과정에서 보다 폭넓게 시민이나 조직구성원들의 참여가 확대되어 정치의 질적 향상을 꾀하려는 절차[132]를 무시한 처사였다.

---

130) Guillermo O'Donnell, "Modernization and Bureaucratic-Authoritarianism", Berkeley, University of Califonia Press, 1973; David Collier (ed.), *The New Authoritarianism in Latin America*, Princeton, N.J.: Princeton University Press, 1979. 참조.

131) 윤천주, "전통적 정치문화와 정치과정", 한국정치경제학회 편, 『한국의 산업사회와 정치과정』, 서울: 신유, 1994, pp.7-16. 역사적으로 서구사회는 귀족과 성직자들의 수평적 왕권 억제기능이 발달하였으나, 한국의 전통적인 경향은 이와는 상대적으로 약한 권력의 수평적 억제기능이 적었다. 이러한 역사적 전통에 의해 행정부의 비대를 견제할 수 있는 국회의 기능이 저생산적 구조를 가져왔고, 권위주의 정치행태를 조장하는 경향으로 치닫게 되었다.

유신체제는 강고한 정치력과 경제성장 지향을 지속하였다. 이 체제는 국민적 민주화 요구를 유보하고, 데탕트 시대의 국제적인 변화에 국내적으로 안정을 추구하려고 하였다. 1970년대 유신체제가 강화되자, 학생과 중간층 지식인집단, 양적으로 팽창하는 도시산업 근로자, 그리고 종교계의 급진파 간에는 구체적으로 조직화되지는 않았지만 느슨하나마 광범위한 하나의 정치연합이 형성되었다. 이에 집권 공화당은 유신체제의 기반으로서 과대성장 국가기구를 바탕으로 한 강력한 정치 지배체제를 구축하였다. 이에 따라 민주화세력은 완강한 정치적 반대세력으로 점점 형성되었고, 이 과정에서 신민당이라는 야당과 운동세력은 선도적인 투쟁을 전개하였다.

제4공화국은 정치적인 권위주의 체제를 정당화하는 논리로 고도성장의 가능성을 지향하고, 중공업 중심의 발전을 추진하였다. 따라서 정부는 노동운동과 학생운동을 비롯한 사회 운동 세력들의 지속적인 탄압을 강화하면서, 경제성장의 결과에 대한 효과를 배가하려고 하였다.[133] 또한 권위주의정권은 1962년부터 실시된 경제 개발 5개년 계획의 성공을 통해 행정부의 지속적인 입법부의 지배, 신속성과 융통성으로 능률을 달성하기 위한 권위주의적 정책결정 그리고 실용주의, 배타주의, 집권화, 그리고 제한적 개방성 등의 역할기능을 가능하게 하였다. 그러나 경제에 대한 정부의 지나친 관여나 규제는 이후에 기업의 경제적 논리에 대한 성장 억제적 규제를 보이기도 하였다.[134]

이상의 논의에서 한국의 권위주의 체제는 분단과 전쟁의 경험 속에서 보수적인 입장을 대변하는 것이었다. 따라서 한국사회의 정치적 안정은 그 내용이 국민적 합의의 수준이 아니었다. 그것은 경제성장과

---

132) George H. Frederickson, *New Public Administration* (Alabama: The Univ. of Alabama Press, 1980), pp.112-121.
133) 김운태, "제4공화정: 유신체제 법하의 권위주의 정치", 김운태 외, 『한국 정치론』, 서울: 박영사, 1994, pp.402-407.
134) 김석준, 『한국산업화국가론』, 서울: 나남, 1992, pp.416-417.

권위주의적 통치의 안정이라는 보수적 입장이 그대로 반영되는 의미를 갖는다. 이러한 배경에는 한국의 역사 문화적 인식과 안보적 인식을 간과할 수 없다. 유신체제는 일제침략과 전쟁의 경험으로 인하여 부국 강병을 강조하게 되었다. 국민 의식은 사상적인 논의가 다양화되는 것을 혼란으로 인식하는 경향이 강하게 남아 있었다.[135] 결국 단선적 국민의식은 전통적인 상하주종의 문화구조 그리고 권위주의 사회구조가 결합된 것이다.

그러나 국민들은 70년대 중반까지 박정희 정권의 경제성장과 승공논리를 통한 정치 안정에 몰두하였으나, 70년대 중반 이후 민주화를 열망하는 학생 및 재야세력 그리고 국민들은 박정희의 통치에 대해 크게 반발하였다. 이러한 과정에서 유신체제는 1979년의 부산·마산 민주화 운동, YH 사건 이후 박 대통령의 피살로 이어지는 정치적 혼란 속에서 급속도로 붕괴되고 말았다.

2) 평화 통일론과 남북대화의 시도

남북한 분단구조는 국민들의 경쟁의식을 강화시켰다. 근 50여 년간 지속된 분단구조는 상호경쟁과 협력을 주축으로 한 민주주의의 발전을 저해하였으며, 이와 같이 민주적으로 협소한 공간은 국민의식에 절대적인 영향을 미쳤다. 권위주의 체제는 남북한 이념경쟁을 통해 연장되었다. 따라서 통일논의 역시 보수적 국민정서의 자극으로 인하여 활성화되지 못하였다. 그 당시 국민들은 이러한 사회적 분위기를 통해 북진 통일론이나 이후의 자유민주주의적 평화 통일론에 순응하였다. 따라서 이 시대의 진보적 또는 중립적 통일논의는 자유민주주의에 대한

---

135) 한국자유총연맹, *op. cit.*, 1991, pp.189-192.

위협이나 민족의 분란을 야기시키는 것이라고 여겨졌다.

또한 권위주의 국가체제에서의 국민정서는 내부적으로 북한과의 경쟁이라는 시대적 담론을 가지고 있었다. 국가는 냉전적 사고와 권위주의 경향 그리고 경제성장론의 사회구조적 변수에 입각하여 내부적 갈등을 극복하고자 하였다. 이에 국민들은 권위주의 환경에서의 보수적 성향을 견지하게 되었다. 그러나 국민들은 체제 안에서 수렴될 수 없는 이념적, 민주적 성향을 주변적이고 부차적인 것으로 보고 있었다.

국가체제는 국민 개개인의 경쟁의식을 통해 국내의 이념적 대립을 유보하고, 경제적인 입지를 강화하려고 하였다. 즉, 국가와 국민들은 국민적 경쟁의식을 통해 사회구조 속에서 갈등을 극복하려는 시너지적 효과를 모색하였다. 이러한 의미에서 박정희 정권의 경제 성장론은 어느 나라의 정권도 이룰 수 없는 국민적 발전욕구를 자극하였다. 현실적으로 '하면 된다'라는 사고는 '북한'과 '일본' 등의 경쟁국가에 대한 대항적 의식의 발로였다.[136]

이러한 기초 위에서 만들어진 70년대의 한국의 통일정책은 북진 통일론과 같은 전쟁 불사론이나 UN 감시하의 남북한 자유총선거론에 의한 이상적·급진적 접근의 통일정책에서 평화 통일론과 점진적·단계적 통일론으로 변화하였다. 이러한 변화의 시초는 70년 '8·15 평화통일 구상선언'이다. 따라서 평화 통일론은 이전의 반공논리에 의해 거부된 입장에서 벗어나, 통일정책의 기조가 되었다. 평화적 통일정책은 한국의 경제성장과 정치안정을 바탕으로 이제는 북한과 체제경쟁을 할

---

136) 박재환, 『사회갈등과 이데올로기』, 서울: 나남, 1992, p.305. 일반적으로 한국의 국민의식은 사회의 갈등적 요소가 객관적임에도 불구하고, 환치된 쟁점의 갈등(Displaced Conflict)이나 잠재적 갈등(Latent Conflict)으로 잘못 파악하는 경향이 있었다. 국민들은 잘못 파악된 갈등에 대한 이해를 통해 한국의 사회구조적 갈등이 표면적인 분출 되는 것을 억제하였다. 따라서 정작 갈등당사자는 갈등요소를 스스로 억제하거나 순화하는 입장을 가지게 있었다.

수 있다는 입장에 의한 것이었다.

제4공화국을 전후하여 한국은 통일정책에 있어 명실상부한 주요한 변화를 가져 왔는바, 이는 '선건설, 후통일'이라는 입장을 탈피하여 평화적 방법에 의한 통일, 긴장 완화를 통한 방법이라는 것이었다. 변화된 통일정책의 방향은 이전의 통일논의인 북진 통일론이나 남북한 자유총선거론의 입장인 전쟁을 암시하거나 외부세력에 의한 통일론이라기보다는 정부주도에 의한 직접적인 구체적 통일방안을 모색하였다고 할 수 있다. 이에 대해 북한은 거부의사를 보였지만, 이후 남북한의 통일논의에 중요한 대화시점을 마련한 사건이었다. 실질적으로 반공의 입장을 강조하는 사회구조 속에서 정부의 주도적인 통일정책이 남북한 긴장 해소와 남북한 대화를 천명한 것은 분단구조의 완화를 위한 조치였다.

70년대 통일정책은 정치안정과 경제성장[137]의 논리 속에서 분출됨을 알 수 있다. 이를 발판으로 한국의 집권세력은 정치권력의 분산보다는 정치권력의 안정을 희구하였으며, 분배적인 과정보다는 경제성장 논리를 주창하였다. 한국경제의 발전은 이 논리 속에서 효과를 거뒀으며, 그 결과 한국은 북한과의 대화시도라는 통일정책의 일대변화를 이룰 수 있게 된 것이다. 이러한 한국의 통일정책은 민족주의적 입장, 자유민주주의적 입장, 경제성장과 반공주의적 안보론 입장이라고 볼 수 있다. 민족주의적 입장은 통일에 대한 민족통합의 통일론을 반영하는 것이며, 자유민주주의적 입장은 분단 이후 전쟁을 통해 체험적으로 이념

---

137) 장달중, *op. cit.*, pp.240-241. 제3공화국의 경제개발 정책은 국가주도의 계획합리화 전략을 채택하고 있었다. 경제적 기회의 균형변화에 따라 움직이는 시장합리적 발전전략과는 달리, 계획합리적 발전전략은 시장요소와 기업의 활동이 국가계획에 따라서 움직이는 자본주의와 사회주의의 결합물인 것이다. 따라서 제3공화국의 경제발전정책은 국가가 계획과 처방을 하고 사기업이 따라오는 일본 메이치유신의 근대화계획을 답습하고 있다. 경제발전의 근본 원인이 대중복지나 분배적 정의보다는 국력을 증가시키는 성장과 생산에 있었던 것이다.

적 혼란의 결과에 따른 원인을 반영하는 것이다. 그리고 경제성장과 반공주의적 안보론 입장은 국내에서 실질적으로 북한과의 체제경쟁이나 국가의 역량을 통해 통일접근을 시도하려는 계획에서 볼 수 있다. 이처럼 통일정책은 공산주의에 대한 대립적 인식구조인 안보론을 통해 발전하여 왔다.

이처럼 70년대의 남북한 관계에 있어서 한국은 북한과 대화를 통해 평화적 통일방안을 만들려고 노력하였다. 한국의 통일정책은 냉전체제가 데탕트체제로 변화하는 상황 속에서 민족주의적 입장에서 북한과의 대화를 시도하였다. 이러한 한국의 변화는 국익의 신장과 반공주의로 국가의 목표가 강화된 데 기인된다.

> 1970년대 중반의 북한경제의 사실상 와해는 한국의 경제적 성공으로 인해 더욱 두드러지게 되었다. 1962-75년 기간 동안 한국의 실질경제성장률은 연평균 거의 10%에 달했다. 이 기간 동안 개인소득은 1961년에 100불 이하였던 것이 1976년엔 거의 700불까지 올라갔다. 한국정부는 개인소득이 1980년까지는 1,000불 수준에 도달할 것으로 기대하고 있다.[138]

70년대 이후 한국은 경제면에서 북한을 능가하게 되었고, 이러한 상황에서 한국은 정치적으로 권위주의를 통해 효율적인 통치구조를 만들었다. 이 속에서 정부는 체제경쟁에 대한 자신감에 의한 남북대화 참여의지를 보였다. 그러나 북한의 반응은 '북한의 땅굴발견'에서 볼 수 있듯이, 한국과의 무력적 통일론에 심취하고 있었다. 따라서 박 정권은 경제성장의 논리를 통해 평화적 공세를 시도함과 동시에 반공ㆍ안보 이데올로기의 무장을 강화하였다.[139]

---

138) Devid Rees, "The Two Koreas in Conflict", *Conflict Studies* Vol. 94., London: The Institute for the Study of Conflict, 1978. 4 참조.
139) 김석준, *op. cit.*, pp.434-441. 참조. 저항세력은 박 정권의 강력한 물리적 공세와 북한의 '박 대통령 암살기도 사건(1974)'과 '판문점 미루

이상과 같이 박정희 정권은 통일환경에 있어서 국가재건과 경제성장의 주도적인 역할을 모색하려는 의도를 가지고 있었다. 그러나 제3·4공화국 정권은 경제적인 발전에 따른 형평의 문제, 권위적 조직이나 통치력 강화를 통해 국가의 절대적 안정을 이룰 수 없었다. 즉 한국의 권위주의 체제는 국민들에게 정치적·경제적·사회 문화적 해택을 제공하지 못하였다.

그러나 통일문제에 있어서 박정희 정권은 남북한 경쟁의식을 통해 평화 통일론을 강화하였고, 평화 통일론과 남북대화 중시론은 이후 통일정책에 있어서 기념비적인 변화를 예고하는 것이었다. 안보와 안정의 가치를 중심으로 한 반공이데올로기의 강화는 분단체제의 극복에 있어서 경제적 효율성을 일차적으로 중시하는 통일논리의 강화라는 의미를 갖는 것이었다. 이처럼 현실적인 남북한 관계의 악화는 7·4 남북 공동성명이라는 형식적인 성과물을 충실하게 '선의의 경쟁'으로 승화하지 못하였다. 즉, 박정희 정권은 반공과 안보를 중심으로 한 통일정책을 통해 북한의 조직이나 사상 그리고 모든 기반과 경쟁을 통해 先占하려는 의도를 가지고 있었을 뿐이다. 다만 그의 통일논리는 국력을 바탕으로 한 남북대화에 상당한 의의를 둔 것이었다.

그러나 유신체제는 전반적으로 국가 내의 제 조직 간의 긴장을 고조하였다. 또한 한국적 민주주의의 이념은 기본적으로 민주주의의 자유와 평등 그리고 인간존엄성을 억압하는 헌법이상의 초 법률인 긴급조치권의 남용으로 나타났다. 이러한 양상으로 인하여 국가 내 하위체계들은 사회질서의 구현에 있어서 상호 배타적이며 배금주의적인 개인주의를 더욱 고조하는 병폐를 초래하였다.140) 권위주의 체제의 정권은

____

나무 사건(1976)' 등의 강경 대남 노선에 따른 국민의 반감에도 불구하고, 재야와 학생을 중심으로 한 유신헌법 철폐를 위한 운동을 전개하였다. 1975년 정부는 호헌적 국민투표의 결과를 가졌으나, 유신헌법과 권위주의에 대항하는 저항세력은 상당한 성과를 거두고 있었다.

민족공동체 의식을 소멸하는 악영향을 끼쳤고, 또한 안보논리에 따라 개인의 자유와 국민의 기본권을 억압하는 억압과 대항이라는 대립적 정치문화 구조를 창출하는 데 일조하였다.

또한, 군사독재는 성숙한 책임성을 가진 개인의 발전을 억압하고 정치와 경제의 유착에 따른 각종 비리의 자행은 천박한 마키아벨리즘을 만연시켜 국민들로 하여금 황금만능주의와 도덕성의 타락을 고조시켰다. 따라서 재야의 등장은 상당한 도덕성 회복의 열망과 민주화의 의지를 담고 있는 국가 공권력에 대항하는 사회의 새로운 문제제기였다. 그러나 재야세력 또한 극단적으로 편향된 정치체계에서 근원적인 도덕적 양심과 사회적 질서를 희구하는 체계변혁을 기도하는 경향이 있었다.

일반적으로 체계의 안정이란 어떤 체계가 혼란을 겪은 다음에 그 체계의 상태 변수들이 균형값 또는 균형궤도로 회복되는 속도와 관련되어 있다고 한다.141) 그러나 이러한 측면에서 한국 지도층은 순간순간의 정치적 변화시기마다 계속적인 권위주의 정권으로의 모습으로, 더 견고한 권위주의 체제의 조성으로 지향하려는 노력만을 경주하려는 계획을 가졌다. 따라서 재야의 새로운 도덕적 질서를 이루려는 생각은 현실적으로 급진적인 경향의 실천으로 비추어졌다. 또한 집권세력이 유신체제를 强行함으로써, 야당과 재야는 사회의 균형이나 변화추구를 급진적인 사상으로 變革되어야 하는 것으로 여기는 입장을 가지게 되었다.142)

---

140) 추병완, "한국 사회도덕성 위기의 극복방안에 관한 일 연구", 서울대학교 대학원 국민윤리교육과 편, 『사회와 사상』, 제12집 1993, pp.214-215.
141) K. E. P. Watt & P. P. Craig, "System Stablity Principle", *System Research* Vol. 3, No.4. 1986. pp.191-201.
142) 김동춘, "1960, 70년대 민주화운동세력의 대항이데올로기", 역사문제연구소 편, 『한국정치의 지배 이데올로기와 대항 이데올로기』, 서울: 역사비평사, 1994, pp.240-249. 참조. 유신체제는 일체의 국가정책에 반대되는 정치적 논의가 용인될 수 없었던 상황의 연속이었다. 따라서 집권 공화당에 정치적 대항단체는 유신헌법의 실시 이후 보다 강

3) 승공통일 교육의 성립

　박정희 정권은 5·16 이후 '민족적 민주주의', '한국적 민주주의' 등 상당히 민족주의적 수사를 구사하는 등 민족주의적 입장을 가지고자 하였다. 따라서 박 정권의 속성은 민족주의적 조치[143]를 취하고 있었다. 이러한 민족주의적 성격은 이후 반공과 경제성장이라는 두 축을 통해 강화될 수 있었다.

　이러한 측면에서 반공론이 이후 승공론으로 한층 격상 변모되면서 국가전형의 개발 독재를 강화하는 유신체제가 성립되었다. 이는 곧 반공과 경제성장으로 정당성을 일정 정도 확보한 독재가 바로 승공이라는 이념적 틀 속에서 통일을 이룬다는 중장기적인 계획을 국민들에게 제시하면서 경제성장에 몰두할 수 있게 된 것이었다.

　박정희 정권의 승공통일 이념은 전반적인 국제환경이 '이념대립을 통한 약육강식'으로 재편되는 상황에서 가장 적절하고 효과적으로 국민의식을 결집할 수 있는 교육적 장치의 하나였다. 따라서 박정희의

　　고한 투쟁을 강조하는 비전위 조직의 사회주의 운동가들을 서서히 집결하게 하였다. 이러한 극단적인 혁명 전위조직은 소위 南民全이 었다. 이 조직은 바로 이전의 소수 공산주의 사상의 실천 내지 냉전 구도 속에서 한국에 암약하는 비전형 세력에 의해 조성된 조직이 아니라, 근본적으로 강고하게 한국의 정치 경제적 모순을 변혁적으로 바꾸려는 자생적인 혁명적 지식인들의 조직이라고 할 수 있다. 이들은 사회변혁의 방향으로 '생각은 보수적으로 행동은 급진적으로'라는 공산주의의 비합법적인 입장을 견지한 조직세력이었다.

143) 이준형, "제3·4공화국 지배세력의 민족주의에 관한 비판적 연구", 서울대학교 대학원 교육학박사학위논문 1991, pp.87-105. 박 정권의 민족주의적 발로의 중요한 단서는 대미국의 군사적 관계에 있어서 민족 자주성을 강조한 것에서 그의 친일적 행적에 대해서는 이례적인 성격을 갖는다. 그는 유신헌법이라는 파시스트적 성격을 가지고 있음에도 70년대 후반에는 미국의 군사적 조치에 대해 저항적인 입장으로 서려고 했던 것은 그동안의 정권과는 매우 다른 성격을 표출한 것이다.

'개발독재'는 1970년대 중반 이후 장기 집권으로 인한 사회 전반적인 경직성을 야기시켰으나, 60년대와 70년대 초반에는 당시의 경제적·정치적 상황에서 상당한 정당성을 가지는 것이었다.

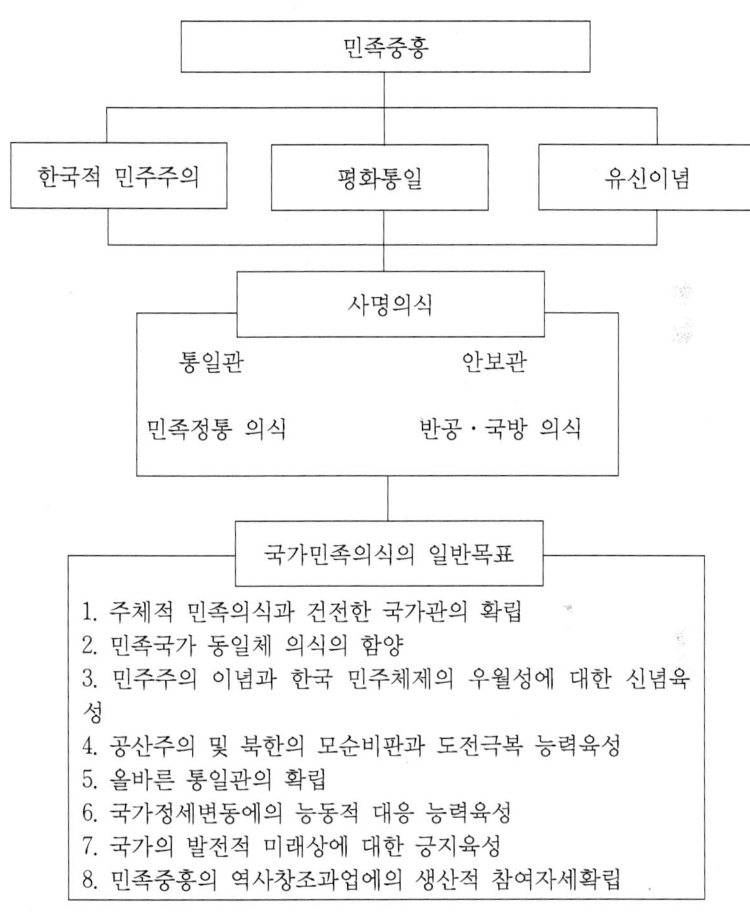

출처: 국토통일원, 『통일교육 교수요강(초급용)』(1973), 5.; 국토통일원, 『통일안보 교육교수 요목해설』(1979).

박 정권의 승공통일 교육은 궁극적으로는 민족중흥을 추진하려고 하였다. 이 과정에서 국가중심의 경제성장과 정치적 장기집권을 위한 유신체제가 성립되었다. 유신체제는 곧 반공과 경제성장으로 국민적 정당성을 확보한 박 정권의 장기적인 집권 논리였지만, 이 속에는 민족주의적 입장을 강화하고, 통일의 의지를 고양하는 일면도 가지고 있었다. 한국적 민주주의와 유신이념은 시대적으로 사명의식을 갖추게 하는 기조를 가지고 있었다. 이는 통일관, 안보관, 민족정통 의식, 반공·국방 의식으로 나타난다. 이와 같은 변화는 남북한의 대립에서 반드시 공산주의를 극복하는 이념틀 속에서 통일을 이룬다는 중장기적인 미래를 제시한 논리였다.

박 정권은 승공통일 교육의 이념과 일반목표를 통해서 한국의 지속적인 경제 성장의 토대와 철저한 성장위주의 정권유형을 마련하려고 하였다. 또한 박 정권은 남북한 경쟁의식을 통해 한국의 역사적 전통성을 부각시켰다. 따라서 이후부터 한국의 통일교육은 공산주의의 대항논리인 수세적인 반공에서 공세적인 승공으로 이념화하게 되었다.

승공통일 교육은 60-70년대까지 정부의 통일정책에 의한 논의였다. 이 정책은 북한 정권과의 대화를 통한 통일을 지향하고 있었다. 60년대 통일정책은 이상적·급진적 접근이었지만, 70년대 통일정책은 점진적·단계적 통일접근인 평화 통일론의 시도가 특징적으로 나타난다. 그러나 실질적인 승공통일 교육은 교육목표와 교육 내용으로 나타나기에는 한계성을 보였다. 이처럼 점진적 통일정책은 궁극적으로 자유민주주의적 목표의 수호를 지향하고 있기 때문에 국민들의 반공적 의식구조를 지속하는 것이었다. 또한 정부는 70년대 이후 남북대화를 강조하였지만, 정부와 국민들은 전반적으로 북한에 대한 대립의식을 가지고 있었다.

반공교육이 강화된 승공통일 교육은 1968년 12월에 공포된 국민교육헌장의 구체적인 실현[144]이었다. 도덕과 교육과정은 1969년 부분 개정되어, 70년대 이후 국민교육헌장 이념의 체계화와 통일에 대비한 승공교육의 강화 등의 대폭적인 개편이 이루어졌다. 또한 반공교육은 도덕교육의 단계에서 '반공생활 영역'[145]을 통해 전면적인 교육 내용으로 전개되었다. 구체적으로 반공교육은 "민주주의에 대한 신념을 굳게 하고 공산주의의 침략을 격멸함으로써 승공통일을 이룩하고, 나아가 인류공영에 이바지하게 한다"[146]는 내용으로 표현된다.

반공교육의 강화는 국민교육헌장의 바탕을 통해 국가주의의 강화라는 일면도 가지고 있었다. 이 의도는 국민의식을 통합하여 경제발전과 수출주도정책의 가속을 기하기 위한 노력의 소산이라고 할 수 있다.

해방 후 우리는 끊임없이 공산침략자들의 침략을 받아 왔으며, 6·25 사변으로 입은 피해는 말할 것도 없이 막심했다. 그 뒤에도 휴전선을 사이에 두고 저지른 도발행위나 무장간첩을 남파시켜 저지른 만행은 영원히 우리 민족 앞에 씻지 못할 오점을 남기고 있다. 그러는 동안에 반공·도덕교육도 멸공->방공->반공으로 전해 내려왔고, 지금도 강력한 반공교육을 실시해 오고 있는 것이다. 근래 남북적십자회담이 열리고 남북 조절위원회의 남북대화가 진행 중에 있으나, 이것은 막혔던 남북 간의 말문을 연 것뿐이지 반공의 근본태도의 변화를 가지고 오는 것이 아니며 따라서 우리의 반공교육에도 하등의 변화가 있을 수 없는 것이다. ……(중략)…… 우리가 자주적으로 통일을 이룰 수 있다는 것은 우리의 실력이 통일을 이룰 만큼 확립되어 있다는 것이므로 앞으로의 반공교육은 일방적인 공산주의 타도에 앞서 체계 있는 반공이념을 넣어 주면서 한 편으로는 우리의 기초 실력과

---

144) 문교부령 제310호 1973년 2월 10일 제정공포.; 홍웅선, "학교 교육이념의 분석적 고찰", 『연세논총』, 연세대학교 대학원, 1975, p.83. 국민교육헌장에 나타난 교육의 지표는 창조의 힘과 개척정신, 협동정신, 국민정신의 세 가지로 볼 수 있다.

145) 문교부, 『국민학교 교육과정』, 서울: 교학도서주식회사, 1973, p.62. 도덕과 교육에서 반공교육의 체계적인 발전을 도모하기 위하여, 반공생활영역을 독자적 영역으로 분리시켜 놓아 예절생활·개인생활·사회생활·국가생활·반공생활 등 5개 생활영역으로 구분하였다.

146) 문교부령 제286호, 1974. 8. 24. 제정공포.

경제력, 국방력을 크게 항상시켜야 함을 확인시켜 주는 것이다. 더욱이 우리가 자주적이고 우리의 정통성이 인정되는 가운데 평화적인 남북통일을 이루어야 함으로 그러기 위하여 평화통일을 촉진하고 경제 발전을 도모하는 것을 목적으로 하는 10월 유신과업을 완수하는 것을 목표로 하는 교육과정의 내용이 강화되고 또 유신과업을 완수할 수 있는 소재를 충분히 담을 수 있도록 과정을 개정한 것이다.[147]

박 정권은 베트남·캄보디아의 공산화(1975년)나 유류파동(1973년) 등으로 인한 국내외적 혼란을 강력한 권위주의 체제의 강화로 대처해 나갔다. 이러한 취지에서 승공통일 교육은 "공산주의의 모순성과 허구성을 명백히 깨우침으로써 조국의 승공민주통일을 평화적으로 성취할 사상적인 기반을 공고히 하며, 특히 민주주의의 안보 위주의 가치관이 병행 조화를 이뤄야 할 역사성을 강조함으로써 민족의 통일과 승공의 이념을 정착시킨다"[148]고 강조되었다.

민족주의적 논리를 강조하는 교육이 70년대에 본격적으로 논의되기 시작하였다. 해방 정국 이후 통일교육은 방공·반공·멸공·승공·평화 통일교육의 논의 구조로 나타났었다.[149] 이러한 보수적 논리는 북한과의 일체의 대화는 용납될 수 없는 입장으로, "멸공통일이라는 국가 민족의 지상목표와 오늘날의 우리들의 현실을 파악하고, 국가민족의 번영과 발전을 위하여 더욱 헌신하려는 경의와 태도를 가지게 한다"[150]라고 하는 대북 강경자세를 가졌다.

승공통일 교육은 생활중심 교육과정에서 학문중심 교육과정으로 변

---

147) 문교부령 제310호 준거, 『국민학교 교육과정 해설』(1973), pp.111-112.
148) 문교부, 『중학교 교육과정 해설』, 서울: 교학도서주식회사, 1973, p.40.
149) 국토통일원 정책분석실, *op. cit.*, p.87. 제3공화국 시기는 반공정책이 교육정책에 반영되었으나, 통일정책은 반영되고 있지 못하였다. 제4공화국에 와서야 통일·반공 정책이 교육정책에 반영되게 된다.
150) 문교부령 제119호, 63년 2월 15일 제정공포. 이 중에서 국민학교 5·6학년 목표이다.

화되면서, 경험적인 교육보다는 학문적인 입장에서의 논의로 변화되었다. 반공교육은 북한의 침략 의도가 계속적으로 감행되는 상황에서 의미 있는 변화를 보인 것이다. 즉, 반공교육은 실천 중심적 논의의 한계를 극복하고, 한국의 상황에 맞는 교과과목인 『도덕』, 『국민윤리』를 통해 1973년 이래로 강화된 것이다.

학문중심 교육이론에 비추어 본 통일교육은 그 학문적 뿌리가 상황적인 논의에서 제기되었다. 따라서 통일교육은 실질적인 교육의 중요성에도 불구하고, 정권의 어용 교육으로 오해받는 경우가 있었다. 그러나 이러한 교육적 입장은 남북한의 대립 상황이 호전되지 않았기 때문이었다.

이처럼 70년대 승공통일 교육의 논의도 반공적 입장이 두드러졌다. 이 입장은 한국 주도에 의한 결정적인 통일을 도출할 수 있는 이점이 있는 한편, 국내의 변혁세력과 북한의 거부감을 증폭시키게 하는 원인이 되기도 하였다. 그러나 이러한 반공적 방향은 안보인식과 통일의지에 따른 상황 수동적인 면모를 극복하고, 적극적인 내부적 반공적 통합논의를 수렴한 것으로 볼 수도 있다.

승공통일 교육은 안보에 대한 투철한 의식을 최우선적인 교육목표로 선정하였으며, 안보논리나 방어논리[151]가 주요한 내용 체계였던 것이다. 이러한 의미에서 승공통일 교육은 북한에 대한 적대적인 감정을 강화하였다. 안보는 국가 경쟁력과 직결된다는 것이다. 실질적으로 안보교육은 그 내용이 전면으로 부각됨으로써 한국사회의 '정당화의 필요성'을 국민들에게 강화하는 역할을 수행하였다. 대한민국의 건국 이

---

151) Barry Buzan, "Changing Paradigms of National and International Security: Implications for the Security Planning of Middle Powers", Byong-Moo Hwang & Yong-Sup Han(eds.), *Korean Security Policies toward Peace and Unification*, Seoul: The Korean Association of International Studies, 1996, p.4.

래로 정통성의 위기를 극복하는 힘은 내부적으로는 안보 논리였으며, 외부적으로는 자체 생존을 방해하는 북한의 존재였다. 이러한 근거에서 산업화, 자주국방, 경제발전의 논리는 민주화 논리를 압도하였다.

한국의 보수적인 사회풍토 속에서 안보교육은 80년 이전까지 거부할 수 없는 시대적 사명으로 인식되었다. 그러나 안보교육은 그 교육의 요구자들의 의도 즉, 집권세력의 의도성이 가장 많이 수용될 수 있는 국책내용이 있기 때문에, 교육내용 이상으로 강화되지 못하였다. 단적으로 안보교육은 민주화의 과정에서는 반대의 입장으로, 반공·안정 논리에 지나치게 얽매어 있었다. 이는 국민들이 안보교육의 내용을 편협하게 이해하는 원인이 되었다. 따라서 안보교육은 한국의 자주를 강화할 수 있는 내용으로 민족 주체적 입장이 수용될 필요가 있다. 한국의 분단상황은 역사적으로 공간적으로 주변 강대국의 영향력 모색과 밀접하게 관련되어 있기 때문이다.

반공정신의 실천인 승공통일 교육의 성과는 다음과 같다.

첫째, 국민들은 승공통일 교육을 통해 남북대화를 주도하고 있는 세력이 한국임을 의식하게 되었다.

둘째, 승공통일 교육은 그동안의 수세적인 반공교육을 탈피하여 적극적인 의미에서 공산주의와 대결을 하겠다는 입장과 북한이 전쟁을 통한 통일전략에 효과적으로 대비한다는 입장을 갖게 되었다.

셋째, 승공통일 교육은 한국사회가 경제를 통한 북한과의 대결만이 승산이 있다는 경제성장 이데올로기를 강화하는 교육적 의미 부여의 하나였다.

이 과정을 통해 볼 때, 박정희 정권은 국민들에게 북한에 대한 적대적인 입장을 견지하게 하는 등 민족분단의 위험성을 가지게 하였다. 그러나 승공통일 교육은 현실적으로 민간단체나 국민들에게 북한과의 일체의 대화나 타협이 있을 수 없다는 자세를 각인시켰다. 따라서 박정권은 실질적으로 남북대화보다는 경제적 발전을 치중하는 국민통합을 이루게 하였다. 또한 한국은 대공산권의 인식과 북한에 대한 경제적인 우위에 대한 대국민적인 홍보를 가지게 되었다. 소극적인 대북한 자세를 극복한 정부는 그동안의 학술적인 연구가 전무한 상태에서 공세적인 승공통일 교육의 강화와 함께 북한에 대한 학술적·전략적 접근을 시도하기 시작하였다.

이상과 같이, 국민들은 이러한 승공논리를 통해 공산주의 이론에 대한 맹목적인 우위론을 가지게 되었다. 이러한 실례는 8·15 선언 이후 통일이념과 통일의 당위성, 통일의 염원이 72년 7·4 남북 공동성명을 전후해 분출된 것을 통해 알 수 있다.[152] 결정적으로 승공 통일론은 한국의 보수세력이 북한에 대해 가지는 불안감을 극복하게 하였다. 이러한 반공논리는 한편으로는 왜곡된 북한인식의 단면이 될 수 있으나, 장면정권이 보여 준 패배주의적 사고를 극복하는 계기를 만들어 주었다. 승공적 사고의 전환은 개발독재의 빌미로 작용하는 경우도 있었으나, 국가 내부적으로 반공의식과 경제발전의 의지를 결속하게 하는 역할수행을 가능하게 하였다.

4) 국가안보와 민족주체성의 강화

승공통일 교육을 실시한 박정희 정권은 교육과정에서 상당한 정도의 반공교육과 평화 통일론을 강조하고 있었다. 60년대 초에 실시된 2차 교육과정기(1963-1973)에는 국민학교 및 중학교에서 반공도덕 생활이 교육과정으로 신설되어, 교육과정의 영역이 교과활동, 반공도덕 생활, 특별활동 등 세 영역으로 구분되었다. 고등학교에서는 『도덕』의 이수 단위가 4단위로 조정되고, 『국민윤리』라는 새 이름으로 개칭되면서 사

---

152) 강광식, 『統一理念定立을 위한 硏究』, 성남: 한국정신문화연구원 편, 1985, pp.316-317.

회과의 한 과목으로 자리를 굳히게 되었다. 1969년에는 문교부령 제 251호에 의거하여 '반공 및 국민윤리'로 불리게 되고, 이수단위가 4단위에서 6단위로 확대되었다.

이 시기의 교육과정에 추가된 반공교육의 일반목표는 "민주주의에 대한 신념을 굳게 하고 공산주의 침략을 격멸함으로써 통일을 이룩하고 나아가 인류공영에 이바지 한다"는 것이었다. 초등학교의 경우 반공·도덕 생활에서 주요 지도요소를 제시하고 있으며, 국가생활에 관련된 내용이 중심으로 되어 있었다. 따라서 남북한 관계는 통일문제의 접근보다는 북한 공산주의자들의 만행에 대한 적개심과 경계심을 강조하고 있다. 중학교 반공·도덕 생활의 국가생활 영역에서도 북한에 대한 침략상과 공산주의의 배격을 통한 승공이념의 강화를 강조하였다.[153]

60년대에는 승공통일 교육은 북한과의 일체의 대화는 용납될 수 없는 입장으로 대북한관에 있어서 강경한 자세를 가졌다. 또한, 교육적인 입장보다는 수세적인 입장, 감정적인 입장에서의 대북한·대공산주의 비판교육이 이루어졌다. 당시 초등학교의 경우 반공·도덕 시간을 매주 1시간의 특설 시간으로 두었고, 중학교도 초등의 경우와 같았다. 고등학교에서는 반공·도덕생활 시간을 특설하지 않고, 이 시기는 보편적 사고로 도덕 및 반공의식을 명확히 길러야 하므로 전문교육을 받은 교사로부터 더욱 계통적으로 배울 필요가 있다는 입장을 취하였다. 이러한 입장은 "언동을 신중하며 간접침략에 이용되지 않도록 정신무장을 튼튼히 한다", "공산당의 허위선전의 참뜻을 알고 이에 속지 않는다"[154]로 파악할 수 있다.

따라서 문교부는 승공통일 교육을 『일반사회』에서, 도덕교육을 『국민윤리』에서 지도하도록 하였다. 고등학교의 경우는 반공도덕이 완전

---

153) 국토통일원 정책기획실, 『초등학교 교과서에 반영된 통일·반공 교육의 변천과정 분석연구』, 1973, pp.19-33. 참조.
154) 문교부, 『도덕과·국민윤리과 교육과정(1946-1981)』, p.7.

히 사회과 속에 포함되어 있었고, 초등학교의 경우도 사회과 일반목표
는 반공·도덕과 직접 연관되는 것이었다.[155] 1963년 교육과정 개편은
중학교에 『승공통일의 길』이 국정교과서로 개발되고, 고등학교에서는
『일반사회』와 『국민윤리』, 『정치경제』에서 반공 도덕교육을 위한 교육
과정이 마련됨으로써 반공교육이 강화되었다. 고등학교에서는 『자유수
호의 길』 교과서를 개발하여 학교에서 활용하도록 하였다.

그러나 현실적으로 반공과 통일의 중요성에 대한 이해가 상당히 낮
은 상태였다. 이러한 지지부진한 상황에서 1968년 북한의 울진·삼척
무장공비 침투사건은 그동안 허술했던 안보 및 반공교육의 일대전환을
가져 왔다.

1. 국민 모두가 전투원이 되자.

1968년 12월 20일, 중앙청에서 열린 비상치안 회의석상에서 박 대통령께
서는 "적은 우리가 안심하고 있는 동안, 중요한 국가시설이나 산업시설을
자꾸 기습, 파괴하고, 세상을 시끄럽게 해서, 마침내 침략을 해 보자는 속
셈을 지니고 있다는 것을 우리는 이미 잘 알고 있습니다."[156]

반공교육은 실제로 한국사회가 북한의 무력적 도발에 얼마나 경각심
을 가지고 있었는가를 보여 준다. 북한의 1968년 일련의 침략행위는
반공교육의 강화 및 1969년부터 고등학교나 대학에 교련교육을 설치
운영하는 중요한 요인이 되었다.[157] 결국 안보문제의 중요한 적이 되
는 북한의 실질적인 침투행각은 국내의 반공교육을 강화하게 하는 분

---

155) 이영춘, 『도덕과 교수학습』, 서울: 교학연구사, 1992, p.104.

156) 문교부, 『바른생활(부록)』, 서울: 고려서적주식회사, 1969, p.5. 정부
　　　는 1968년 북한이 저지른 일련의 행동에 대해 주시하면서 초등학교
　　　바른생활의 부록을 만들었다. 그 내용은 '국민 모두가 전투원이 되
　　　자', '발악하는 북한괴뢰', '서울에 나타난 무장공비', '울진, 삼척에 나
　　　타난 무장공비', '공비를 막는 길' 등으로 이루어져 있었다.

157) 한만길, *op. cit.*, p.336.

144

단인식의 심화를 강화하게 하였다.

60년대 한국 교육계는 생활중심 교육이론 이후 학문중심 교육이론의 영향을 받았다. 1950년대 말 미국은 '스푸트니크 충격'[158]으로 인하여 생활중심 교육이론에 대한 반성을 보이며, 지식 및 정보의 폭발적인 팽창에 따른 교육내용의 선정문제와 교과를 잘 가르치기 위한 탐색적 노력을 기울였다. 이러한 논의가 바로 학문중심 교육이론으로 나타났다. 즉, 이 이론은 아동의 자발적인 탐구를 통한 지식의 이해를 강조한다는 점에서 생활중심 교육이론의 개념을 보다 엄밀하게 구체화하고 있다. 또한 생활중심 교육이론은 지식의 탐구과정이 학생경험의 총체 중의 특수한 부분을 구체화한 것이라면, 이에 비해 학문중심 교육이론은 이론적 일관성을 강조하였다. 따라서 승공통일 교육은 학문중심 교육이론의 수용을 통해 교육논의와 내용을 보다 더 강화하게 되었다.

제3공화국은 반공·성장·안보 이데올로기의 무장을 강화하였다. 보수세력은 남북한 관계가 일상적으로 화해와 협력이 아닌 반대와 갈등이 기본구도로 만들어져 있었다. 이것은 한국과 북한은 상당한 거리감을 가지고 있으며, 이러한 입장에서 대화나 타협이 이루어지는 것은 한계가 있음을 알 수 있다. 그 당시 정부는 국내에서 정부의 통일정책과 상반된 통일논의에 대해서는 일체 용납하지 않았다. 이는 내부적으로 국내의 통일논의를 통일정책으로 통제하려는 입장을 가졌다고 볼 수 있다. 따라서 정부는 바로 승공통일 교육을 통해 국내통합이 가름될 수 있다는 생각을 가졌다. 즉 승공통일 교육은 바로 한 나라의 미래지표를 가름하는 중요한 단서이며, 한반도의 평화정착에 기여하는 것이라는 관점이었다.

유신체제의 출범과 함께 제3차 교육과정(1973-1982)이 이루어졌다. 이 시기는 반공도덕 생활영역으로 지도하던 것을 교과활동에 포함시켜

---

158) 이홍우 외, *op. cit.*, pp.31-34.

『도덕』이라는 독립된 교과를 설치하였다. 그리고 고등학교에서는 『국민윤리』가 사회과로부터 독립하여 必須敎科가 되었으며, 교과서는 『국민윤리』와 『자유수호의 길』로 나뉘어져 있다가 1979년에 다시 『국민윤리』로 통합되었다. 한국은 적극적인 경제건설과 경제성장으로 북한과 대등한 경제적 기반을 가지게 되었다. 승공통일 교육은 근본적으로 정부의 통일정책을 수세적인 측면에서 적극적인 측면으로 변화하는 시점을 만들었다. 이를 통해 승공통일 교육은 대북 경각심과 국민교육헌장을 대변되는 민족 주체적 논의가 성숙되면서 평화통일의 신념을 실천하는 내용이 나타난다.

초등학교의 경우 통일교육의 내용은 한국이 자유민주주의 국가임을 알고, 북한의 호전성과 그릇된 통일전략을 내세우고 있음을 실천하도록 하고 있다. 중학교의 경우도 '반공생활' 영역에서 특징적인 것은 국토분단에 대한 객관적인 입장을 기술하고 있다는 점이다. 또한 이전의 우방과의 교류 속에서 통일의 실마리를 찾으려는 노력을 떠나 전반적으로 민족 주체적 입장에서 통일을 접근하고 있다. 통일교육은 사회주의 체제보다 우월한 자유민주주의 체제의 입장을 전개하면서, 통일정책에 대한 내용을 보강하였다. 그리고 고등학교의 경우에는 '조국의 통일과 민족중흥' 영역이 이전보다 논리적인 근거에 의해 통일의 과제를 전개하는 특징을 갖는다.[159] 즉, 통일교육은 통일에 임하는 자세를 내용으로 한 민주주의와 공산주의 대결에서의 민주주의 우월성을 인식하게 되는 경향을 보여 준다.[160]

그 당시 승공통일 교육은 교육현장의 이해에 있어서 북한과의 경쟁에서 이길 수 있는 이념 교육의 강화를 중요하게 인식하였다. 이러한 입장에 선 승공통일 교육의 현장은 보수적 의식화가 이루어졌다.

---

159) 국토통일원, 『통일교육 교수지침서』(1973), p.5. 참조.
160) 국토통일원, 『고등학교 통일교육 범위에 관한 연구』, 1970. 9, p.5. 참조.

한국적 민주주의의 주체성은 그와 같이 민족의 회복(민족의 통일)과 역사의 회복(민족의 자주)이라는 가장 중요한 민족사적 2대 실천가치를 포함하고 있다. 민주주의 자체가 이러한 민족사의 실천임무를 위하여 가장 효율적인 활력을 가지도록 하려는 우리의 민족의지가 바로 한국적 민주주의를 실현하려는 유신 대업의 기반인 것이다. ……(중략)…… 오직 **韓民族**만이 그 주체임을 자랑할 수 있는 문화적인 전통은 오늘날 서구로부터 밀려 들어오는 이질문화나 타율적인 비합리성을 극복하고, 오히려 자기 쪽으로 그것을 조화시키고 토착화시킬 수 있는 주체적인 능력을 이루고 있다.[161]

또한 박 정권은 새마을운동을 통해 농촌 기반정서를 함양하려고 노력하였다. 새마을운동은 농촌을 기반으로 한 사회 운동으로서, 큰 성과를 거두고 있었다. 이 운동은 근대화의 기틀을 마련하여 국민통합적 운동의 성격을 보였다.

어느 정도 국민적 통합을 이룬 권위적 정권은 민주화 세력의 저항을 받았으나, 저항논리의 세력은 그 지지기반이 취약하였다. 보수적 논리는 이념적 논의의 전개 없이 경험적인 통일교육을 강화할 수 있었다.

2. 제5공화국의 통일·이념 교육

1) 신냉전의 전개와 민주화의 좌절

80년대 국제환경은 또 다른 냉전의 구축이라는 현상을 나타내었다. 미국은 그라나다를, 소련은 아프가니스탄을 침공하는 등 새로운 신냉전 체제의 국면이 나타났다. 전반적으로 세계가 신냉전 체제로 변화되

---

161) 문교부, 『고등학교용 국민윤리』, 서울: 대한교과서주식회사, 1974, pp.221-222.

면서, 한국의 정치풍토에서도 유신체제와 유사한 제5공화국이 등장하였다.

제5공화국은 이전의 박정희 정권의 생성기와는 전혀 다른 정통성의 문제를 안고 있었다. 박 정권은 반공을 국시로 내걸고 혁신계·민주적 인사들을 대거 검거했음에도 불구하고 국가의 진로를 바로 잡으려는 민족주의적 군사혁명이라는 평가를 받았으며, 진보적인 인사들까지도 상당히 기대를 건 정권이었다. 그러나 제5공화국은 79년 유신정권의 붕괴 이후 민주화의 열기인 '서울의 봄'과 '광주 민주화운동'에 대한 진압을 통해 등장한 정권인만큼 대내외적으로 정통성에 많은 한계를 가진 정권이었다. 국민들은 정권에 대해 기존 유신질서를 통한 정권의 지속이라는 시각을 가졌고, 정권에 대한 심각한 회의를 가지고 있었다.

이러한 상황에서 80년대 한국사회 변동과정에서 나타난 중요한 현상은 '변혁적' 사회 운동의 등장[162]이다. 이 운동은 70년대까지 체제 내에서 '보수세력 내의 여야갈등'으로 한정되어 있었지만, 80년대 분단과 경제적 불평등이 악화되는 상황에서 체제외적인 갈등이 '정치적 갈등의 장'으로 이끌려 들어오면서 강화되었다. 보수적 국내환경에서 변혁세력의 시도가 80년대 초 민주화의 좌절을 거치면서 조직적으로 이루어져 되었다.

'서울의 봄'과 '광주 민주화운동'은 1960년대 이래의 민주화 요구가 대대적으로 분출되면서 좌절된 사건이었다. 이 사건 이후 사회주의적 시각을 가진 목적의식적인 전위조직운동이 강화되었다. 이들은 자생적인 사회주의 운동그룹으로서, 전위 조직을 통해 레닌식의 볼셰비키 정당과 같은 행태로 한국의 사회주의적인 통일방법을 구체화한 조직들이다. 이러한 조직들은 학생운동·노동운동·통일운동에 상당한 영향을 주었다.[163]

---

162) 조희연, 『한국현대 사회 운동과 조직』, 서울: 한울, 1993, p.11.
163) *Ibid.* p.134. 시기별로 보면 80년대 초반의 전위조직은 '전국민주 노동

그러나 전위조직들은 한국사회의 변혁에 대해 지나치게 주관적인 정치의식을 현실에 반영하려는 한계를 가지고 있다. 즉, 당시의 국내환경은 절대적으로 반공적 질서를 유지하였다. 그 이유는 공산주의와의 대치상황과 자유민주주의의 수호의 전통에서 기인된다. 이러한 환경적 상황을 간파한 신군부는 반공과 본격적인 산업화 그리고 사회정의를 주요 공약으로 내세운 것이다. 이 과정에서 국내환경은 시민의 확대를 가능하게 하였다. 따라서 한국사회는 더 이상 권위주의 체제가 강화될 수 없는 조건으로 변모하게 되었다.

이처럼 전반적인 권위주의 체제와 민주화 열망의 갈등기였던 80년대의 제5공화국은 이념적인 공백현상을 보였다. 보수세력은 반민주적인 정권을 유지하려고 하였고, 이에 맞선 변혁세력은 그들의 반독재 민주화운동을 전개하는 등 대립의 첨예화 현상을 보여 주었다. 이 속에서 민주주의로의 진보를 희구하는 국민적인 정서는 '새로운 변화'를 요구하게 되었다. 이는 80년대가 신냉전적 국제환경과 권위주의 체제 속에서도 민주주의의 열망을 지향하려던 시대라는 것을 단적으로 보여 준다. 결국 이 시대의 민주주의의 좌절 이후 나타난 새로운 사회적 변화는 보다 급진적인 요구를 내세우는 면모를 보여 주는 증후였다.

따라서 제5공화국의 국내환경은 국내적으로 보수와 변혁세력 간의 대립, 국제적으로 신냉전 체제의 돌출 등으로 인하여 상당한 가치관 혼란의 사회상과 결합되어 대한민국의 정체성이 위협받는 상황이었다. 이러한 상황에서 전반적으로 남북한은 긴장을 고조하거나 반정부의 요소를 반민주적·사회주의적 혁명으로 변질시키는 중요한 문제를 야기

자연맹', '전국민주 학생연맹', 80년대 중반에는 '반제동맹당', '제헌의회그룹', '노동자 해방 투쟁동맹', '인천지역 민주노동자동맹', '민족통일 민주주의노동자동맹', '사회주의 노동자동맹', '자주민주 통일그룹', '노동계급', '반제반파쇼 투쟁그룹', '국제사회주의자들' 등으로 과격화의 경향이 농후한 운동전위 조직으로 나타난다.

시켰다. 이 속에서 정당성과 정통성이 부실한 정권은 자체적인 제도 개선의 의지 없이 북한에 대한 대항과 공세에 대한 입장과 같이 국내의 변혁세력에 대한 탄압에만 주력하는 '이념교육'을 국민적인 단합에 이용하려는 굴절된 '정치 선택성의 원리'를 그대로 노출시켰다.

2) 민족화합민주 통일방안의 기조와 비판

한국의 통일정책은 바로 북한과의 체제경쟁을 기초로 하여 발전된 것이었다. 따라서 국제환경, 국내환경과 남북한 관계의 악조건 속에서도 기존의 북진 통일론이나 남북한 자유총선거론과 같은 이상적인 접근과는 달리 '6·23 선언'이나 '민족화합민주통일방안'과 같은 현실적이며 절충적 접근으로 지향하는 강력한 통일의지를 엿볼 수 있다. 이러한 통일정책의 기초는 사회적 변혁기를 극복하고 권위주의 체제이지만 통일 염원의 국민적 정서를 반영하는 중요한 입장을 가지고 있음을 파악할 수 있다.

그러나 80년대 초·중반까지 한국사회는 민주화 과정에서 조정과 논의가 계속적으로 이루어질 수 있는 시대적 좌절의 시기를 맞고 있다. 따라서 통일문제에 대한 변혁론은 기존 통일논의에 대한 대폭적인 변화를 요구하였다. 그러나 반공·안정 논리는 기존의 통일논의와 같이 남북한 대립에서만 파악하려고 하였다. 오히려 정부는 통일문제에 있어서 전향적인 '남북한 당국자회담 제의'나 '민족화합민주통일방안'이라는 내용을 발표하였다. 그러나 정통성이 없는 정권에 의한 통일정책은 국민적 관심보다는 정치적 선전의 효과 이상을 발휘하지 못하였다. 그 이유는 국내의 통일논의가 국민적 차원에서 논의 구조를 이루지 못했기 때문이다.

그 당시 진보적 인사를 포함한 변혁논리는 한국에서의 권위주의적 국가가 보여주는 자주성 결여와 반민중성의 노정을 극복하려는 입장이었다. 이에 대해 반공·안정 논리는 국민들의 정치적 생존과 경제적 번영, 북한과 대응에서 승리할 수 있는 방법을 정치적 지향으로 삼고 있다. 즉, 국내의 좌·우 파는 국가의 지향과 규범, 그리고 당위적 상황 인식에서 전혀 다른 이념적 기반을 가지고 있었다. 결국 이러한 논리들의 분열적 갈등은 통일논의 구조를 형성하지 못하게 하였다. 나아가서는 계층적 대립을 심화하여 사회민주화의 전반적인 과정을 퇴보시키는 원인이 되었다.

80년대 초기 진보적 성향의 논리는 80년대의 공안정권체제에서 심화된 변혁세력의 논리로 강화된다. 이는 박 정권 시기의 극단적인 보수적 통치와 80년대 정치상황에서 신군부의 지배이데올로기에 의해 나타난 현상이라고 할 수 있다. 결국 변혁세력의 논리는 국내에서 철저하게 억압되는 비민주적인 풍토에서 확대되었다. 더욱이 80년대 중반 이후 권위주의 체제의 유화국면이 도래하면서 변혁세력은 '반미'와 '사회구성체'의 논의를 본격화하였다.

정부를 비롯한 사회주도 세력은 자유민주주의적 사회이념의 혼란을 막기 위한 움직임으로 이데올로기 비판교육을 강화하였다. 국민들은 이데올로기 비판교육을 통해 공산주의 이념의 실제와 이상에 대한 비판적 능력을 가지게 되었다. 그러나 민주적 논의구조를 갖지 못한 정부의 강압적 통치는 변혁세력과 노동자계급, 화이트칼라와 국민들의 변화의지를 충족시키지 못하고 도리어 국민들의 저항을 받게 되었다.

한편 종교계는 그 속성상 현실적인 안주보다는 인간의 구원을 희구하는 미래 지향적 일면을 통해 민주화 요구와 통일운동을 전개하였다. 즉 종교는 개인적으로는 자신의 소망과 행복을, 민족적인 측면에서는 민족의 소망과 행복을 희구해 왔다. 종교계는 강력한 국가구조와 전쟁 이후 분단상황 등의 정치변동과 산업화, 도시화라는 급속한 사회경제구조적 일대변혁기 속에서 그 의미성과 지향성을 중대한 민족적 소망에 결부시켰다. 종교계는 한국사회의 구조적 상황과 변혁에 중요한 원인인 분단구조와 통일문제에 대해 많은 관심을 두었다. 이처럼 한국의 80년대 상황은 그동안의 경제적 기반을 통해 국민들의 정치적 요구가 잠시 좌절되는 듯 하였다.

그러나 권위주의적 국가체제는 획일적 통제가 불가능할 정도로 방대해졌다. 이러한 사회분위기를 반영하듯 정부는 북한의 공세에도 불구하고 통일정책에 있어서 보다 적극성을 보였다. 통일정책은 이전의 인구비례를 통한 선거를 주장하던 이상적 입장에서 벗어나 있었다. 그리고 정부는 민족 자결·민주·평화의 원칙에 입각한 통일 헌법의 제정 속에서 새로운 국가를 건설하고자 하는 입장이었다. 이러한 입장에서 정부는 '남북한 책임 당사자의 상호 방문'을 제안하는 면모도 보여 주었다.164) 그러나 정부의 이러한 이례적인 조치는 북한의 거부와 국내의 무관심으로 그 의미를 고조시키지 못하였다. 그동안 분단과정과 전쟁 등으로 말미암아 국민들은 반공정신을 견지하고 있었다.

그러나 반공정신은 80년대 이후 약화되면서 다른 비판적 인식구조로 확대되는 양상을 보였다. 사회민주화의 요구가 많아지면서 국내적 통일환경은 정부의 주장처럼 국민적 의식운동으로 나타나지 않았다. 그 대신에 기존 통일정책에 반감을 갖는 비판논리가 확장됨에 따라서 새로운 통일교육이 요구되었다.

3) 통일·이념 교육과 민중 교육론

신군부를 중심으로 한 권위주의 세력은 공산주의의 억압 상태를 강조하는 이데올로기 비판교육을 시도하게 되었다. 이데올로기 비판교육

---

164) 김경태, "남북한 통일정책", 국토통일원 통일연수원 편, 『민주통일론』, 1990, pp.46-48.

은 국민적인 정당성이 상당히 손상된 정권의 이념적 기초로 자리 잡으려는 의도와 기존의 보수집단의 반공논리와 승공 통일논리를 통일교육·이데올로기 비판교육으로 연결시키려는 의도에서 비롯되었다.

그러나 그 논리가 얼마만큼의 사회적 통합성을 가지는지는 별개의 문제이다. 즉, 그들의 논리는 현실적인 모색보다는 형식주의적 명분에 그 강조점을 두는 성격이 강하고 안보를 담보로 한 폭력적인 속성을 포기하지 않고 있었다. 형식주의[165]는 한국 전통적 정치문화의 특징 중 하나인 명분에 대한 집착을 하는 경향성으로, 정치권의 정책 수행에도 '大義名分'이라는 요인으로 작용하였다. 따라서 한국의 보수 이데올로기의 유토피아적[166]인 입장은 이러한 형식주의와 결합되어 주변 상황의 상황적이며 단편적인 이해를 통해 통일문제에 접근하는 한계를

---

165) 한배호·어수영, 『한국정치문화』, 서울: 법문사, 1989, pp.95-105. 한국의 정치전통 속에는 '실리와 명분'이 계속 저울질되어 왔다. 특히 한국인의 생리 속에는 명분이 강조되고 있으며, 이러한 명분론은 결국 군사정권의 결정적인 정당성의 한계를 가름하게 하였다.

166) Karl Mannheim, *op. cit.*, p 173.; Alvin W. Gouldner, *The Dialectic of Ideology and Technology: The Origins, Grammer and Future of Ideology*, London: Macmillan, 1976; Louis Althusser, *For Marx*, Ben Brewster (tranc.), Hamondsworth: Mi-ddlesex Penguin, 1969, p.232. 칼 만하임은 사회체제의 변화를 추구하는 이념적 지향을 '유토피아'로, 그리고 사회체제보존을 추구하는 이념적 지향을 '이데올로기' 그 자체로 명명하였다. 여기서 이데올로기의 미래적인 관점을 언급한 사람은 굴드너(Alvin W. Gouldner)이다. 즉, 유토피아적인 관점의 이데올로기라고 할 수 있을 만큼, 그는 이데올로기를 '사회재건을 위한 합리적 기획'으로 보았고, 또한 알튀세는 이데올로기는 현실의 왜곡된 표상이 아니라 현실적인 관계 그 자체이며, 국가의 기능을 억압적 국가기구(정부, 군대)와 이데올로기적 국가기구(교회, 학교, 정당)로 기능을 한다고 보아, 이데올로기의 허위성에 대한 논리에 반대하였다. 이상의 근거에서 보수적 이데올로기 자체는 바로 미래 지향적인 입장을 견지하고 있으나, 이러한 입장의 지나친 확신으로 인해 한국사회는 반공논리와 통일논리가 근 50여 년간 갈등적인 조화현상을 보이고 있다.

보였다.

안보교육은 냉전적 사고로 실시되었고, 북한과의 대결구도에서 통일교육의 외곽을 쌓는 형상을 하고 있었다. 이데올로기 비판교육도 이러한 맥락에서 벗어나지 않고 있었다. 따라서 제5공화국은 바로 박정희 정권에서 시도하였던 舊態를 그대로 가지면서도, 전반적인 민주적 의식함양에 따라 보다 체계적인 이데올로기 비판교육을 강화하게 되었다. 이러한 전반적인 상황을 포괄할 수 있는 제5공화국의 통일교육은 통일·이념 교육으로 다음과 같이 파악할 수 있다.

(그림 6) 통일·이념 교육의 이념과 일반목표

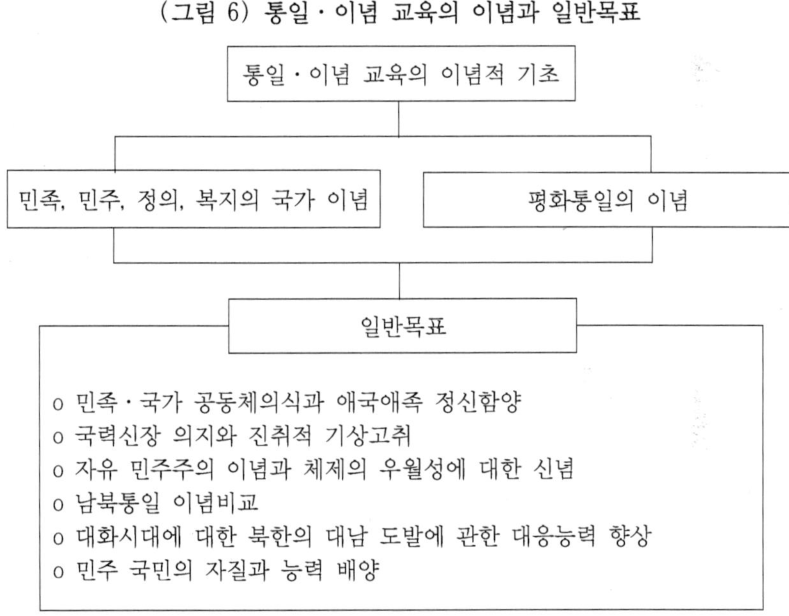

참고: 한국정신문화연구원, 『국민정신 교육기본 지침서』(1982), p.4.
　　　한국국민윤리학회, 『남북대화 시대의 통일교육 방향』(1986. 8. 8) 참조.

통일·이념 교육은 '통일교육', '이데올로기 비판교육'과 '안보교육'의 방향으로 추진되었다. 이는 기존의 반공교육과는 질적인 차이를 보이는 사상적 변화를 의미하는 것이다. 70년대까지의 승공통일 교육은 일정 정도 국민통합을 하는 데에 성과를 거두었는데, 이러한 성과를 보다 체계적으로 교육하는 입장으로 이데올로기 비판교육과 안보교육이 실시된 것이다.

이러한 통일·이념 교육의 시각은 남북한의 대립적 상황인식에서도 민족·민주·정의·복지의 이념을 전형화한 것이다. 그동안 사실 남북한 대립 체제에서 한국은 정부 주도적 이념인 반공·안정 논리를 통해 사회이념 구조를 유지하였으며, 북한은 마르크스·레닌주의를 도용하여 주체사상의 논리[167]로 강화한 것이었다. 이처럼 남북한은 전혀 상반된 논리를 고수하고 있기 때문에, 남북관계는 각각의 사회의 이념구도를 강화하는 구실로서 성립되는 경우가 많았다.[168] 따라서 보수적 인식의 남북한 관계에 대한 대립적 상황인식은 그 근거가 충분하다.

이렇듯 국민들은 통일·이념 교육을 통해 국가와 민족의 번영과 발전을 위한 헌신을 당연하게 여기는 자세를 가지고 있다. 이 자세는 이전의 반공교육이나 승공통일 교육에서 대립적인 대북한관 이외의 통일 이념이 다소 한정되어 있었던 것에 대한 반발의 하나이다. 즉, 국민들은 무력적인 이념의 한정보다는 통일의 원칙을 실천하는 인식에 상당

---

167) 한기회 편, 『북한의 사상-주체의 사상·이론·방법-』(태백,, 1988), p.474.

168) 이봉철, 『통일과 통일논의』, 서울: 인간사랑, 1993, p.61. 일례로 1970년대는 미·소 이데올로기의 절대화가 퇴조하는 데 반해, 남북한 분단논리는 그대로 남아 있는 상황이었다. 미·소의 갈등과 대립 구조에서 체제가 공고히 되는 상황이 어려워지자, 내적 체제의 공고화를 강조하게 되었다. 이러한 논리로 인해 남북한은 '7·4 공동성명'이라는 성과를 얻었음에도 실은 내적체제 공고화를 위해 한국은 1972년 10월 유신체제를 확립하였고, 북한은 1972년 12월 그들의 주체사상을 심화하는 사회주의헌법을 개정하였다.

한 관심을 두게 되었다. 이제 국민들은 북한에 대한 강경한 자세만으로 통일이 가능할 수 없음을 파악하게 되었다. 따라서 통일·이념 교육은 대북한·대공산주의 비판교육의 강화와 함께 민족·민주·정의·복지의 입장을 추진하는 교육적 목표를 두었다.

비판교육론의 수용시기인 1980년 한국상황은 이데올로기의 갈등 고조기라고 할 수 있다. 즉, 기존의 통합 지향적 구조주의나 학문중심 교육이론은 학교 교육에 현실적으로 적용하는 것이 어려웠다. 이러한 단적인 예는 '입시교육'에 있다. 이러한 의미에서 학교는 경쟁의 원리가 철저하게 지배하는 공간이었다. 한편으로는 이러한 구조의 문제가 이후에 비판교육 이론의 적극적인 도입을 초래하는 배경이 되기도 하였다.

교육에 대한 새로운 비판적 논의는 신구조주의적 교육론자인 애플(M. Apple)과 변혁적 교육론자인 프레리(P. Freire)의 이론이 국내에 소개되면서, 가능해졌다. 비판교육이론은 80년대 교육계의 커다란 변수인 소위 '민족적·민중적 학문전개'[169]로 강화되었다. 또한 비판교육이론은 미국중심의 교육이론이 가지는 문제점에 대한 변혁적 대안으로 이해되었다. 따라서 비판교육이론은 주관적이며 편향적인 시각에도 불구하고, 이전에 볼 수 없었던 '탐구대상의 현실화'라는 욕구를 해소해주는 효과를 보였다.[170]

이에 따라 당시 교육현장에서는 민중 교육론이 현격하게 부각되었다. 이 속에서 반공교육의 위상이 상대적으로 저하되었고, 보수세력과

---

169) 김진균·조희연, "해방 이후 인문사회과학사의 비판적 재검토", 김진균 외, 『한국사회론』, 서울: 한울, 1990, pp.277-300. 민족적·민중적 학문은 또한 제3세대의 학술운동과 같은 용어로 사용된다.

170) 이종각, *op. cit.*, pp.140-142. 교육 논의의 새로운 인식인 80년대의 교육 민주화 사건이 이러한 배경을 통해 '학교 현실의 보수성'에 대항해 일어났다. 예를 들면, 82년 YMCA 중등 교육자 협의회 창립, 85년 민중 교육지 사건, 86년 5월 교육 민주화선언, 전국 교사 협의회 결성, 89년 교원노조결성 등도 80년대 후반에 교육 전반에 중요한 영향을 끼쳤다.

변혁세력 간의 통일교육에 대한 입장은 커다란 대립양상을 보였다. 전자의 보수적 반공교육은 대북안보 이데올로기적 입장의 연장으로 나타났다. 후자의 통일교육에 대한 비판적 입장은 변혁적 통일론을 구체적으로 실천하려는 의미를 포함하고 있었다. 따라서 학교현장은 공교육의 이념적 위기를 드러냈다. 이에 진보적 성향의 교사에 의해 지배이데올로기에 심각한 타격을 입히는 현상이 벌어졌다. 이처럼 교육계의 위기는 전교조 파문으로 그 정점에 달하였다.

그러나 제6공화국 이후 통일운동과 통일교육이 다각화되면서 통일문제에 대한 통합적인 논의모색에 중요한 전환을 엿볼 수 있었다. 이 시기의 통일교육의 교육목표와 내용 체계는 한국사회가 추구하고 있는 교육이념과 교육목표에서 비롯된다. 이 시대는 곧 합리적 사고로의 의식 전환기라고 할 수 있다. 따라서 민간주도 통일운동과 일정 정도 거리를 두는 통일교육이 실시되고 있었다. 이는 이전에 발견하지 못하는 수용과 대안의 자세를 보이는 통일교육의 일대 변화라고 할 수 있다.

이러한 상황에서 제5공화국 정부는 통일·안보 교육을 국민정신 교육의 중심 영역으로 부각시키는 가운데 이데올로기 비판교육을 실시하였다.

> 우리가 국가적·민족적 현실에 있어서 가장 시급하게 비판하고 이해해야 할 대상은 우리의 생존을 위협하고 민족의 올바른 존재양식을 저해하는 공산주의이데올로기이다. 특히 북한은 우리 민족의 통일을 저해하고 있을 뿐 아니라 국가의 생존이 불가능해진다고 했을 때 자유니 정의니 하는 이 사회의 모든 가치는 물론 인간적인 삶의 유지마저 불가능하게 될 것이다.[171]

통일·이념 교육은 국민정신 교육을 통해 기존의 폐쇄적이고 경험 위주의 반공교육을 벗어났다. 이 교육은 국민들에게 공산주의를 비롯

---

171) *Ibid.*, p.270.

한 사회주의 사상의 이론적 배경을 이해하는 계기를 만들어 주었다. 이는 국민들이 공산주의의 허상과 실상을 올바로 인식함으로써 사상적 무장을 할 수 있도록 하기 위한 것이다. 즉, 제5공화국은 사회 현실적인 요구로써 국내의 급진적인 사상의 확산을 막고, 이를 통해 정권의 정통성을 획득하려는 정치적 고려에 의해 이데올로기 비판교육을 강화하였다.[172] 통일·이념 교육은 학생운동의 급진성에 대한 억제역할을 수행하였다. 또한 동시에 사회주의 혁명으로 치달을 수 있는 국내외적 상황에서 보수적 주장은 국민적 대세를 이루게 하는 정신 교육적 측면을 가지고 있었다.

그러나 통일·이념 교육도 이전의 반공교육과 승공통일 교육의 지나친 강조로 인한 현상이 나타났다. 통일교육의 입장보다도 이데올로기 비판교육과 안보교육이 더 강조되는 일면을 보였다. 따라서 이데올로기 비판교육은 객관적이지 않고 합리적이지 않은 정신교육의 전형으로 낙인찍히는 문제점 역시 배태시켰다. 즉 국민들은 정부의 통일교육에 대한 소홀과 이데올로기 비판교육의 강조에 대해 냉소적인 경향을 보였다.

그 현상은 다음과 같이 나타났다. 첫째, 79년 말 이후 80년 봄까지의 '민주화의 봄' 시기에 전개된 민주주의의 약속을 후퇴시키면서 등장한 정권이 실시한 이데올로기 비판교육은 국민적인 반감을 극복하지 못하였다. 즉, 이데올로기 비판교육은 이전의 반공교육과 승공통일 교육에서의 심정적이며 감각적인 공산주의 반대에 비해, 현실적·이론적으로 공산주의에 대한 분석을 시도한다는 중요한 의미를 가졌다. 그러나 이는 한국사회의 권위적 지배의 옹호라는 한계점을 가지고 있었다. 따라서 일반적으로 국민들은 이데올로기 비판교육이 보편적 인식을 통한 공산주의에 논리에 대한 비판을 목적으로 이해하였지만, 군부의 재출

---

172) 한국정신문화연구원 편, 『국민정신교육 기본지침서』, 서울: 한국정신
    문화연구원, 1983, p.3.

현에 따른 정권의 정당성을 옹호하는 것으로도 파악하고 있었다.

둘째, 국민들은 공산주의 이데올로기비판의 목적이 자유민주주의 수호라는 데에 회의를 가지고 있었다. 이는 자유민주주의의 현실적인 모델인 미국에 대해 인식의 변화를 의미하는 것이다. 그동안 미국에 대한 한국국민들의 관심은 상당한 한·미 간 불평등조약에도 불구하고 큰 저항감을 가지지 않았다. 이처럼, 미국에 대한 한국민의 대중적인 지지는 한국의 반공 지향적 정치구조에 있어서 상당한 의미를 제공하였다. 따라서 미국의 자유민주주의 이념은 한국사회에서 민주주의의 이상적인 성격으로 비추어 졌었다. 그러나 한국국민들은 미국이 80년 광주민주화운동을 기점으로 하여 한국의 비민주적인 상황과 군부독재에 대한 지지 내지 묵인한다는 입장을 점차 가지게 하였다.173) 이는 한국적 민주주의의 한계를 극복할 대안을 미국의 민주주의나 미국정책에서 모색하였던 이전의 자유민주주의적 지향점에 대한 전면적인 의구심을 부각시킨 것이다. 따라서 이데올로기 비판교육의 중요한 전형을 현실적으로 가질 수 없는 상태에서 공산주의 이론을 비판한다는 것은 결국 실재하지 않는 자유민주주의에 대한 허상을 부각시키고, 공산주의 체제에 대한 지적 호기심을 가중시키는 부조리를 교육현장인 강단에서 부각시키는 문제점을 야기하였다.

셋째, 국민들은 비민주적인 공간상황에서 이데올로기 비판논리가 정당화되지 못한다고 보았다. 제5공화국은 공산주의국가와 대치하고 있

---

173) 노중선, 『남북한 통일정책과 통일운동 50년』, 서울: 사계절, 1996, p.490. 미국은 광주민주화운동의 절정인 80년 5월 22일 부산으로 미 항공모함을 급파하였다. 이에 그 당시 광주시민들은 미국이 민주화운동을 도우려고 온다고 확신하고 있었다. 그러나 미 항공모함의 부산입항은 이와는 다른 성격인 광주 민주화운동의 조기 수습차원이었다. 이는 결국 미국은 자유민주주의의 수호보다는 미국의 국가이익을 위한 군부 독재정권을 지원해 주는 이미지로 부각되었다. 이후 1992년부터 5월 22일은 '반미의 날'로 전대협 소속 대학생들은 규정하였다.

는 국면을 강조하면서 정치적인 억압과 통제를 이데올로기적으로 계산
하여 실천하려는 의도를 가지고 있었다. 그러나 80년대 초·중 반에는
국제적으로 미국이 신냉전 체제를 구축하면서 사회주의를 압박하였다.
그 당시 상황은 공산주의 이념의 확산기라기보다는 자유민주주의 이론
의 제국주의적 행태가 심화된 시기였다. 이러한 국제적 상황의 정보가
국내에 유입해 오면서, 이데올로기 비판교육은 권위주의적인 통치의
변화를 요구하는 국민적인 저항이라는 문제를 안고 있었다. 따라서 이
데올로기 비판교육은 현실적인 선(Positive Good)[174]의 실천을 희구하
는 국민들의 이전보다 강도 높은 저항을 무마할 수 없었다. 결국 이데
올로기 비판교육은 잠재되어 있었던 반공교육에 대한 부정적인 입장을
강화하는 역할을 수행하였다. 이러한 현상은 정치적으로 그 당시 제5
공화국이 정당성 부재에 따라 스스로 위축되어 가고 있는 단면을 보여
주는 것이었다.

4) 자유민주주의의 수호와 비판적 인식

  80년대 초입의 교육계에서는 새로운 국제정치 질서와 세계경제 체제
가 급변하는 상황에서 보다 철저한 국민적 단합을 강화할 필요가 있었
다. 이에 따라 당시 교육계는 국제적인 변화와 국내적인 상황약화를
예상하며 이에 대처하기 위하여 새로운 제5공화국의 근본정신인 민주
정치의 토착화, 복지국가의 건설, 정의사회 구현, 국민정신의 개조, 평
화통일의 조기 달성이라는 의미에서 "국민정신 교육"이 강조되었다.
  이러한 목표를 지속하게 하기 위해 초·중등학교 현장에서 도덕과와
국민윤리과를 통하여 시행되고 있는 국민윤리 교육의 의의는 강조되어

---

174) Bruce Commings, "유실된 개방", 송호근·임현진 편, 『전환정치와
    전환의 한국사회』, 서울: 사회비평사, 1995, p.461.

나아갔다.[175] 또한 이데올로기 비판교육을 통한 정신교육은 북한과 좁혀지지 않는 거리감에 대한 한국 내부의 단합을 취할 수 있는 대항이데올로기의 의미를 가지게 된다. 80년대 초와 중엽의 상황은 소련을 중심으로 한 공산주의 국가가 전반적으로 자본주의 국가에 대해 공세적인 방법을 취했고, 북한이 한국에 대해 적화라는 공세적 입장을 가지고 전략과 전술을 구사하였다. 이에 대해 한국 정부는 대응 전략의 의미로 이데올로기 교육의 필요성이 요구되었다.[176] 이러한 교육현장은 반공주의와 안보가 깊게 뿌리내려 있었다. 반공주의는 북한에 대한 철저한 응징을 추구하는 이데올로기인 것이다. 안보는 이러한 보수적 이데올로기의 인식으로 강하게 작용하면서 보수적 한국사회의 기반이 되었다.

그러나 그 국내환경은 상당한 문제점을 안고 있었다. 지식인들은 80년 초 민주화 요구가 실패하자, 보편적인 자유민주주의에 대한 신념보다 보다 변혁적인 방법을 모색하기 시작하였다. 이러한 인식은 79년부터 80년까지의 '서울의 봄'과 '광주 민주화운동'의 좌절에 따라 나타난 증후였다. 그것은 변혁세력이 확대되는 경향을 보였다. 이러한 공간에서 80년대 사회주의적 전위조직은 보다 직접적으로 사회주의적 이념으로의 급진화와 대중적 확산을 광범위하게 일으켰다. 사회주의적 이념으로의 급진화는 자유주의적 이념과 반공적 사고[177]를 대신한 사회주

---

175) 정세구, 『국민윤리교육론』, 서울: 교육과학사, 1983, p.9.

176) 정세구, *op. cit.*, p.172.

177) C. D. Kernig (ed), *Marxism, Communism and Sociaty*, Vol 1. N.Y: International Publishers, 1972, p.129. 반공이데올로기의 분쇄는 한국의 정체성에 상당한 타격을 주는 것이다. 그 이유는 공산주의자들은 "제국주의의 이데올로기적 정치의 주무기는 반공이다. 그것은 사회주의 체제를 헐뜯고, 공산당들의 정책목표 그리고 마르크스·레닌주의 이론을 왜곡한다. 반공의 슬로건을 내걸고 제국주의 반동은 모든 진보적이며 혁명적인 요소를 처단하고 박해한다"는 입장에 서 있기 때문에 북한의 대남전략이 근본적으로 변화 없이, 한국정부 역시 반공

의적 이념과 용공적 사고를 의미하는 것이다. 변혁세력은 나아가 대중들 수준에까지 확산된다고 할 수 있다.[178] 조직적으로 심화된 혁명적 인식은 민주 세력을 포함한 운동권들로 하여금 반정부의 차원을 떠나서 혁명적 전복, 반제국주의·반미 등을 강조하는 사회구성체 논쟁의 과정[179]을 통해 변혁이론적 기초를 만들어 가게 하였다.

이에 대응하는 집권세력은 이데올로기 비판교육의 강화를 통해 환경의 안정과 경제적 발전을 꾀하였다. 즉 집권세력은 변혁세력에 대해 비판적인 시각을 가졌다. 이 시각은 좌로 경도된 사상에 심취된 운동세력들이 일반대중에게 민주화의 구심 세력으로 되는 것을 막는 기능을 하였다. 이러한 상황에서 정부는 운동권을 이해하는 도구로 이중적인 관점을 유지하였다. 즉, 권위주의 저항세력에게 모두 좌경 사상의 심취자로 낙인찍고, 보수적 성향의 국민들에게 제5공화국의 정당성을 각인하는 데 주력하였다. 이러한 방법은 '민주복지 국가건설'라는 교육적 효과를 통해 이루어졌다.

우리가 민주복지 국가건설에 특별히 역점을 두고 있는 것도, 따지고 보면, 바로 이와 같은 민족사적 과제와 밀접한 관련이 있다. 즉 우리정부가 추진하고 있는 민주복지 국가건설이라는 국정 지표는, 당면한 대내정책의 지표인 동시에, 우리의 통일 의지의 지표이기도 하다. 왜냐 하면, 그것은 우리의 이념과 체제가 북한의 전체주의적 이념이나 체제보다 우리 민족성원에게 보다 나은 미래를 약속해 줄 수 있기 때문이다. 민주복지 국가를 건

을 용공으로 진전될 수 없을 것이다.

178) 조희연, *op. cit.*, 212.

179) 박현채·조희연 편, 『한국 사회구성체 논쟁』, 서울: 죽산, 1989.; 일송정 편, 『학생 운동 논쟁사』, 서울: 일송정, 1988; 오근석, 『80년대 민족 민주 운동』, 서울: 논장, 1988. 80년대 중반의 사회 구성체 논쟁은 한국 사회에 대한 마르크스적 사고를 강화하는 역할을 수행하였으며, 변혁 운동세력 간의 극심한 대립과 반목에는 한국 사회를 어떻게 볼 것인가에 있어서 전략·전술적 차이로 다양하게 분출되었다. 이에 대한 내용은 다음의 책에서 참조할 수 있다.

설하는 일은 분명히 평화통일 기반을 조성하는 가장 확실한 길이며, 동시에 그것은 우리의 힘이 현실적으로 미치는 지역 내에서 통일조국의 이상적인 모습을 실증적으로 보여 주는 길이다. 또한, 이 길은 북한 공산집단으로 하여금 부질없는 적화망상을 버리고, 민족적 양심을 회복하여 우리의 통일조국 건설에 합류하도록 유도하는 방법이다.[180]

그러나 제5공화국은 그 자체의 정당성이 결여되어 있었기 때문에, 스스로 위축되어 가고 있었다. 정권의 위축은 부패구조와 결탁된 전두환과 주변 인척들의 행적과 정치력의 한계, 미국에 대한 국민적 인식의 변화, 광주 민주화운동 처리문제 등에 의해 더욱 심화되었다. 따라서 제5공화국은 바로 박 정권에서 시도하였던 구습을 그대로 가지면서도, 전반적인 국민의 정치인식의 향상에 따라 이데올로기 비판교육을 강화하는 교육적 시도를 전개하게 되었다. 그러나 80년대에 들어오면서 국민들은 통일문제를 국가의 정책으로만 가능하다는 논리에서 벗어나, 국민적 논의를 통해 주도해야 한다는 생각을 갖게 되었다.

통일교육에 대한 새로운 변화의식은 북한을 주적으로 인식하는 국면에서 보다 포괄적으로 동포애로 접근하고자 하는 논의에 수긍하고 있다. 이러한 의미에서 일방적인 경쟁교육 비판은 그 논리가 한국사회의 변혁적 조정이라는 성격을 가지고 있기 때문에, 국가나 사회의 수용능력을 뛰어넘는 이상적인 논리를 바탕에 두고 있다.

정부는 4차 교육과정(1982-1987) 개정을 통해 국민정신 교육을 강화하고 공산주의의 도전을 극복할 수 있는 사상적 역량을 길러 민주적 평화통일의 신념을 굳게 하는 데 역점을 두었다. 이는 통일에 대한 보다 강력한 국가적 의지를 보는 것이었다. 한국정부는 남북한 관계에 있어서 한국이 북한에 비해 절대적 우위를 확인하게 됨에 따라, 이전의 반공교육이나 승공통일 교육에 비해 통일교육의 내용체계가 점차

---

180) 한국교육개발원, 『중학교 도덕 3(하)』, 1982, pp.137-138.

강조되기 시작하였다.

초등학교부터 고등학교까지 모든 학교는 매주 도덕·윤리 시간을 통하여 반공의식이 길러졌다. 따라서 정부는 반공교육을 통해 상당기간 통일문제에 대한 보수적 인식구조의 안정상태를 유지할 수 있었다. 기능주의적 접근에 의하면, 교육은 일반적으로 사회안정과 미래세대의 재창출이라는 목적을 갖는다. 그러나 이러한 교육 이론은 체제 유지적이며, 지배적 가치를 옹호하는 입장을 가지고 있어서 비판교육 논의를 수용하는 데 한계가 있었다. 이러한 논리 중 이념교육은 "언동을 신중하며 간접침략에 이용되지 않도록 정신무장을 튼튼히 한다", "공산당의 허위 선전의 참뜻을 알고 이에 속지 않는다"[181]로 나타났다.

이처럼 제5공화국 정부는 국내적으로 권위적 군부의 재등장에 따라 상당한 이념적인 혼란이 있었음에도 불구하고, 통일정책과 통일교육은 70년대의 적극적인 자세를 계속 강화하여 나갔다. 이처럼 통일·이념교육은 그동안의 적대적인 반공교육의 방식에서 벗어나 새로운 국제적 신냉전 체제에서 국내적 상황에 부응할 수 있는 '이데올로기 비판교육'도 실시하는 적극성도 보여 주었다.

초등학교의 경우 통일교육의 내용은 한국의 자유민주주의 체제와 북한의 사회주의 체제를 비교하고, 남북 분단으로 인한 민족적 손실을 서술하였다. 중학교의 경우 3차 교육과정에서 나타난 통일교육 내용보다 통일문제 접근이 강화된다. 통일교육은 '북한의 현실' 영역, '공산주의의 현실' 그리고 '평화통일의지' 영역의 틀이 5차까지 유지된다. 고등학교의 경우 3차 교육과정에서 『승공통일의 길』의 생활 영역이 4차의 경우 '조국수호와 평화통일'로 통일의 입장이 보다 보편적인 내용으로 전개되고 있다.

그러나 80년대에도 북한의 전략은 변함이 없었다는 것이다. 즉, 북한

---

181) 문교부, 『도덕과·국민윤리과 교육과정(1946-1981)』, 서울: 대한교과서주식회사, 1987, p.7.

은 한편 북한은 "한 나라가 다른 나라에 대응할 때, 객관적인 실재보다 상황의 이미지로 대응한다"는 논리[182]에서 보면, 그동안 주관적인 '주체사상'으로 잘 적용될 수 있는 경우라고 할 수 있다. 이에 따라 정부는 국내적 혼란과 북한을 의식한 체제 경쟁적 차원의 이데올로기 비판교육을 실시하였다. 이 교육은 내부적으로는 국가통합을 이루게 하는 국가의식을 강화한 측면도 있다.[183] 이러한 의미에서 안보와 안정의 가치를 중심으로 한 반공 이데올로기는 분단체제의 극복에 있어서는 실제적인 대안을 제시하지 못하는 통일논리로의 의미를 갖는 것이었다.

그러나 통일·이념 교육의 통일논리는 현실적으로 한계를 가지고 있었다. 그 한계는 교육 자체에서 있기보다는 통일·이념 교육을 실시하는 정권의 문제로 인한 것이었다. 그러나 국민들은 통일·이념 교육이 체제를 존속시키는 것으로 보기보다는 한 당대의 정권의 탐욕을 연장시키는 것으로만 보려는 단선적 인식을 하였다. 이러한 인식은 남북한 분단상황에서 상당한 위험성을 내포하는 것이다. 그러나 이러한 견해의 책임은 무엇보다 정부의 민주주의 수호에 따른 정책의 실천이 결여되어 있는 데서 비롯된다.

한편 민주화를 열망하는 국민들의 요구는 제5공화국 성립이후 84년 유화국면을 거치면서 강화되었다. 또한 소위 의식화된 운동세력들은 한국사회의 변혁을 논의하고, 실천하는 입장을 가졌다. 그들의 논리는 북한의 논리와 유사한 것이었으며, 상당한 정권의 위기로 비추어졌다. 이 세력들은 과격성의 실천이라는 문제를 가지고 있으나, 한편으로는 그동안 정부에 의해 금기시 되었던 통일문제에 대한 민간적 논의를 조성하는 역할도 수행하였다. 대학생들과 재야의 관심은 민주화 요구와

---

182) Kenneth E. Boulding, "National Images and International System", *Journal of Conflict Resolution*, Vol. Ⅲ, No.2., June, 1959, p.120.

183) 한만길, "유신체제 반공교육의 실상과 영향", 역사문제연구소 편, 『역사비평』 1997년 봄호, p.346.

통일에 대한 갈망이었다. 이러한 대학생들과 재야세력은 국민들에게 권위주의적 정부에 비해 상대적인 도덕성 회복의 열망과 민주화의 의지를 담고 있는 세력들이었다. 국민들은 새로운 인식을 시도한 이들 세력에게 상당한 지지를 보냈고, 학교 현장에서도 민중 교육론은 도덕적 성격으로 파악하려는 경향이 의미 있는 소수의견으로 존재하였다. 국민들은 그동안 파행적으로 유지된 권위주의 체제에 대해 저항하고 있었으며, 도덕성을 상실한 정권에 비해 대학생이나 재야를 포함한 소위 운동권세력의 논리에 관심을 두었다.

그러나 운동권세력의 저항논리는 남북한 대치상태에 있는 우리의 안보관을 약화시켰다. 그들은 민주주의에 대해 비전(vision)이 결여된 혁명론을 취하였고, 이러한 극단적인 방법에 대해 국민들은 묵인하거나 침묵하였다. 이는 침묵이나 묵인은 민주적이고, 이에 대한 반발은 권위적이라는 흑백논리가 작용하였기 때문이다. 이에 따라 보수적 사회는 혼란하게 되었으며, 냉전적 분단의 현실을 외면하는 급격한 안보관의 해이현상내지는 새로운 안보관의 모색이 요구되었다. 그럼에도 권위주의 체제로는 한국사회의 민주화의 요구를 막을 수 없었다. 국민들은 극단적으로 편향된 보수적 정치체계에서 벗어나, 보다 도덕적 양심과 사회적 질서를 희구하려는 입장을 선호하게 되었다. 또한 국민들은 정부가 주장하는 분단에 대한 위기감과 체제수호의 경직된 구호보다는 민주화에 대한 열망을 가지고 있었다. 이러한 현상은 새로운 탈냉전적 세계관이 국민의식에 미치게 됨을 의미하는 것이었다.

10·26 사건, 12·12 사태와 광주 민주화운동의 유혈진압을 통해 성립된 제5공화국 시기는 국가안보와 안정 그리고 사회질서의 확립을 근간으로 한 지배 이데올로기를 더욱 강화하려고 시도하였다. 이에 다라 통일·이념 교육은 국가 정체성과 통일의지를 강도 높게 교육을 시도하였다. 그러나 그 결과는 의외로 통일교육에 대한 불신과 변혁적 통일운동의 확산과 '통일교육의 비판적 입장'을 더욱 강화하는 결과를 초래하였다.

VI. 민주주의 이행기의 통일교육
(1988-)

1. 제6공화국의 통일·안보 교육

1) 탈냉전적 국제환경의 형성과 민주화 이행

87년 이후 민주화의 열기는 정통야당의 분열과 그 이후 주사파의 준동 그리고 재야세력의 이합집산으로 인하여 좌절되었다. 보수적 성향의 노태우 정권이 변화지향적 국민들의 요구를 수용하면서 대통령선거를 통해 탄생되었다. 따라서 국민들의 개혁의지는 보다 나은 사회를 건설하는 원동력으로 작용하는 이면도 있었으나, 그 논리는 도덕적 이성에 기초를 두던 것보다 자기중심적인 논리의 확산 그리고 이기주의적인 방향으로 퇴행되는 현상을 보였다. 이러한 상황에서 제6공화국은 국민적 합의를 얻지 못하자, '구국의 결단'이라는 이름 아래 민정당, 민주당, 공화당의 3당합당을 통하여 정치적인 안정을 도모하였다.

집권 정권의 정치변화는 사회체계의 정치적 불안을 심화하는 구실이 되었다. 즉 보수적 정치사회에 반발은 정국의 혼란이 가중되면서 '정국은 총체적 난국'으로 가속화되었다. 즉 제6공화국은 정권의 국내적인 기반이 취약했지만, 국내의 정치적 불안 속에서도 기존의 보수적 안보론의 제기와 함께 국민적인 통일논의를 수렴하려는 통일지향적 입장을 강구하고 있었다.

90년 초 한국정부는 미·소 양극 체제의 완화와 한반도의 대화 국면의 조성 등을 통해 북한의 개혁과 개방을 이끌기 위한 조치를 시도하였다. 또한 국제환경과 국내적 상황 속에서 변혁적 통일운동 세력은

80년대 후반 정치공간에 부상하면서, 한국사회의 전면적인 변화의지를 보였다. 이러한 변화의지는 보수 세계관과 환경 전반에서 대립적인 양상을 보이는 것이며, 특히 통일문제 인식에서 더 극명하게 대립성을 파악할 수 있었다.

변혁세력은 보수세력의 흡수통일의 논리에 대항하는 변혁적 통일운동을 통해 연례적으로 통일운동을 현실공간에 전개해 나갔다. 즉 변혁세력의 논리는 강화되었다. 이에 대한 북한의 이념적 공세는 상승되었다. 따라서 전반적인 국제환경은 통일문제에 대한 절호의 기회였지만, 국내적으로 보수세력의 개방적 인식을 막는 이념적인 혼란이 가속화되는 경향이 있었다. 그러나 총체적 위기를 극복하는 입장에서 정부는 북한과의 교류나 협력보다는 내부적인 결속을 강조하는 입장을 보였다. 정권의 정치적 위기는 통일문제에 있어서 보수적 입장을 자극하게 되어 있다.

그러나 한편으로 정부는 내부적 결속을 추진하는 입장, 사회주의의 몰락과 미·소의 양진영에 의해 주도된 세계의 변화에 주시하였다. 이러한 변화는 세계가 전반적으로 국가의 이기주의에 강조점을 두게 되었다는 것이다. 즉, 각 나라가 스스로 개편된 세계 질서에서 경제적, 군사적 생존을 모색하는 경제적 블럭화 현상이 강화되기 시작한 것이다. 따라서 국가 간의 경쟁을 하여야 하는 사회 경쟁력의 강화를 추진하는 입장에서 정부는 실질적인 입장의 주체가 되어야만 하였다. 정부는 기존의 경제 구조에 대한 구체적이며 합리적인 국가전략을 내세우게 되었다. 이러한 정부정책의 배후에는 세계가 무한 경쟁으로 치닫고 있다는 논리가 비중 있게 다루어지고 있었다.

이러한 변화 속에서 정부는 보다 강력한 통일에 대한 강력한 의지를 강조하게 되었다. 그동안 남북한 당국은 남북대화가 성사될 때와 같이 '상호비방의 중지' 조항조차도 실질적으로 이행하지 못하고 있는 '실질적인 통일의지의 한계'[184]가 보였던 실정이었다. 그러나 제6공화국은 통일문제에 있어서 적극성을 보이며, 북한과의 대화와 타협을 강조하여 나갔다. 즉, 남북한 관계는 1991년 12월에 합의 서명하고 1992년 2월 제6차 남북 고위급 회담에서 발효된 「남북 화해와 불가침, 교류협력에 관한 합의서」와 「한반도 비핵화 공동선언」을 통해 이산가족방문이나 상호비방을 하지 않기로 하는 등의 조항에 동의하였다.185) 이러한 정부의 통일의지는 통일정책과 북방정책, 올림픽 개최 등으로 상당한 자신감을 가지게 되었다.

또한 노태우 정권은 그 성격상 87년 6월 항쟁과 6·29 선언 등에서 볼 수 있듯이, 그동안 방기되어 온 민주주의의 절차를 통해 성립된 것이라고 할 수 있다. 즉, 절차적 민주주의가 형식적으로나마 중요한 의미를 가지게 되었다. 이에 따라, 한국은 절차적인 민주주의의 실험인 87년과 92년 대통령 선거를 통해 의미성을 부여받을 수 있었다. 이는 역대정권 창출과정에서 빚어지는 정당성시비가 완화되는 정치적 변화를 이룬 것이다. 이처럼 제6공화국은 통일환경의 조성과 절차적 민주주의의 요구가 가능할 수 있는 국내외적 환경과 남북한 관계를 성숙하고 있었다.

그러나 제6공화국은 이전의 권위주의 체제와는 달리 민주주의를 강

---

184) Michael Hass, "The Historical Approach to Korean Reunification" Michael Hass (ed.), *Korean Reunification*, N.Y.: Praeger, 1989, p.5.; 유석렬, 『남북한 통일론』, 서울: 법문사, 1994, pp.398-401. 1972년 남북한은 공식적으로 상호 비방을 하지 않기로 그해 11월 3일 동의하였음에도 한국의 박 정권은 반공 교육의 강화를 강조하였고, 북한은 연방제 통일 주장을 강화하였으며, 통일 수도는 서울보다 평양이 더 유력하다고 하고 언급하였다. 또한 북한 당국은 남한 사람들이 김일성을 '사랑스러운 영도자'라고 추앙한다고 선전하였다. 이후 1973년 7월 10일 이후 북한은 대남 비방 방송을 재개하였다.

185) *Ibid.*, 이러한 대화의 성과에도 불구하고 세부적인 안건합의를 하지 못한 채 결렬되었다. 북한은 우리나라 후방의 정기적 훈련인 '화랑훈련'과 '독수리훈련'을 구실로 실질적인 대화를 한국과 하지 않는 가운데 미국과의 직접 대화를 주장하였다.

화할 수 있는 변환된 조건이 요구되고 있었다. 그 조건은 첫째로 사상과 언론결사의 자유 등 기본권에 대한 적극적인 변화이며, 둘째는 정보기관 등 억압적 국가장치에 대한 국민통제의 개선적 변화, 셋째로는 주된 통치기재가 강제력이 아닌 헤게모니의 지배이라고 할 수 있다. 당시 한국의 상황은 민주화의 열기가 강화되면서 민주화 이행이 급진전하게 되었으며, 공권력의 헤게모니가 절차적으로 만들어지는 등 새로운 변화가 일어나고 있었다. 이에 따라서 통일문제는 '통일논의에 대한 국민적 관심의 증폭'이라는 새로운 현상을 보이기 시작하였다. 이전까지 국민들은 역대 정권이 안보논리를 내세우면, 내부적으로 수용하려는 입장을 가졌으나, 제5공화국 성립 이후 국민들은 남북한 통일문제와 대립을 정권이 이용한다는 입장을 가지게 되었다. 실제로 이전의 권위주의 정권은 민주화운동의 반박논리로 북한의 위협을 조장하는 논리를 내세운 적이 많았다. 따라서 정부의 고유권한으로 인식된 통일논의에 대한 국민적 변화의지가 나타나게 되었다.

이러한 의미에서 정부는 그동안 북한과의 사상적 대립을 통해 북한당국에 대한 경계 심리와 북한 주민을 이해시키고 신뢰하게 하는 이중적인 통일의 방침을 제시하였다. 이는 그동안 반공교육, 승공통일 교육, 통일·이념 교육에서의 북한 정권과 주민을 구별 없이 대립적으로 보는 시각에서 벗어나 현실적으로 민족통합의 논의를 전개하는 공간을 마련한 것이다.

2) 한민족공동체 통일방안의 지향과 통일운동의 분출

사회 운동의 주축인 학생운동의 변화는 '주체사상'의 소개로 인하여 전개되었다. 이전에 피상적으로 행해지던 사회주의권에 대한 동경이 학생운동권의 한 맥으로 등장하였다. 즉, 80년대 중반 이후 급속한 학생 대중적인 요구와 관련성이 적었던 마르크스·레닌주의적 전위적 활동이나 운동은 한계성을 가지고 활동을 전개하였다.

이러한 과정에서 소위 '주사파'가 나타났다. 주사파는 이전의 학생운동의 기반과는 다른 입장이었다. 그들은 학생조직 내의 민주화, 봉건적 잔재의 척결, 학번제의 철폐, 조직운동의 시작 등을 표방하는 혁명적 대중조직(Revolutionary Mass Organization)186)을 주장하였다. 이 노선은 학생 대중적인 기반에 중심을 두었다. 이 조직은 이전의 '한국 사회 구성체'의 논란으로 강화된 마르크스·레닌주의의 입장에 결정적인 대중적 한계를 인식하는 학생들의 입장을 선도적으로 강화되었다. 이러한 일련의 과정은 70년대 민주화의 분위기에 대한 학생운동의 선도성과 유사한 형식성을 띤다.

그러나 군부에 대항하는 계기적인 운동으로 성장한 한국의 사회 운동은 바로 이러한 점에서 즉자적으로 조직을 만드는 한계성을 노정하여, 새로운 지향을 요구하는 세력들에게 맹종과 교조를 강화하는 냉전적인 사고에서 벗어나지 못하게 하였다. 한국의 사회 운동은 다원주의로 변모하는 사회현상에 대해 일면적인 인식구조로 파악하여, 스스로 설득력의 폭이 좁게 되는 한계를 보였다.

제6공화국 정부는 적극적인 북한인식을 토대로 하여 현실적으로 북한의 체제적 위기를 극복하는 남북교류를 시도하였으며, 적극적 외교정책으로 북방정책을 시도하였다. 그 결과 한국은 소련과 중국, 동유럽의 공산권국가들과 관계개선을 이루게 되었다. 이러한 분위기는 통일정책인 '한민족공동체 통일방안(1989)'의 제시로 더욱 고조되었다. 이 방안은 우선 통일의 기본원칙으로 자주·평화·민주의 3가지를 통일과정으로는 '남북연합'이라는 중간단계의 체계를 구축하는 것이다.

과도적 통일체제로서의 '남북연합'의 구성은 남북 정상회의, 남북 각

---

186) 최연구, "80년대 학생운동의 이념적·조직적 발전과정", 조희연 편, 『한국 사회 운동사』, 서울: 죽산, 1990, p.269.

료회의(정부), 남북 평의회(국회)가 설치되고 각각은 입법·사법·행정의 역할을 수행하는 것으로 되어 있다. 다시 말해, 자주·평화·민주의 원칙에서 남북대화를 추진하면서 정상 회담을 하고 '민족공동체 헌장'을 채택한 다음, 2단계로는 '남북연합' 구성을 위한 정상회담, 각료회의, 평의회, 공동 사무처를 결성하며 여기서 통일헌법을 채택한다. 제3단계로 이른바 자유와 인권이 보장되는 헌법 아래 '통일 민주공화국'이 탄생된다고 되어 있다. '한민족공동체 통일방안'은 이후 3단계 3기조 통일방안(1993)이나 민족공동체 통일방안(1995)의 기본적인 틀이 된다.

제6공화국의 통일정책과 북방정책은 동유럽과 소련의 변화시기를 통해 직접적인 북한과의 대화에 의한 신뢰보다는 '모스크바와 북경을 우회하여 평양으로 가는 대북 포위·개방화 압력'[187]과 적극적인 대북한 전략을 가지고 있었다. 이 정책들은 북한이 추구한 적화 통일론이나 북한의 '고려민주 연방공화국 통일방안'에 대한 소극적인 자세를 극복하고 적극적인 통일정책의 면모를 보여주는 것인 동시에, 북한의 남북교류를 강화하는 것이 되었다. 제6공화국의 '한민족공동체 통일방안'과 북방정책은 국내의 보수세력은 물론 국민들의 적극적인 호응을 받았으며, 상당한 합리성을 가진 통일정책이라는 공감대를 가지게 되었다. 북방정책의 정치적 영향력은 민간 통일운동의 '건설적인 대안'의 제시와 북한과의 관계가 남북한 UN 가입과 '남북한 기본합의'의 도출이라는 성과를 얻었다. 이처럼 제6공화국의 통일정책과 북방정책은 해방 이후 계속된 한국정부의 북한에 대한 체제 경쟁식 대응 전략에서 벗어나려는 노력을 보였다.

그러나 북한과 국내의 비판세력들은 정부의 통일정책을 '상황 논리적인 정부중심의 정책'이라고 비난하였다. 따라서 이들은 정부가 북방정책의 진행이 상당한 진척을 가지고 있다 하더라도, 더 이상 통일정

---

187) 통일원, 『통일백서』(1992), pp.419-421.

책이나 방안의 문제들은 진척이 없을 것이라는 입장을 가졌다. 이들은 한국정부가 자본의 논리에 입각한 북한의 흡수 통합을 유도하고 있다고 반박하였다. 이러한 입장에서 북한과 국내의 변혁적 통일운동 세력은 한국의 통일정책에 대해 적극적인 지지를 보낼 수 없었다.

특히 변혁적 통일운동 세력은 정부의 적극적 통일정책에 제동을 거는 경향을 보였다. 이러한 경향은 이후 통일정책의 개방성과 합리성에 상당한 제약을 주었다. 즉, 정부나 보수세력은 변혁적 통일운동 세력에 대해 위기감을 느끼고 있었던 것이었다.

그러한 위기감은 다음과 같은 현상으로 잘 파악할 수 있다.

80년대 말부터 90년대 초까지 많은 사람들은 한국사회가 변혁을 통해서만이 완전한 민주화가 된다고 인식하는 세력들의 '거리의 정치'[188] 의 정서를 가지고 있었다. 이 시기는 그들을 정점으로 한 내용을 현실로 만들게 하는 힘의 소산이 운동권, 혁명가라고 자처하는 세력에서 나왔다. 그들은 역사적으로 용인되는 그룹으로, 민주주의 시대를 열었다고 생각하였으며, 가장 열성적으로 역사를 인식하고 있다고 스스로 느끼고 있었다. 따라서 운동권이나 혁명가로 자처하는 사람들은 민중, 민주, 민족, 자주라는 언변으로 진보성을 띠고 사회를 분석하고 행동의 철학을 전개하였다. 그들은 주도한 거리에는 많은 사람들이 모였으며, 제도의 정치는 계속적으로 비판의 대상, 조롱의 대상이 되었다. 그리고 제도교육 역시 비판의 대상이 되었다.

또한 제6공화국의 사회 운동은 전통적 양상과 신사회 운동의 양상이 중첩적으로 나타나는 모습을 보였다. 그동안의 사회 운동은 운동의 성공을 위해서는 이데올로기적인 공통적인 토양은 지속가능한 세계(sustainable world)[189]와 그리고 보다 인정 있는 사회라는 비전을 공

---

188) 임혁백, "21세기를 준비하기 위한 정치개혁: 민주화·세계화·남북통합", 『정치경제연구』 1996. 12월호, p.296.
189) Milbrath, Lester, *Envisioning a Sustainable Sociaty: Learning Our*

유하였다. 그러나 90년대 이후 신사회 운동의 강화로 통일운동은 통일
정책의 내용에 대해 보다 구체적인 대안적 견지를 가졌다.

이처럼 80년대 말부터 90년대 초까지의 통일환경은 적극적인 통일정
책과 통일교육의 지속적인 발전을 저해하는 변혁적 통일운동 사이에서
위기감이 표출되는 경향이 있었다. 따라서 통일문제 전반에 관해 정부
는 동화 및 통합을 모색하려는 경향을 보였지만, 변혁적 통일운동의
분출로 인하여 그 지속성에 한계를 보였다. 그러나 제6공화국의 통일
환경은 새로운 전망을 현실화하는 중요한 성과로 보여 주었다.

3) 통일·안보 교육의 지향과 비판

그동안의 통일교육과 달리 통일·안보 교육은 통일운동의 '거리 정
치의 폭거'에 대응하는 모습으로 변화되었다. 그러한 교육적인 조치는
바로 급진적인 논리의 위험성에 대한 국민 내부적인 통합 내지 견제였
다. 이러한 측면에서 통일·안보 교육은 급진적인 논리의 현실화에 대
한 방어를 전개한 국내환경의 산물인 것이다. 안보에 대한 규정은 일
반적으로 현실적 관점과 대안적 관점을 구분할 수 있다.[190] 전자의 현
실적 접근의 안보론은 국제 관계를 힘의 정치와 국가 중심적인 관점에
서 바라보는 관점으로, 상대방의 전략에 대해 '일방적', '경쟁적', '국가
적', '군사적' 성격을 의미한다. 따라서 안보정책을 상대방과 협의 없이
고안, 집행한다는 점에서 '일방적'이다. 이러한 안보정책은 자국의 승리

Way Out, Buffalo, N.Y: State Univ. of New York Press, 1989. 참조.
190) 일반적으로 현실적인 안보론과 대안적 안보론을 설명하고 있다. 현실
  적인 안보를 강조하는 학자는 Hans J. Morgenthau와 Michael Joseph
  Smith로 볼 수 있다. 이에 비해 대안적 관점을 강조 하는 학자들은
  Robert W. Cox, Adams Roberts, Gene Sharp, Anders Boserup &
  Andrew Mack, Glenn D. Paige 등이 있다.

와 상대방을 추구하기 때문에 '경쟁적'이다. 그리고 자신의 국가를 보호한다는 목표를 추구하기 때문에 '국가적'이다. 그리고 이러한 정책은 궁극적으로 군사적 위협 또는 무력에 의존하기 때문에 '군사적'이라고 할 수 있다.[191]

이에 비해 후자의 대안적 관점은 "일반적으로 인류는 국가 주권에 대한 극단적인 해석에 근거하는 세계에서는 더 이상 생존할 수 없으며, 전쟁이 체제 변화의 수단으로 인정받는 국가 간의 체제에서 더 이상 생존할 수 없다"는 전제를 가지고 있다. 이렇기 때문에 안보에 대한 논의는 국가 간의 대립 이데올로기가 아닌 모든 인류의 공동번영을 추구한다. 이러한 논의는 현실주의와 달리 안보를 경쟁의 시각에서 접근하기보다는 '협력'의 관점에서 바라본다. 따라서 안보의 개념을 '국가적'으로 보기보다는 '국제적'이며, '군사적'이기보다는 '평화적'으로 접근한다. 이러한 안보를 위한 일방적 조치들을 환영하지만 이러한 조치가 상호주의와 협력을 위한 쌍무적이고 다자주의적 구조의 확립으로 이어질 것으로 여긴다. 이러한 과정이 궁극적으로 전 지구적이고, '보편적' 체제의 확립으로 이어져야 한다고 주장하는 것이다.[192] 이러한 주장들의 흐름은 국제적인 냉전체제가 완화되면서 안보의 현실적 관점이 위축되는 가운데, 대안적 관점이 부각되는 양상을 보인다.

이러한 상황 속에서 제6공화국은 통일·안보 교육을 통해 북한을 포함한 많은 경쟁국과의 관계 속에서 보다 폭넓은 지식과 실천의 통합이 이루어지는 교육목표와 내용을 강화하였다.

---

191) Hanna Newcombe "Collective Security, Common Security and Alternative Security: A Conceptual Comparison, "*Peace Research* 18(3), 1986.(심재권, 『한반도의 평화를 위하여: 비핵화와 대안적 안보 체제』 서울: 한울, 1996, p.67.에서 재인용)
192) 심재권, *op. cit.* pp.67-68.

(그림 7) 통일·안보 교육의 이념과 일반목표

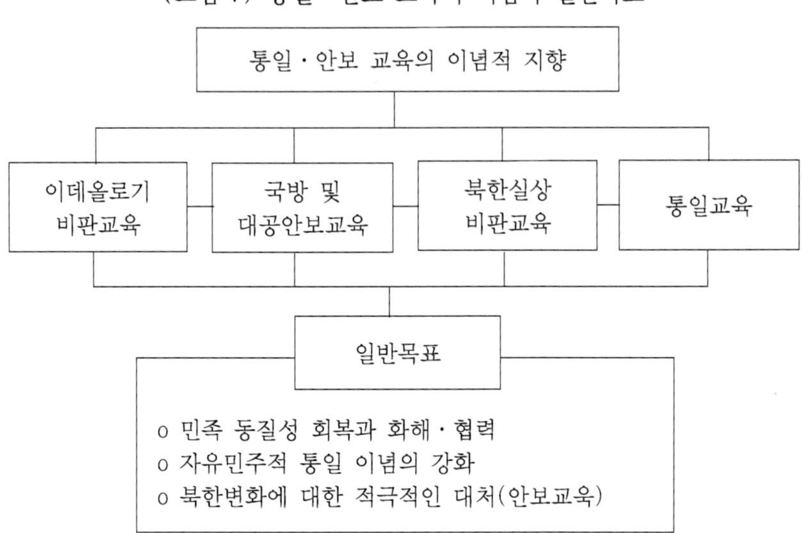

출처: 김동규, "남북한 학교교육체계의 이질화 과정과 통일 후의 동질화 방안, p.344의 내용을 재구성함.

제6공화국의 통일·안보 교육은 그동안의 안보교육이 보여준 북한에 대한 경계와 대비의 차원을 뛰어 넘는 경향을 보였다. 즉 통일·안보 교육은 국방 및 대공안보 교육·북한 실상교육과 이데올로기 비판교육을 모두 일관된 목표로 강화할 수 있게 하였다. 또한 통일·안보 교육은 그동안 안보논리나 반공논리의 하위내용으로 위상이 정해져 있었던 통일교육을 강화하였다. 이처럼 6공화국 통일·안보 교육은 그 한계성을 벗어나 시민교육의 강화와 통일교육의 지속적이며 현실적인 내용이 심화되었다.[193]

---

193) 서울대학교 도덕·윤리 교과서 연구위원회, 『중학교 도덕지도서』참조. 이러한 방침은 6차 교육과정에서 상당한 반영을 보이고 있다. 즉, 이전에는 북한과의 대치적인 국면에 대한 경각심이 교과 내용에 상당한 부분을 차지하였으나, 6차 교육과정에서는 전반적으로 북한에 대한 동포애를 강조하고 있다.

특히 통일·안보 교육은 결정적으로 북한동포를 민족 동질성회복차원에서 본다는 일반목표를 가지고 있었다. 이러한 변화는 통일환경의 변화와 국내적인 통일논의에서의 통일정책과 통일운동의 활성화에 기인된다. 정부는 북한에 대하여 적극적이며 합리적인 통일정책을 제시하였다. 한편 통일운동은 통일교육에 대한 새로운 인식을 고조시켰다. 제5공화국 때부터 강화된 민중 교육론 입장에서 통일교육을 바라보는 대안적 시각이 강화된 것이다.

> 첫째, 우리나라는 남과 북으로 갈라져 살고 있다는 것을 인식하고 둘째, 북한은 대한민국의 생활과 다른 생활을 영위하고 있다는 것을 이해시키며 셋째, 북쪽의 공산주의자들은 대한민국을 공산화시키려는 노력을 포기하고 있지 않으므로 경계할 필요성을 알리고 넷째, 통일이 되어야 할 당위성을 공감시키고, 통일에 대한 신념과 방법에 대한 이해를 깊게 하는 것이다.[194]

반공교육은 공산주의 비판과 대립을 기초로 한 한반도 문제의 접근을 시도하며, 분단에 대한 북한의 책임론이 앞섰다. 그러나 통일교육에 대한 대안적 입장은 기본적으로 북한에 대한 적대감이나 위기감을 가지고 있는 접근이 아니다. 이 속에서 통일교육의 대안적 의미는 북한에 대한 인정을 간접적으로 비추고 있었고, 남북한 서로 다름을 동질성 회복으로 이끌기 위한 이상적인 논의를 중심으로 하고 있었다. 그러나 현실적으로 한반도의 긴장상황은 북한의 전략이 수정되지 않음으로 해서 생기는 것이다. 따라서 한국은 북한과의 군사적 대치국면에 있고, 북한의 도발적 행위가 일어나는 상황이기 때문에 안보의 현실적 관점으로 변화모색이 어려운 시점이다.

통일·안보 교육은 통일에 대한 중요한 전제가 되는 안보에 중요한 의미를 두고 있는 것이다. 이러한 안보적 차원은 통일교육의 하위 개

---

194) 한국교육개발원 편, *op. cit.*, 1988, p.16.

념으로 변화된 것이다. 이러한 변화는 근본적으로 통일문제가 북한을 포용하려는 정책에 기인된다. 또한 이 변화는 한반도의 정세를 여러 가지 면에서 국가안보에 대한 지나친 강조를 주는 안보적 딜레마 상황을 만들어 놓았던 것에서 벗어나려는 정부의 정책적 변화라고 볼 수 있다.

그동안 국내에서의 안보의 개념은 과도하게 그 의미가 확대되어, 인권과 자유를 억압하는 기제로 등장하여 국민적인 저항감을 야기하기도 하였다. 실질적으로 북한의 도발적 행위나 내부적인 이념적 혼란 등으로 안보우위의 논리는 현실적인 의미를 가지고 있지만, 이 논리는 '안보'와 '반공' 논리를 강화하여, 안보의 혼란을 우려하는 세력들과 민주적 삶을 억압한다는 입장의 세력 간의 대립을 가중시켰다. 이 안보의 문제에서 가장 첨예하게 대립하였다. 그러나 한국의 환경은 현실적인 안보론이 아직도 남북 대치 상태에서 대립적이며, 경쟁적이며, 일방적인 측면을 보인다.

그러나 국가안보는 그 국가의 정치적 주권(Political Sovereignty), 국가 방위(National Defence), 경제적 번영(Economic Prosperity)의 3가지 가치 확보[195]를 이루기 위한 노력이다. 따라서 안정적인 국가체제를 유지하기 위해 한국의 안보 조건에 대한 이해가 중요하다. 즉, 한국의 안보조건은 정치적 주권보다는 정치적 안정을 통하여 북한의 공격에 대비하는 데 초점을 두고 있다.[196] 또한 국가 방위라는 입장에서

---

195) 이민룡, 『한국안보정책론』, 서울: 진영사, 1996, p.7.
196) 통일 교육원, 『통일문제이해』, 1997, pp.125-126. 북한은 '하나의 조선' 논리를 고수하면서도 흡수통일을 우려하여 표면적으로 '남북공존'을 수용하면서 체제유지를 도모하기 위하여 '남북한 동시 UN가입'(1991. 9. 17), '남북기본합의서'의 채택(1991. 12. 13. 서명, 1992. 2. 19일 발효) 등에 응하였으나, 북한은 본질적으로는 '조국통일 5개 방침'(1990. 5. 24.)을 제시하면서 전 민족적 통일전선의 형성을 강조하는 등 기존의 입장을 그대로 고수하고 있다.

민주적 사회 지향을 막는 안보 국가론이 강조되고 있다. 이러한 안보의 부정적인 요소를 감안한다면, 다른 가치의 확보인 경제적 번영은 북한과 경제적인 어려움을 겪던 60년대, 70년대 시기의 중요한 반전이 가능하게 한 안보의 효과라고 할 수 있다.

국가 안보론은 북한과의 대립에서 국내의 반공 이데올로기적 안정을 가져 온 것도 사실이다. 남북한 대치 국면 속에서 한국은 분단과 침략이라는 국민적인 의식 공감을 통해 개발 독재를 통한 생존적인 경제발전을 이루었다. 그러나 안보 강화론을 중심으로 한 권위주의 체제가 붕괴되면서 나타난 민주적 정권은 안보에 대한 새로운 인식을 모색하면서, 안보의 논의를 보다 복잡한 양상으로 보게 되었다. 그럼에도 안보에 대한 신중론이 강화되는 것은 북한의 변화가 아직도 유동적이기 때문이다. 북한은 일면으로 평화체제 구축을 위한 노력을 시도하고 있지만, 그 의도가 북한의 고립적인 현 상태의 국면전환을 위한 자구책 이상으로 비추어지지 않는다. 이러한 상황에서 한국의 대북한 정책에 있어서는 안보의 대안적 모색을 통한 정책적인 전환이 이루어지고 있지 않다. 심지어는 '힘의 논리'에 입각한 안보 중시론이 안보문제와 군사문제를 동일시하는 '안보의 혼란상황'을 심화하는 면을 볼 수 있다.[197]

따라서 통일·안보 교육은 통일이 국방력에 기초한다는 입장을 강조하였다. 이에 대해 통일운동 세력은 다른 의미의 평화운동을 모색하는 것이었다. 이러한 의미에서 한국의 안보교육은 국민정신 교육의 주요한 주제이며, 대북한 안보 접근 방법에 있어서도 안보교육은 그 자체로 국민적인 통합을 이루는 데 주요한 역할을 수행하였다. 안보교육의 중점은 대북 관계에 있어서 국방력의 안정적 구축을 통해 국가안보를 더욱 굳건히 할 필요에서 기인된 것이었다. 한국은 신정체제이면서 폐쇄적인 병영 국가인 북한체제와 대립하고 있으며, 이러한 측면에서 북

---

197) *Ibid.*, p.4.

한에 대한 공세적 입장의 통일노선은 재평가할 필요가 있었다.

통일·안보 교육은 이데올로기 비판교육, 국방 및 대공안보 교육, 북한 실상 비판교육, 통일교육으로 하위개념 체계를 통해 통일교육을 실시하였다. 이는 이전의 반공통일을 이룩하겠다는 논리를 그대로 계승한 것이다. 그러나 90년대로 접어들면서 통일환경은 급변하였다. 이에 따라 통일교육도 그 모습을 점차 달리 하게 되었다. 국제적 환경의 변화와 남북관계의 새로운 전개는 지금까지 우리가 추구해 왔던 통일교육의 목표와 방향, 그리고 그 내용에 있어서 적지 않은 수정과 보완을 요구하게 되었다.

통일문제는 안보문제와 함께 민족의 생존과 미래에 관한 과제이다. 이 과제는 안보교육과 통일교육이라는 균형적 시각이라는 차원에서 강조될 수밖에 없었다. 또한 '안보와 통일'이라는 주제는 북한에 대한 이질화를 극복하려는 실증적인 교육으로 포함되어 있었다.[198] 따라서 통일·안보 교육은 현실적인 안보론을 교육함과 동시에 한반도 상황에서 주도적 통일역할을 수행하려는 노력이 포함되어 있다.

그러나 한국의 민주화 과정은 현실적인 남북한 대립의 상황을 객관적으로 분석하려는 자세보다는 감정적으로 파악하려는 실천운동이 강화되어 나갔다. 이처럼 한국사회는 다원화를 지향하는 사회이면서도 각 구성원의 의식 속에서는 정치 변동이라는 외압에 상당히 민감한 반응을 보이게 되었다. 특히 사회 운동의 측면에서 통일운동은 이러한 현상을 잘 반영하고 있었다. 환경·인권·노동권 등 설득력이 강한 명제에 있어서

---

198) 한국 교육 개발원, 『국민학교 교육과정』, 1989. 참조. 5차 교육과정에서 국민학교의 경우 남북한 체제와 생활상을 비교하는 교육이 실시되었다. 이러한 교육내용은 기존의 감정적인 입장이 배제된 객관적인 서술이라는 면에서 상당한 의미를 갖는다. 그러나 5차 교육과정의 '남북한 어린이', '북한주민의 생활', '민족의 이질화' 등의 내용은 6차 교육과정에서 대부분 삭제되어 객관적이고 과학적인 남북한 비교 교육을 실시하지 못하고 있는 실정이다.

는 급격하게 여론으로 환기할 수 있으나, 아직도 통일문제에 있어서는 사회적 정당성을 구축하는 데에 많은 한계를 보이고 있었다. 그럼에도 불구하고 1990년대 초기의 한국사회는 사회 운동의 보편화 과정을 통해 보다 일반화되고 확산할 수 있는 가능성을 안고 있었다.[199]

이러한 변화에 따라 통일·안보 교육은 민족발전을 지향하는 비전을 제시하며, 반목과 불신을 조장하는 '힘의 논리'에서 벗어나 통일문제를 객관적으로 다루려는 접근을 시도하였다. 국민들은 정부의 통일정책의 중요성과 민간 통일운동의 합리성을 조화되길 바라게 되었다. 즉, 국민들은 정부의 통일정책과 민간단체의 통일논의가 합리적인 대안이 모색되는 통일·안보 교육의 목표와 내용을 요구하게 되었다.

4) 민족 통합적 북한 인식의 시도

교육은 공동체의 갈등구조를 극복하는 중요한 의미를 갖는다. 이러한 극복 의지가 성공적으로 이루어지면, 그 공동체는 인간성과 평등 그리고 완전을 지향하는 사회공동체로 전환할 수 있다는 것이다. 그 이유는 공동체가 스스로 자생적으로 공동선을 추구하지 않을 때, 이런 경우는 진정한 의미의 공동체라기보다는 사조직의 하나로 공동체의 의미가 협소화되기 때문이다. 따라서 통일·안보 교육은 이러한 편협성을 극복하려는 움직임이었으며, 공동체의 목적을 수행하여 민족 공동체 구성원의 공동선을 추구하는 것이었다.

이러한 요구는 민주화 이행이 시작되었던 90년대 초반기 한국사회에 풍미되어 있었다.

---

199) 이신행, 『한국의 사회 운동과 정치변동』, 서울: 민음사, 1997, p.23.

통일·안보 교육의 내용을 개선, 보완하였다. 제5차 교육과정 개발연구의 일환으로 실시했던 도덕담당 교사들에 대한 의견조사에 의하면, 그들이 겪는 가장 큰 어려움은 통일·안보 교육에 있다. 제4차의 반공교육 내용은 순수도덕의 내용과 이질적이라는 교사의 주장이 많았고, 학생들의 반공교육에 대한 끊임없는 의문과 회의는 많은 교사들을 당황하게 만들고 있는 것으로 나타났다. 따라서 제5차 개정에서는 반공교육 내용을 자유민주주의 체제에 대한 올바른 인식, 공산주의에 대한 합리적 비판 의식형성, 통일의지를 고취하는 방향으로 보강하도록 하였다.[200]

제6공화국의 통일·안보 교육은 실질적인 합리적 인식에 기초한 통일접근을 강조하고 있다. 즉 통일·안보 교육은 분단의 현실적 근거에서부터 합리적인 인식을 시도하게 된 것이었다. 현실적으로 남북한 간에 놓여 있는 군사적 긴장 완화 문제가 있었으나, 통일문제에 대한 접근은 상당한 정도로 새로운 인식을 보이기 시작하였다. 통일·안보 교육은 안보적 상황에만 급급한 통일논리에서 벗어나려고 하였다. 여기서 통일·안보 교육은 민족 통합적 북한인식을 시도한 것이다. 그러나 통일문제는 남북한 양 체제의 안보와 직결되는 문제이었고, 안보에 대한 긴장이라는 현실적 안정의 관점을 인식할 수밖에 없는 상황으로 전개되어 가고 있었다. 그 이유는 북한이 한국에 대한 적극적인 포위전략을 가지고 있었고, 한국사회는 북한과 대립하고 있었을 뿐만 아니라, 내부적인 이념적 공백상태가 변혁적 통일 논리에 의해 가중되고 있었기 때문이다.

1987년 제5차 교육과정을 개정한 이래 국내외적 정세가 크게 변하였다. 밖으로는 사회주의국가들의 몰락으로 냉전체제가 무너지고, '화해와 협력의 시대'가 열렸으며, 안으로는 권위주의시대를 청산하고 자유민주주의 정치 체제가 정착되기에 이르렀다. 1990년에 와서는 사회주의의 몰락과 화

---

200) 한국교육개발원, 『중학교 도덕교사용 지도서 1』, 서울: 대한교과서주식회사, 1990, p.12.

해·협력의 시대를 맞이하여 남북 왕래와 점진적인 통일을 성취하여야 한다는 국민적 여론도 형성되었다.[201]

통일·안보 교육은 5차 교육과정기(1987-1992)에 해당된다. 이 시기는 반공교육을 통일·안보 교육으로 개정하였는데, 이처럼 그 명칭을 개정한 이유는 다음과 같다.

첫째, 통일·안보 교육이란 말은 반공교육이 가진 이데올로기적 편향의 부담에서 벗어날 수 있고, 둘째, 통일·안보 교육이란 말은 반공교육이 갖는 의미와는 달리 북한 동포에 대한 친밀감 및 '언젠가는 합쳐야 할 반쪽'이라는 인식의 지평을 열어 주며, 셋째, 반공교육이란 남쪽에서 할 일만을 연상시킴에 반하여 통일·안보 교육은 남과 북이 각각 무엇을 해야 하는가를 생각하도록 하며, 넷째, 통일·안보 교육은 우리나라 체제와 생존 및 통일을 위협하는 것 일체에 대한 경계를 뜻하므로 오히려 반공보다 더 포괄적 의미를 가진다는 점이다.[202]

이에 따라 반공생활 영역의 내용에 공산체제 및 현실에 대한 합리적인 비판과 자유민주주의 체제의 우월성, 민주시민 정신고취 등의 내용이 보강되었다. 특히, 고등학교 『국민윤리』의 내용에서는 북한은 우리의 존재를 실질적으로 위협하고 있는 실체라는 것을 강조하면서, 동시에 누구도 부인할 수 없는 우리의 반쪽으로서 언젠가는 합쳐서 같이 살아야 할 형제라는 것을 강조하였다. 이 인식은 북한을 위협적인 실체인 동시에 살 길을 함께 모색해야 할 형제라는 이중성을 띤 대상으로 보는 것이다. 이처럼 통일·안보 교육은 기존 반공교육의 틀을 벗어난 새로운 차원의 통일교육을 제안하였다. 그러나 그러한 취지는 남북관계의 이중적인 상황이 계속되었고, 국내에서 민주화가 제대로 달성되지 못하는 것 등으로

---

201) 이용필, "국민의식실태와 개선방안", 자유총연맹 주제발표논문, 1996. 9. 13, p.2.
202) 송병순, "남북한 통일교육의 현실과 과제", 한국교육연구소 편, 『한국교육연구』, 1994, pp.24-46.

복잡하게 얽혀 있어서 성과를 거두기 어려웠다.

돌이켜보면, 1950년대에는 북한에 대한 적개심을 고취하는 적대관계를 유지하였고, 1960년대에도 북한을 우리와 대결하는 상대로만 인식하였다. 그러다가 1970년대에 이르러서야 북한은 우리의 생존을 위협하는 대결의 상대이면서도 함께 대화를 통하여 민족의 장래를 논의해야 할 상대로 시각을 전환하기 시작하였다. 1980년대에는 대화와 대결의 상대로서 두 가지의 조화를 모색하였으며, 1988년 서울올림픽을 계기로 하여 '세계로 향해서' 우리의 시야를 넓히게 되었다.[203]

80년대 후반기부터 국민의식은 대북한 인식에 있어서 증오보다는 어려운 희망인 동포애로 접근하게 되었다. 이러한 상황 변화는 한국 내부에서는 통일문제에 대한 강한 의지를 보였다 것이다.

그러나 이러한 한국정부의 노력에도 불구하고 북한의 통일전략은 한국에 대해 극단적인 이중성을 가지고 있었다. 60년대 이후로 북한은 계속적으로 연방제를 주장하였고, 아직도 한국과의 직접적인 대화에 대해 냉담하다. 그들의 통일노선을 지향하는 북한 신헌법 제1장 제9조에서도 "조선민주주의 인민정권을 강화하고 사상, 기술, 문화의 3대 혁명을 벌여 사회주의의 완전한 승리를 이룩하며 자주, 평화 통일, 민족대단결의 원칙에서 조국통일을 실현하기 위하여 투쟁한다"는 입장으로 고정적인 시각을 가지고 있다. 따라서 그동안의 반공교육, 승공통일 교육과 통일·안보 교육은 전반적으로 반공·반북한의 이러한 태도에 대한 대응 전략적 차원의 긍정적인 면을 가지고 있다.

또한 제6공화국의 통일·안보 교육도 북한의 경우처럼 다른 이중적인 인식을 하였다. 통일·안보 교육은 북한과 관련된 내용에 있어서 아직도 이념적인 인식이 많이 차지하여, 학생들이 북한의 현실을 파악

---

203) 교육부, 『중학교 도덕과 교육과정 해설』, 서울: 대한교과서 주식회사, 1994, p.46.

하는 데 어려움을 겪고 있었다. 이러한 논리는 한국이 북한에 대해 두려움을 가지고 있으며, 냉전적 사고를 벗어나지 못함을 반증하는 것이다. 이러한 이중적인 북한인식은 북한의 이중적인 태도에도 기인되지만, 국내환경에도 기인된 것이었다.

통일・안보 교육에 있어서 북한 인식의 이중성은 제6공화국 이후 번져 가는 좌파적 정서에 대한 보수세력의 반발과 관련이 있었다. 한국의 변혁세력은 일부 지식인과 대학생 그리고 종교인, 노동자 계층을 중심으로 이루어져 있었다. 이러한 세력은 민주화 이행기의 지속을 통해 그 세력이 확장되었다. 이 세력은 그동안의 권위주의 체제에 항거하면서 강화되었고, 그 저항의 힘은 지칠 줄 모르는 민족주의와 그리고 사회에 대한 비전(vision)을 제시하는 새로운 사회의 열망에서 비롯된 것이었다. 그러나 이러한 양상은 결코 사회주의적 행로로 가는 변혁의 길이 아닌 한국사회를 혁명적 구호로 변화된 것이었다.

이처럼 제6공화국은 시대적으로 상황인식이 결여된 변혁논리의 확산을 막으려는 자세를 가졌다. 이에 따라서 이념적인 기초가 약한 학생들부터 이념교육이 요구된 것이었다.

> 이데올로기는 전체적으로 부분적으로 인위적, 가설적인 개념을 토대로 하여 구성된 급진론자들의 행동 계획이나 철학을 의미한다. 이러한 의미의 이데올로기는 우리가 흔히 '좌파' 또는 '우파' 이데올로기라고 부르는 경우이며 매우 폐쇄적인 관념 체계에 해당된다. 이데올로기는 어떤 환경이 그 현상유지를 위하여 사실을 왜곡시키거나 판파적으로 선택한 관념의 체계를 의미한다. 이것은 마르크스주의자들이 흔히 말하는 이른바 '허위의식'을 의미하는 것이며, 특히 자본주의 이데올로기를 비난하는 것이 이에 해당된다.204)

---

204) 서울대 국민윤리 1종도서 연구개발위원회, 『고등학교 국민윤리』, 서울: 대한교과서 주식회사, 1990, p.192.

정부는 이데올로기 비판교육을 통해 거세지는 변혁세력의 확산을 막으려고 하였다. 그러한 상황에서 사회주의권의 몰락과 남북한 정부 간의 일련의 협상은 통일·안보 교육에 있어서 북한인식의 이중성을 강화하는 보편적 문제로 인식하게 되었다. 또한 변혁세력도 현실적인 민주주의 과정의 변화와는 다르게 전개되는 통일환경의 상황 변화에 주시하게 되었다. 그 변화는 한국의 시민사회의 전면적 등장, 민주화 과정의 이행문제가 현 상황에서 실질적 해결기법을 모색할 수 없는 중첩적인 차원의 문제가 발생하고 있다는 것이었다.

국민들은 국가 공동체를 통해 자유민주주의에서의 평등한 사회를 지향한다. 즉 자유와 평등의 보편적인 균형을 지향하고 있다. 그동안 자유민주주의의 원리인 경쟁의식은 한국의 경제성장을 이루는 중요한 초석이 되었다. 즉, 경쟁의식을 통한 발전의 도모는 1960년 이후 한국사회의 고도성장이라는 성과를 얻었다. 그러나 주요한 경제정책에 있어서 평등문제는 잘 해소되지 못하고, 사회적 불평등이 가중되면서 대립적인 사회구조를 발생시켜 사회적 갈등을 고조시켰다.

이러한 측면에서 정부는 사회적 불평등을 극복하는 구체적인 정책과 실질적인 교육 환경의 개선을 강화하였다. 이러한 논리는 정부가 교육개혁을 통해 국가 경쟁력과 창의성 개발이라는 입장에 선 것이었다. 정부는 남북한 경쟁체제의 대안으로서 반북적인 논리의 지양의지를 보였다. 그동안 한국사회는 북한에 대한 적대적 논리에 반론을 제기하는 것조차도 체제 저항적인 내용으로 평가하여 왔다. 그러나 이러한 보수적 이데올로기적 구조는 민주화 과정을 통해 상당한 개방되었다. 이념적 대립에 의한 공동체의 해체는 결국 많은 사람들에게 불행을 자초한다는 인식 속에서 새로운 의미의 통일교육의 공동체라는 대안이 나타났다.

제6공화국의 통일운동은 상당한 사회적 혼란을 야기하였다. 그동안 통일운동은 북한의 존재로 인하여 상당히 현실적인 범위가 설정되어 있었다. 그러나 변혁적 학생운동 세력은 1988년 6·10 남북 학생회담

제의에서부터 8·15 회담 성사투쟁에까지 강도 높은 통일운동을 전개
하였다. 그러나 국민들은 변혁적 통일운동에 대해 미온적이었다. 이는
변혁세력들이 평화적인 방법으로 또는 폭력적인 방법으로 통일운동을
전개하든 한계를 가질 수 없는 것이 '북한의 존재'에 의한 것이다. 변
혁적 통일운동 세력은 한국 정부에 대해 비판적이면서, 북한 정권에
대해 묵인하는 경향을 보였다. 국민들은 이러한 의미에서 변혁적 통일
운동 세력을 폭력적 이미지로 보게 하였다. 즉, 변혁적 통일운동의 논
리는 북한의 통일전략을 지나치게 옹호하는 데 반하여, 한국의 안보상
황에 대한 이해는 결여되어 있었다. 이는 결국 통일·안보 교육이 북
한과 변혁세력에 대해 이중적인 인식을 하게 하는 중요한 단서를 제공
한 셈이 되었다.[205]

2. 문민정부 이후의 통일교육

  기존의 학교 통일교육은 '북한의 침략의도에 대항하려는 국방력의
강화'를 통해 북한의 현실성과 한계를 파악하려고 하였다. 즉, 안보교
육은 직접적으로 북한을 주적으로 인식하였고, 북한에 대한 안보의 적
실성을 강조하였다. 그러나 보수적 통일교육은 시민의 의무를 통한 국
가와 시민사회를 지킬 수 있는 자구책을 직접적으로 형성하지 못하였
다. 이에 따라 문민정부, 국민의 정부 그리고 참여정부는 이전의 권위
주의적 정권의 양상에서 벗어나 국민들의 합의를 도출하는 전력을 다

---

205) 이온죽, "통일시대 민족통합의 정신적 구심점 및 사회통합의 하부구
　　 조모색을 위한 기초연구", 성남: 세종연구소, 1996, p.2. 그동안 정부
　　 는 북한과의 정부 간 합의를 제대로 이행하지 못하였다. 그 근거를
　　 이온죽은 한국의 국내적 상황의 약화, 북한의 불투명한 성격 그리고
　　 이에 따른 남북한 간의 적대적인 국민성향으로 파악하였다.

하는 입장으로 통일교육을 실시하려는 발상의 전환을 보인다. 이에 따라 통일교육에 대한 논의는 하부적으로 개개인, 사회 집단 그리고 정부 조직 속에서 상당한 반발과 불협화음을 보이고 있는 실정이다. 앞으로 이러한 논란의 상황에서 우리는 통일교육의 올바른 발전을 추진하여야 할 과제를 안고 있다.

1) 복합구조체제와 시민사회의 형성

민족분단에서 극단적인 좌·우 이데올로그(Ideologue)는 그들의 목적을 추구하면서, 민족의 갈등과 모순을 첨예화하는 과오를 저질렀다. 그러나 90년대 이후 세계적으로 그동안 경도된 이데올로기에 사로잡힌 공산주의나 자본주의의 좌·우 이념 논쟁은 급격히 유명무실해졌다. 즉 이데올로기 갈등과 대립의 장본인인 미국과 소련의 냉전체제가 붕괴된 것이다.

한편 민족통합, 다민족의 분열이라는 이전의 냉전적 시각이 탈냉전적 시각으로 해석되었던 인식구조가 복합성(Complexity)의 구조로 변화되었다. 따라서 통일교육은 당면한 통일문제를 복합적으로 인식해야 했다. 이러한 의미에서 사회현실의 복합성에 대한 논의는 강화되었다.[206]

복합적 체계모델을 통해 복잡한 사회현상을 적실성 있게 설명한 방법은 프리고진(I. Prigogine)의 '소산구조 이론'과 마투라나(Humberto R. Maturana)의 '자기갱신 이론'으로 볼 수 있다. 즉, 현재의 환경은 근본적으로 생명적 속성을 지니고 이를 통해 자기 조직화의 과정을 거치며, 자기 조직화의 속성은 정보체계와 가치체계를 통합하려 한다는 것이다. 이러한 통합의 매개변수는 '요동을 통한 질서'를 추구하는 소산구조적 속

---

206) 박지운, "사이먼의 의사결정과정을 관한 통합적 연구", 서울대학교 대학원 교육학 박사논문, 1997, pp. i -iii. 참조.

성과 '자기준거를 통한 질서'를 추구하는 자기갱신(Autopoiesis)적 속성, 그리고 '전체는 부분의 합 이상'을 나타내는 시너지적 효과를 가지는 것이다.

또한 해방 이후 40여 년간 한국의 국내환경은 자유·자본주의 세계 그 어느 나라에서도 찾아보기 어려운 정도의 '보수주의·보수당·보수세력들의 천국'[207]이었다. 보수적인 입장이 바로 개인이나 집단에 있어서 사회에 대해 긍정적이며 바람직하다는 입장을 표명하는 것이었다. 그러나 이러한 보수의 개념은 자유의 강조와 신장이라는 중요한 이데올로기적 장점을 가지고 있었지만, 사회 전반적으로 형성되는 빈부의 격차 즉 평등의 문제에 대한 한계를 노정하였다. 즉, 단편적인 '기회의 평등'은 지난 40여 년간 선택된 사람들의 논리, 일부의 혜택, 기적적인 성공의 표현 방식이지 전반적인 사회 구성원의 경제적인 안정과는 거리감을 가진 것이었다. 개인 스스로의 노력의 부족으로 인한 불평등이 존재하는 것이 아니라 노골적인 불평등 심지어는 제도적인 불평등으로 생각하는 경향이 많아지고 있다. 이러한 영향 속에서 정책 결정자는 국제환경의 변화와 북한의 경제와 정치적 위기에 대한 분석과 함께 국

---

207) 송복, 『한국사회의 갈등구조』, 서울: 대한교과서주식회사, 1990, p.217.; 송건호·강만길 편, 『한국의 민족주의』(Ⅰ, Ⅱ), 서울: 창작과 비평사, 1983; 변형윤 편, 『분단시대와 한국사회』, 서울: 창작과 비평사, 1985. 송복은 보수주의를 '국가 체제나 이데올로기에 관한 한 간섭의 배제, 개인 활동의 자유를 고수하려는 주의', 보수당을 '수권에 과한 한 자유공정선거에 의한 권력의 자유로운 획득이라는 의미의 자유를 내세우는 정당', 보수세력을 '일상생활과 사고에 관한 한 물질적 성취의 자유, 사상표현의 자유, 집회·결사의 자유라는 의미의 자유를 매일 매일의 생활차원에서 구현하고 지지하는 무수한 수의 개인과 집단'이라고 말하였다. 이러한 분류의 한계를 지적하는 입장도 있다. 송건호·강만길·변형윤은 보수세력을 "반민족적 반민중적 성격을 지닌 세력으로 규정하고 그들의 정치·경제적인 입장은 상황에 따라 자신들의 입지만을 추구하는 기회주의적인 성격, 힘의 논리만 추구하는 입장을 가진다"고 보았다.

192

민적 의견을 수렴하는 국내적 통합노력을 전개하여야 한다. 이것은 통일이 궁극적으로 한국의 통합의지에 달려 있으며, 통일환경 조성은 바로 한국의 의지에 의해 조성됨을 의미한다.

문민정부 이후 국민의 정부, 참여정부는 통일문제를 통합적으로 접근하는 데에는 기초적인 조건이 성립되어 있었다. 정책 결정자는 통일문제를 인식하는 데 있어서 감정적인 입장이 지양되지 않으면 민족통합의 한계를 보일 수밖에 없다고 보았다. 따라서 국민각자는 합리적인 사고를 통한 남북한 문제를 해결하려는 것이 매우 중요한 관건이었다.

그러나 그동안 남북한 대치와 대결에서 비롯된 남북한의 감정적인 대립은 한반도의 평화상태를 유지하는 데에는 상당히 복잡한 문제로 나타났다. 특히 남북한 대립 구도에서 보수세력은 남북한 균형상태를 유지해 주는 미국에 대해서는 보다 복잡한 요인을 가지고 있다. 따라서 정부는 국민들에게 통일문제에 있어서 제도적으로 접근하는 자세를 가져야 했다. 그러나 그동안 보편적인 민주적 통일논의는 현실 정치권에서는 곧 정치 운동의 성격을 벗어나지 못하고 있었다.[208] 이러한 양상에서 문민정부의 초기는 남북한 관계의 변화를 가능하게 할 '이인모 노인 북한 송환' 논의[209] 등으로 새로운 시도를 하였다. 한국 문민정부 초기는 통일문제에서의 이념보다 '민족우선'을 강조하였다. 그러나 이에 북한의 대응은 핵확산 금지 조약기구(NPT: Nuclear Non-Proliferation Treaty)의 탈퇴 의사를 비치며, '서울 불바다' 등 문민정부의 화해 의도와는 상반된 입장을 취하였다. 이러한 상황은 한국사회를 전반적인 보수성향에서 벗어날 수 없게 한 것이었다. 문민정부 시기에서도 계속적으로 한국정부는 흡수

---

208) 정수복, "현실정치와 시민운동", 『계간 대화』 1995년 여름호, 통권 제5호, pp.166-173. 90년대 지방자치선거나 국회의원선거 등으로 그동안 운동세력들이 섣불리 정치권에 결합되는 현상을 많이 보여 왔다.
209) 노중선, *op. cit.*, 1996, p.515. 1993년 3월 10일 정부는 송환결정을 내렸음.

통일의 관점을 고양하였으며, 북한은 공작적 차원의 통일 즉 민중봉기나 인민 민주주의식 내지는 전쟁에 의한 통일의 관점을 엿볼 수 있었다.

국내에서는 '94년 조문파동'과 '96년 연대사태', '2000년 남북정상화담의 과정과 결과의 성과 논란', '맥아더 동상에 대한 철거와 고수 논쟁', '야당 및 모수 세력의 국가 정체성 논란 제기', '강 교수의 사건' 등 이루 헤아릴 수 없는 보수세력과 진보, 변혁세력의 양 극단적 논리가 현실 공간에서 격돌하였다. 따라서 정부와 국민들은 통일문제에 있어서 어느 한쪽으로만 편향되는 통일운동과 통일교육 그리고 통일정책을 벗어나 다각적인 시각을 통하여 통일문제에 접근하는 데 한계를 보이고 있었다.

그러나 남북한은 각각 자기방식으로 추구해 온 '통일정책'의 과정에서 배태한 여러 가지 문제를 풀어 나가야 할 통일인식의 전환을 요구받고 있었다. 전반적으로 문민정부 시기의 통일교육은 통일의 환경변화에 대한 분단의 현실적 영역을 통한 다양한 검토와 통일문제의 합리적 인식을 강조되어야만 했다. 국민들은 국가 공동체를 통해 자유민주주의와 평등 사회를 목적을 지향하였다. 그동안 자유민주주의의 원리인 자유경쟁과 민주화는 한국의 경제성장을 이루는 중요한 초석이 되었다. 즉, 자유경쟁 노력을 기점으로 한 경제발전의 도모는 1960년대 이후 한국사회의 고도성장이라는 성과를 얻었다. 이러한 상황에서도 새로운 시민계층의 생성은 상당한 고무적인 사실이었다. 기존의 공동체가 그 경쟁적인 속성으로 인하여 보여 주었던 한계를 새로운 시민계층은 평등주의, 완전성, 형제애를 통해 산업사회의 구조 속에서 실패한 자들을 치유할 수 있는 공간을 부여해 주었다. 사회공동체는 그 생활 속에서 개개인의 평화를 이룰 수 있는 방안 즉 바람직한 사회를 모색하는 중요한 기능을 가지고 있었다.

이러한 입장에서 1993년 정부는 '3단계 3기조 통일정책'을 발표하였다. 이 정책은 통일과정을 '화해·협력', '남북연합', '통일국가'의 3단계로 설정하고, 이러한 과정을 효율적으로 추진하기 위하여 '민주적 합의', '공존번영', '민족복리'를 3기조로 삼았다. 이러한 내용에서 정부는 인간의 존엄성과 평화 및 복지를 강조하면서 기존의 통일방안을 수렴하는 '민족공동체 통일방안'을 내놓았다.[210] 그 후 북한의 인식에서도 많은 변화를 보여 왔다.

그러나 남북한 관계는 통일환경을 조성하기에는 너무도 다른 분석을 하고 있었다. 북한은 한국사회를 불평등문제가 가중되어 대립적인 사회 구도를 보이고 있다고 확신하였다. 따라서 북한은 한국사회를 심각한 갈등구도의 실패자들에게는 고통을 주며, 불로소득의 이익을 보장받는 사람들에게는 무한한 욕망의 가능성을 부여하는 사회로 보고, 이러한 압박을 강화하는 것을 미국으로 파악하고, 더욱더 한반도 내에서의 미국의 영향력 약화에 힘을 기울었다. 이에 반하여 한국은 북한 사회가 그 자체 정화력을 가지지 못할 정도로, 급속한 경제적 위기에 따른 사회적인 병리 현상이 중첩되어 있다고 보았다. 이러한 의미에서 한국은 북한을 동포로 포용할 수 있는 전인적인 인간적 유대로 변화시킬 필요가 있다고 생각하였다. 한국은 결국 민족공동체를 둘러싼 갈등구조를 극복하는 남북통일을 통해 북한사회의 인권과 평등 그리고 완전을 지향하는 사회공동체로 전환할 수 있을 것이라고 보았다.

남북한 정부의 상대방에 대한 자기중심적 사고는 남북한 사이의 문제를 해결하는 데 한계를 보이고 있었다. 즉 문민정부 역시 남북한 사이는 복합 구조적인 인식보다는 편향된 인식으로 사태를 파악하는 것이었다. 이러한 한계 속에서도 한국의 변화는 중요한 의미를 준다. 사회민주화의 주체에 주요한 역할을 수행한 시민의 형성과 움직임은 새로운 민족주의 통일에 중대한 분기점을 마련할 것이다.

한국은 자유민주주의의 우위 속에서 변혁적 이념의 대립양상을 지속

---

210) 교육부, 『통일교육 지도자료』, 장학자료 제89호, 1993, pp.8-15. 참조.

적으로 보여 주었다. 이러한 양상은 1987년 6월 항쟁 이후 시민사회 논의에서 강화된 '사회 민주화'의 흐름에서 수정된 것이었다. 즉 자유 민주주의의 논리와 변혁적 이념의 논리적 강화는 그 현실적인 문제인 부의 편중문제나 사회주의의 몰락에서 한계를 보였다. 이러한 의미에 서 국가조직 안에서의 자유주의적 시민사회와 국가 조직과 대립적인 입장에서의 시민사회를 극복한 90년대 한국의 시민사회 논의는 통일운 동의 보수적 인식과 변혁적 인식을 통합하는 실질적인 역할을 수행할 수 있는 윤리적 메카니즘을 형성하게 된 것이었다.

2) 민족공동체 통일방안의 기조와 시민 통일운동

시민은 기존의 통일운동 간의 통합을 정치 운동이 아닌 사회개혁 운 동성격211)으로 지향할 수 있을 것이다. 이러한 예는 시민운동의 하나 인 경실련과 환경운동이 시민 대중적 이슈를 통해 언론과 시민의 호응 과 지원을 얻을 것이다. 시민은 사회 민주화의 구체적인 작업에 성공 을 거둔 세력이다. 그럼에도 그들이 추진하는 통일운동은 그 성과가 미비하다. 그동안 통일운동이 대립 속에서 국민적 기반을 가지고 있지 못하기 때문에, 민간 통일운동은 그 의미를 강화할 수 있는 것이다. 바 로 시민은 국가주도 통일정책과 협상을 통하여 한 합리적인 대안을 제 시하고 사회 민주화의 가시적인 성과를 보일 수 있는 세력이다. 이러 한 의미에서 민간통일운동은 시민 주도의 통일환경 조성 및 활성화를 통해 남북한 대립상황을 긴장완화 상황으로 만드는 다각적인 통일환경 의 틀을 모색하게 되었다.

한편 통일운동이 본격적으로 발생하게 된 근원 중의 하나는 바로 미

---

211) 유팔무, *op. cit.*, pp.373-377.

국에 대한 재해석에 기초하고 있다. 이러한 미국에 대한 재해석 논의는 5공화국 이후 미국과 한반도 문제에 대한 격론을 고조시켰다. 이에 따라 미국의 무역분쟁, 농수산물 수입 압력 등은 한국민의 반미감정을 고조시켰다.

그러나 현실적으로 미국은 북한이 남북한 긴장완화를 위한 협상을 周旋할 수 있으며, 한국이 북한과 대화를 유도할 수 있게 하는 국가이다. 미국의 이러한 공통된 요소를 이용한다면 한국과 북한은 현실적 통일환경 조성에 실질적인 성과를 얻을 수 있을 것이다. 실제적으로 4자 회담의 과정에서 미국의 역할은 유인역할 이상의 기능을 할 수 있다. 이러한 차원에서 극한적인 미군 철수운동과 무역 마찰로 인한 반미감정은 미국의 정책결정에 혼선을 줄 수 있다. 따라서 한국은 미국과의 협상과정을 통해 북한과 밀접한 관계를 상호 조절할 수 있는 민족 주체적인 성과물이 이루어내려는 치밀한 계획의 실천이 요구된다.

90년대 초 상황은 남북한 정상회담을 이끌 수 있을 정도로 남북한 대화의 공간이 고조된 적도 있었다. 그러나 전반적인 남북한의 통일환경 구조는 남북한 정권 양쪽 모두 실제로 민족의 장래에 대한 관심이나 이해를 떠나서 그 통일정책의 정당성에 중요한 관점을 두는 구조였다. 만약 이렇게 설정되지 않는 통일정책이 나타났다면, 내부에서는 인정받기 어려웠을 것이다.

한편 정부는 세계화 전략[212]을 통해 체제경쟁의 논리의 연장선으로 일관하고 있다. 여기서 북한의 핵문제나 김일성의 사망, 북한의 수해 피해로 인하여 남북한 관계와 국내적인 여건은 보수적 노선으로 회귀하게 되었다. 이처럼 한국과 북한의 통일정책 결정자는 그동안 통일정책에서의 최소비용에 따른 최대효과를 추구하는 입장으로 이해하는 체계환경을 가지고 있다. 즉 정권의 대중성과 정권의 정당성의 지원을

---

212) 박기덕, "세계화와 한국의 민주주의", 한배호 편, 『세계화와 민주주의』, 서울: 세종연구소, 1996, pp.410-411.

받기 위해 한국은 보수적 국민양식을 추구하였으며, 북한은 그들의 혁명적 인민양식에 따랐다.

또한 한국의 대북정책 결정은 강경적 입장인 '바람론'과 온건적 입장인 '햇빛론'이 대립하는 과정을 겪었다. 즉 '바람론'은 통일정책에 있어서 한국주도 통일전략을 반영하겠다는 논리를 갖는다. 이에 비해 '햇빛론'은 남북 경제협력의 민간참여를 강조하면서, 경제의 교류를 통해 남북한 긴장완화를 이루겠다는 주장을 하고 있다. 이렇게 한국 정부는 통일정책의 대중성과 정당성의 인정에 매달려 있었다. 이러한 한반도의 상황은 남북한 모두 민족을 강조하고 있다는 특성을 갖는다. 그러나 각 정권은 민족개념에 대한 상이한 공감을 가지고 있어서 민족의 영구분단이라는 극단적인 면이 드러날 수도 있다.213)

역사적으로 볼 때, 통일문제는 민족주의적 관점을 중시하였다. 해방공간에서의 통일운동도 민족주의적 통일노선을 추구하였다. 그러나 이러한 운동은 사회주의와 결합되어 남북협상과 좌·우 통합운동, 시위, 철시, 파업 등으로 그 세력의 존재를 강화하려고 하였다. 따라서 전쟁이후 보수적 통일논의가 강화되면서, 민족주의 통일운동은 그 의미를 더욱 축소할 수밖에 없었다. 이후 조봉암에 의해 평화 통일론이 조성되기도 하였으며, 4·19 직후에는 남북교류 및 민족 자주적 평화 통일운동으로, 1960년대 70년대는 통혁당과 남민전이라는 비합법 전위조직의 극단적인 비밀운동으로 80년대 이후 반미운동, 반핵평화운동, 남북교류운동으로, 90년대는 남북 화해해운동으로 민족주의를 표방한 운동

---

213) Ulrich Albrecht, "Foreign Policy for Unification: Lessons From Germany", Korea Institute for National Unification, *op. cit.*, pp.3-7. 알브레흐트(Albrecht)는 한반도 역사에서 지금 시점이 통일될 가능성이 매우 높다고 주장한다. 그러나 그는 이러한 시기를 실기한다면 남북한은 영영 분단국가로 남게 될 것이라고 경고하고 있다. 그는 독일 통일의 중요한 학문적 배경은 협상과정(Negotiating Processes)에 관한 연구를 하는 정치학자 군으로부터 제공되었다고 보고 있다.

성향으로 발전하여 나갔다.[214] 그러나 그 성과는 국민적 오해와 의심을 확충하였다.

따라서 민족주의 통일논의의 이전단계로 문민정부 시기는 합리적인 인식이 기초된 민족통일운동을 지원하여야 했다. 통일정책은 국민적 통일논의 과정이 이루어질 필요가 있다. 이러한 합리적 협상의 인식은 바로 사회민주화의 단계가 요구된다. 즉 절대적인 선이라고 주장하는 보수적 통일운동과 변혁적 통일운동에 대한 통합적 성격은 한국 내에서의 전반적인 사회민주화의 흐름이 성사되는 과정 속에서 극단적인 통일운동이 배제될 수 있는 것이었다. 또한 민족 내부에서 영구 분단을 막을 수 있는 중요한 기제는 민족내부 속에서의 통일로 향하는 집단 심리적 측면을 통해 체제와 이념의 벽을 초월한 방법이 요구되었다. 즉 한민족이라는 대명제로 새롭게 정립된 민족주의 호소만이 통일의 과정을 현실화할 수 있을 것이다. 따라서 남북한의 동질성을 회복하는 데에 있어서 분단 효과보다 더한 통일효과를 남북한 국민 모두 인지할 필요가 있었다. 그리고 새로운 민족주의의 명분을 의미 있게 부여할 수 있는 남북통합 과정의 실질적 의미가 확산되어야 했었다.

이러한 조건을 만족하는 시민통일운동은 사회민주화 이행과정을 통해 사회의 통합구조에 중요한 의미를 주었다. 90년대 경제정의실천시민연합(경실련)은 창립 5년 만에 회원이 1만 2천명에 달하게 되며 27개나 되는 지방조직을 가지며 등장하기 시작하였다. 경실련은 이전의 80년대 한국사회 민주화를 이끌던 헤게모니적인 사회 운동과는 그 성격과 형식이 전혀 다른 모습으로 등장한 것이었다. 즉, 이 시기는 기존의 역사적인 접근이나 헤게모니 쟁탈의 입장에 선 통일운동이 주도된 것이 아니었다. 통일운동의 새로운 모색은 서구의 신사회 운동론의 시민운동의 성격을 가지고 있었던 것이다.[215]

---

214) 노중선, "통일 운동의 회고와 발전 방향", 한겨레신문사 편, 『한반도 통일 국가의 체제 구성』, 서울: 한겨레신문사, 1995, p.463.

경실련이 변화된 정치 상황에 대한 정확한 판단을 기초로 하여 새로운 운동의 노선을 설정하였는데 이것은 민중운동이 위기에 빠진 상황에서 개혁을 원하는 사람들을 집결시킬 수 있었다. …… 재야단체가 견지해 온 극한 대립의 정치투쟁에 식상한 …… 광범위한 온건 개혁세력을 개혁의 물결에 동참시키는 시민운동의 새 영역을 개척하였다.216)

이러한 의미는 결국 기존의 민중운동이나 학생운동이 추구한 이데올로기적인 역공세를 극복하는 의미의 합리성과 국민적인 관심을 유도하는 통일운동을 전개하는 정책적 선택을 강조하였다. 그들의 정책설정은 첫째, 모든 국민이 일상생활에서 부당하거나 불편하게 느껴 쉽게 공감대를 형성할 수 있는 이슈, 둘째, 여론 주도층에게 명분과 논리적 설득력을 얻기 용이한 이슈, 셋째, 언론의 지지를 획득할 수 있는 이슈로 금융 실명제나 토지 공개념과 같은 문제서부터 통일운동에 대한 접근217)을 시도하였다. 경실련이 그동안 민족자주와 계급해방과 같은 추상적인 정치적 구호를 포기하고 환경·교통·부동산문제 등 생활상의 구체적인 사안을 문제화하고 공직사회의 도덕성을 쟁점화한 것은 참신하고 시의적절한 것이었다.218) 또한 이들의 시민운동으로서의 통일운동 전개는 그동안의 민족문제 해결방안에서 정부 주도와 재야·학생 운동권의 극한 투쟁에서 합리적인 대안을 제시할 수 있는 여지를 부여하였다.

한편 '통일 경모회'나 '자유 총연맹' 그리고 '민족통일 중앙협의회' 등의 단체는 한국사회의 분단구조 속에서 심리적인 분단의 피해를 극복

---

215) 박형준, "새로운 사회 운동과 경실련운동", 『경제와 사회』, 1995년 가을호, 통권 제27호, pp.76-77.
216) 서경석, "경실련 5주년의 평가와 전망", 경제정의실천시민연합 편, *op. cit.*, 1994, 참조.
217) 문화 일보, 1993년 5월 21일자.
218) 이종오, "사회 운동의 정치 세력화 논의", 『경제와 사회』, 1995년 가을호, 통권 제27호, p.132.

하는 노력의 일환으로 만들어졌다. 순수 민간단체인 '통일 경모회'는 이북 실향민을 주축으로 조성되어 연례행사로 설날과 추석날 '망향 경모제'를 임진각에서 보내면서 북한의 붕괴에 대한 절대적인 지지를 보내는 조직임을 천명하고 있으며, 북한과의 체제경쟁을 통한 안보적인 승리를 강화하는 데 통일의 의미를 두고 있었다.[219] 이 단체가 주장하는 통일논리는 '민족통일 중앙협의회'에도 그대로 적용될 수 있다. 즉 자유 총연맹은 다음과 같은 의미로 북한의 개방을 촉구하고 있다.

> …… 역사의 필연성에서 지금 북한을 제외한 사회주의국가들 거의 모두가 마르크스－레닌주의에 입각한 기존의 노선을 포기하고 개방과 개혁을 통해 새로운 국제 질서에 기꺼이 참여하여 자국의 이익을 추구해 가고 있습니다. 그러나 오늘의 북한에서는 2천만 동포를 포로로 잡고 소위 '우리식 사회주의수호'라는 반시대적인 사고와 허구의 논리에 집착하여 내부적인 대대적인 사상통제와 폐쇄정책을 더욱 강화하고, 남북한의 화해와 교류를 외면하고, 기존의 모든 남북회담을 일방적으로 정체·지연시키고 있어 우리의 7천만 겨레는 물론 평화를 애호하고 자유를 신봉하는 세계인들이 한결 안타까워하고 있습니다.[220]

민간 통일운동 단체의 남북한 인식은 안보 정세와 통일논의의 활성화에 상당한 장애가 되고 있다. 그러나 이들의 논리는 한국의 시민사회의 입장을 반영하고 있기 때문에, 우려가 상당히 많다. 일례로 97년 상반기 '박정희 체제의 동경'은 전반적으로 국민들이 경제적인 허탈감과 정치적인 혼란을 극복하는 방법으로 우경화되고 있음을 알 수 있다. 따라서 극단적인 우경화 성향은 극단적인 좌경화와 같이 사회의

---

219) 통일 경모회 주최 제12회 望鄕敬慕祭(1996. 2. 19) 취지문에서는 "…… 본 행사가 의례적이고 감상적인 경모 행사에 그치지 않고, 우리의 통일 안보 역량을 강화하고 통일기반 조성을 위한 범국민적인 통일 운동을 선도해 나갈 결의를 다짐하는 계기가 되었으면 하는 바람입니다"라고 밝히고 있다.

220) 민족통일중앙협의회, *op. cit.*, 개회사 참조.

통일논의 구조 활성화에 악영향을 끼치기 때문에 국가구조 내부 속에서는 '시민운동의 건전화'를 기획하는 한편, 민간통일 단체에서는 좌·우를 막론하고 통일논의의 시각조정을 시도하려는 결연한 의지를 가져야 할 것이다.

이러한 환경 속에서 안보적인 측면의 우려와 북한의 동포애로의 접근이 보조를 맞추는 민간통일운동의 광범위한 논의가 시도되었다. 흥사단 민족통일운동본부의 창립은 그동안 한국통일운동의 보수적 사고의 한계와 진보적 통일논의의 공허함을 극복하는 하나의 계기를 창출하였다고 볼 수 있다. 즉, 건전한 중국과의 건전한 관계 개선을 위한 노력의 일환으로 '장춘도산 한국어학교 설립'과 '북한동포 돕기 사업의 전개'221)를 통해 통일문제의 현실적인 실천을 시도하려는 모습을 보였다. 이처럼 민간 통일운동 단체는 일련의 행사를 통해 궁극적으로 북한과 통일하려는 의지를 실천하고 있다.

또한 종교계에도 통일문제에 대한 극명한 대립이 보이지만, 1996년 이후에 전개되어 온 북한 돕기운동에 있어서 다른 국가의 단체들과 함께 인도주의적 입장에서 북한주민을 돕겠다는 생각이 前提되어 있다. 종교계의 진보적 입장은 북한의 종교계와 논의를 시도하였다. 이것은 그동안의 북한의 행적에 비추어 북한을 신뢰할 수 없다는 보수교단과는 다른 입장이었다.222) 그러나 이러한 종교계의 노력은 직접적인 정치운동

---

221) 흥사단 민족통일운동본부, 『흥사단 민족통일본부 창립대회』(1997. 3. 8) 참조.
222) 노중선, *op. cit.*, p.482. 한국 기독교 교회협의회 총무인 권호경 목사는 정부의 승인을 받고 92년 1월 7일-14일까지 방북하여 김일성을 면담하였다. 이러한 사건은 교회 내에서 이루어진 것으로써, 진보와 보수교권 내의 중요한 갈등의 문제를 의미한다. 한국교회 통일운동은 1992년 권호경 목사의 방북 이후 이른바 '글리온 회의'로 대변되는 남북한 교회의 해외에서의 만남과 합의가 주된 사안이었다면 이후에는 '한반도 내 만남'을 성사하지 못하고 전반적으로 교회 내의 통일운동이 침체되는 현상을 보인다.

으로 비추어졌다. 따라서 종교계에서 지향하는 통일운동은 바로 민족이
라는 입장으로 북한의 동포에 대한 나눔의 정신(Spirit of Sharing)[223]
으로 이해될 수 없는 경우가 많았다. 따라서 종교계의 통일운동도 정부
와의 협조하에서 종교적인 화해와 용서를 통한 통일운동을 전개해야 할
것이다. 이처럼 제반 통일운동은 남북한 관계와 국제환경 그리고 한국의
환경에 대한 이해가 미흡한 면을 보인다.

통일은 남북한 양쪽정권을 긍정하는 동시에 지양하는 것에서 진정한
통일의 기초가 모색되는 것이다. 한쪽에 대한 일방적인 태도를 가질
때 진정한 통일은 가능하지 않을 것이다. 남한의 체제를 부정하면서
북한을 절대시해서도 안 되고, 남한 방식에 의한 통일만을 고집해서도
안 된다.[224] 민간 통일운동의 성과 여부는 정부와의 이해심을 확충하
는 방법에 달려 있는 것이다.

즉 통일의 준비는 실질적으로 남북한의 갈등의 가능성을 줄이는 일
에서 출발하여야 한다. 이 점에서 통일논의 과정에 있어서의 분단 체
제의 온존과 한국정부 당국에 의한 소위 '창구 단일화'의 통일논의 독
점은 근본적으로 개선을 필요로 한다.[225] 이러한 과정은 바로 남북한
민족 구성원의 통합을 위한 의식적인 구호나 정략보다도 실질적인 제
도적인 변화를 이루는 일이다.

---

223) 제성호, "남북한 통일방안과 기독인의 역할", 이만열 외, 『민족통일을
　　　준비하는 그리스도인』, 서울: 두란노, 1995, p.305.
224) 라정원, "CBD 이론에서 본 한국 시민운동의 실천방안", 고대 평화연
　　　구소 편, 『평화 연구』 제4호, 1995. 12, p.51.
225) 김세균, "통일과정의 정당성과 남북한의 체제개혁" 한국정치학회, *op.
　　　cit.*, 1993, p.51.

3) 민족통합 교육의 모색

문민정부 이전의 통일교육은 '북한의 침략의도에 대항하려는 국방력의 강화'를 강화하는 안보교육과 통일교육의 연계된 교육목표를 가지고 있었다. 그러나 이러한 교육의 지향은 진정한 민족통합 교육의 입장에서 분단의 현실성에 직시하는 데에는 주효하지만, 통일국가를 이루는 데에는 한계를 갖는다. 즉, 안보 교육은 직접적으로 북한을 주적으로 인식하게 하는 것에서 국민의 의무를 강화하는 효과를 갖는다. 그러나 한편으로는 시민의 권리를 통한 국가와 시민사회를 지킬 수 있는 자구책을 마련하는 데에는 수동적인 자세를 배양할 소지가 있다.

따라서 안보교육에서의 대북안보의 지나친 강조는 주변 4대강국의 존재를 등한시하는 경향으로 흐를 수 있다. 이러한 근거에서 안보 교육은 초·중·고등학생들에게 북한과의 통일에 대해 회의를 가지게 하고 역설적으로 주변 강대국과의 관계에서의 안보 문제에 대해 등한하게 한다. 이는 학생들에게 국제적인 질서 속에서 분단을 극복하려는 노력을 등한시하고, 안보교육의 주대상이 바로 북한에만 의거하여 안보적 상황을 인식하는 경향을 보인다.

실질적으로 안보교육은 그 내용이 전면으로 부각됨으로써 한국사회의 '정당화의 필요성'을 국민들에게 강화하는 역할을 수행하였다. 대한민국의 건국 이래로 정통성의 위기를 극복하는 힘은 '자체생존을 방해하는 북한의 존재'였다. 이러한 존재 앞에서의 산업화, 자주국방, 경제발전은 한국의 존재를 강화할 수 있게 하였다. 이러한 의미에서 보수적인 사회풍토와 안보교육은 80년 이전까지 거부할 수 없는 시대적 과제였다.

그러나 안보교육은 그 자체의 요구자들의 의도 즉 집권세력의 의도성이 가장 많이 수용될 수 있는 국가정책이기 때문에, 한국의 특수성에 기인된 교육내용 이상으로 강화되지 못하였다. 즉, 민주화의 과정에서는 민주화의 반대입장으로, 개혁의 상황에서도 반대의 반공·안정 논리를 보여 주는 면도 있다. 이는 안보교육의 내용을 편협하게 이해할 수 있는 예이다. 따라서 안보교육은 한국의 자주를 강화할 수 있는 내용으로 민족주체적 입장이 수용되는 경향을 가져야 한다. 이러한 의미에서 문민정부는 통일·안보 교육에서의 입장을 지양하고, 통일교육을 강화하여 나갔다.

(그림 8) 통일교육의 이념과 일반목표

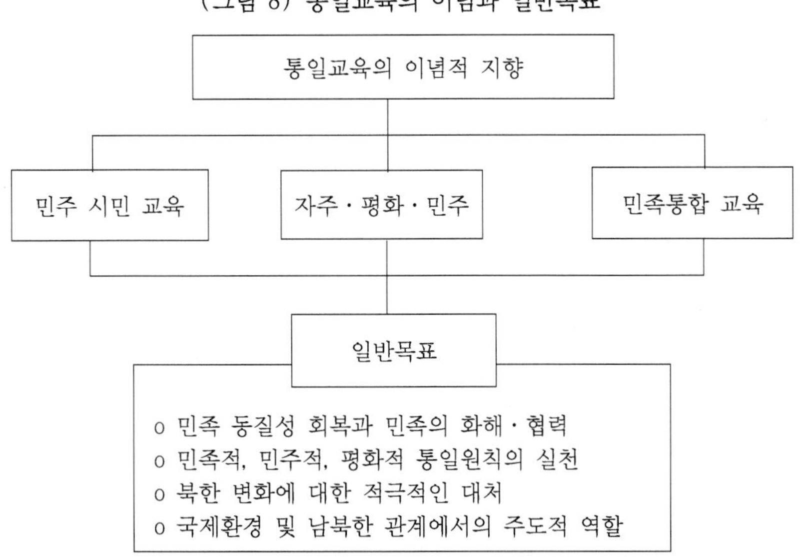

참고: 교육부, 『통일교육 지도자료』, 1993. 참조.

통일교육은 분단의 역사성과 공간성을 극복하고 민족통합에 관심을 둘 당위성을 가지고 있었다. 왜냐하면 한국은 역사적으로나 공간적으로 주변 강대국의 영향력 변화에 밀접하게 관련되어 있기 때문이었다. 따라서 통일교육은 안보 교육을 중심으로 한 입장을 지양하고 민족자주 교육과 시민교육의 방향성이 조화를 이루어 민족통합 교육으로 전개되어 나갔다. 이러한 관점에서 5차 교육과정 개정에서 기존 4차의 반공생활영역에서 통일·안보 생활영역으로 변화하였다. 이러한 변화는 자주적인 국방·경제·정치의 발현의 국민적 분위기를 조성하고, 권리와 책임을 다하는 '시민'의 육성을 위한 길을 통해 국민들의 안보관이나 통일관이 간접적으로 강화될 수 있게 하는 것이었다. 이러한 과정은 청소년들에게 통일의 당위성을 강화하는 긍정적인 경향으로의 변화를 이룰 수 있게 되었다.

결국 통일의 당위성은 통일정책을 통해 북한을 대화의 광장으로 나오게 하는 방법이었다. 그러나 한국정부의 진정한 대화 자세를 가지고 있음에도 불구하고, 북한은 태도 변화를 보이지 않았다. 따라서 문민정부의 통일교육에 대한 의지는 보수적 논리로 회귀하는 경향을 보였다.

그럼에도 불구하고, 통일교육은 통일로 가는 민족의 미래 지표를 가름하는 중요한 단서이며, 한반도의 평화 정착에 기여하는 것이다. 따라서 통일교육은 통일과 안보를 모순적인 관계로 이해하는 안보 딜레마식 통일문제 이해를 극복하려고 하였다. 그러나 통일교육의 환경은 남북한 관계나 국내환경의 상황적인 조건이 상당한 장애 조건으로 나타났다. 한반도의 평화정착은 남북한 관계에 있어서 북한의 태도 변화가 관건이다. 그러나 북한은 남북대화보다는 미국과의 대화를 선호하고 있으며, 한국과의 관계개선을 부차적인 것으로 파악하고 있었다. 또한 한국의 통일 노선도 바로 북한의 김정일 정권에 대한 실체를 전혀 인정하고 싶지 않다는 것을 '남북정상회담과 조문파동'에서 비추어 주고 있었다. 이러한 상황에서 통일교육은 이전의 반공교육과 승공통일 교육, 통일·이념 교육, 통일·안보 교육의 상황과 유사한 한계성을 보였다. 이러한 통일교육의 목표는 남북한 관계에 있어서 통일환경 조성보다는 분단 속에서의 안보에 치중하는 일면을 보였다.

따라서 문민정부의 통일교육은 단편적인 안보인식이나 통일의지에 따른 상황 수동적인 면모를 극복하는 데 실패하였고, 내부적인 통일논의의 수렴에도 실패한 것이었다. 즉 문민정부의 통일교육은 상황논리도 미래적 관점도 결여된 논리로써, 교육목표와 내용을 혼란스럽게 하였다. 이러한 인식에서 통일정책은 결정적인 통일의 분위기가 이루어지면 집중적으로 결단을 요구하는 경우와 분단상황의 분위기의 경우를 혼동하면서 실시되는 경향이 있었다. 이것은 전혀 통일의 분위기를 볼 수 없는 상황에서 마치 한국 주도의 통일이 기정사실화된 양 논의된 것이다. 이러한 의미에서 문민정부의 통일교육은 한국의 자유주의 세력들이 가지는 자족적인 만족일 뿐이었다.

그럼에도 불구하고, 통일교육은 우리 민족의 능력을 배양할 수 있는 미래 지향적인 희망을 담지하려고 하였다. 그동안 정부주도의 통일교육은 수미일관되게 반공과 평화 그리고 안보를 축으로 한 통일문제 접근에만 관심을 두었으나, 문민정부의 통일교육은 궁극적인 국민 통합을 이루는 데에는 통일정책의 계속적인 실천이 통일을 현실화할 수 있다고 보았다. 문민정부의 통일교육은 다각적인 북한 인식과 북한 주민에 대한 민족적 자각을 일깨워 줄 수 있는 교육적 공감의 형성을 시도하였다. 문민정부의 통일교육은 복합적인 인간형의 추구와 함께 북한과의 대결 국면에서도 이길 수 있다는 의연한 자세가 강조되지 않고 있었다. 따라서 통일·안보 관련내용은 북한의 동포에 대한 적극적인 이해를 바탕으로 국내 안보적 내용의 강화가 요구되었다. 이러한 입장은 학생들의 반통일적인 발상을 극복하게 해 주고, 도덕·윤리 교과서의 이중성에 대한 회의적인 경향문제의 대안을 제시할 수 있기 때문이었다.

한편 문민정부의 국민적 통일논의 구조를 통한 통일교육의 접목은 통일의지를 강화하였다. 이는 통일논의의 다각적인 인식을 가능하게 하는 것이었다. 이러한 이유는 극우든 극좌든 한쪽으로 편향되어 통일을 바라보는 시각은 국가의 통일정책이 국제환경에 대한 적극적인 대처를 단절시키기 때문이었다. 제6공화국 이후 통일교육에서는 분단의 현실적 영역에 대한 다양한 검토라는 측면이 나타난 것이었다. 이 과정에 대한 인식이 결여된 상황논리는 통일의 유일한 출구를 제공할 수 있어도 궁극적인 국민통합을 이루는 데에는 실패해 왔기 때문이었다.

통일교육은 초기 보수적 이념을 포함하고 있는 반공교육 내용으로 인하여 비판이 되었지만, 통일이 이념을 담고 있기 때문에 확고한 민족적 지향을 가지는 교육이다. 통일은 남북한 간의 합의를 얻음과 동시에 한반도 주변 4대 강대국들의 관심을 유도하는 것이다. 왜냐하면 주변 어느 국가가 한반도의 통일을 반대한다면, 통일의 실현은 지연될 수도 있기 때문이다. 이러한 논의에서 평화교육적 차원에서 한국의 통일교육은 국제환경과 남북한 관계 그리고 국내환경에 대한 정확한 진단이 지향되어야 할 것이다.

4) 민족 동질성회복과 상호 신뢰구축

문민정부의 초기 통일교육에 대한 입장은 진정한 의미의 제도적인 변화 속에서 추구되어야 한다는 것이었다. 따라서 정부는 통일교육을 통해 이데올로기적인 해결을 도모하는 동시에 사회 전반적인 저항적 세력의 존재에 대한 정확한 인식을 기초로 하고자 하였다. 올바른 이데올로기 비판교육은 그 사회 분위기가 건전하게 조성되고 용인되는 경우에만 그 효력을 가지게 된다는 것을 공유하였다. 이러한 의미에서 통일교육은 민족내부 속에 존재하는 모든 조직과 단체 그리고 개인에게까지 중요한 인식의 변화를 부여하는 것이었다.

그러나 현실적으로 통일교육은 북한의 존재를 염두에 두고 통일에 대한 제도적인 변화를 시도하는 것이기 때문에, 공동체의 합리성에 근거하여 수렴할 수는 데에는 한계를 가지게 되었다. 즉, 정부는 심정적으로 통일을 이루는 것은 책임과 권리로서 통일을 이해하는 것과는 상당한 격차가 존재한다는 것을 알게 되었다.

이러한 현실성에도 불구하고 6차 교육과정(1992-)에서의 통일교육은 보다 민족 통일 지향적인 입장에서의 통일을 촉진하는 방향과 통일 이후의 삶에 대비하는 학교 통일교육의 일대 변화를 가져 왔다. 또한 통일교육에 중요한 국내적인 민주화를 진행하는 과정에서 '민주시민 공동체의식', '더불어 살아가는 인간의 협동심'을 강조하는 통일의 국내적 환경변화를 모색하였다.[226]

문민정부는 남북한 문제에 대해 "통일에의 영광과 환희뿐만 아니라 그에 수반되는 고통과 희생을 견뎌 내는 용기가 필요하다"[227]는 식으로 접근하였다. 이는 민족화해와 신뢰구축에 있어서 중요한 의미를 갖는다. 문민정부는 무엇보다도 북한의 안정과 북한에 대한 붕괴 가능성, 북한의 전쟁 불사론에 대한 자극을 주지 않으려는 입장을 중시하였다. 그래서 정부는 논란의 대상인 국가 보안법을 대체 입법을 통해 '법의 자의성'을 줄여 나가야 하며, 자주국방의 의미와 북한의 군사적 도발에 대한 실질적인 군사적 억제도구에서 달려 있는 미군주둔의 딜레마 문제를 해결하려는 입장으로 출범하였다.

미군 주둔 문제가 변혁세력과 보수세력의 중요한 갈등 문제로 고조된 것은 80년대 이후의 일련의 민주화운동과 변혁운동에서 기인된다. 국민들은 안보적 차원에서 미군의 주둔을 찬성하고 있는 입장이지만, 이에 대한 변화를 준비하는 변혁세력의 논리도 의미 있는 의견이다. 이는 기존의 통일·안보 교육에 대한 반대적 입장이다. 즉, 변혁세력들은 대북 안보적인 차원보다는 보다 포괄적인 국가안보와 통일문제를 강조하고 있다. 그러나 그들의 논리는 북한의 호전적인 입장과 이에 대응하는 상황과 현실을 망각하는 경향을 보인다.

---

226) 이재봉 외, "국민학교 도덕과 교육과정의 이론적 탐색(Ⅱ), 『도덕윤리과교육』, 제6호, 1995. 7, pp.35-36.
227) 경향신문, 1994년 8월 16일자(김영삼 대통령 광복절축사 내용 중).

따라서 일관된 통일교육은 편향된 안보관이나 무책임한 안보 논리로 변질될 수는 없는 것이었다. 이러한 입장에서 안보는 그 의미를 확대하여 국가 경쟁력이라는 문제를 중심으로 파악하려는 움직임이 보이고 있었다. 이것은 상당히 통일교육에 있어서 일관성을 찾는 데 고무적인 사실이었다.228)

> 통일을 이루어 나가는 과정에는 남북한이 하나하나 합의를 이루어 실천해 나가는 것 못지않게 남북한 서로가 대내적으로 해야 할 중요한 과제들이 있다. ……중략…… 민주주의의 발전은 통일조국의 미래를 위해서도 필수적이다. ……(중략)…… 경제발전 또한 통일을 위해 중요한 과제이다. ……(중략)…… 민족의 동질성을 회복하는 것을 빼놓을 수 없다.229)

통일교육은 민족화합과 신뢰구축에 중점을 두고 있었다. 따라서 통일교육의 분단 인식은 기존의 보수세력이나 변혁세력이 가지는 감정적 적대감이나 편견을 벗어나 현실적인 인식을 시도하려고 하였다. 그러나 이러한 인식의 변화는 현실적인 한계를 가지고 있었다. 그 예가 안보적인 공백이었다. 즉, 한국은 민주화의 진척으로 북한을 인식하려는 세력들이 강화되었다. 실질적으로 그동안 통일교육이 보수세력에 의해 경도된 경우였다면, 문민정부의 통일교육은 북한에 대한 객관적인 인식을 결여한 낭만적인 통일논의가 강조된 것이라고 할 수 있다.

---

228) 김재권, "국가경쟁력과 안보", 『국방연구』, 제39권 제1호, 1996. 6, p.125. 국가안보 환경은 탈냉전기를 맞아 국제 질서의 중심가치가 종래의 이데올로기와 군사력 중심에서 경제와 과학기술 우선의 국가이익 중심으로 급속히 전환되고 있다고 보고 있다. 따라서 안보를 근시적으로 대북한을 겨냥하여 파악하려는 경향은 이데올로기의 강화이며 이는 결국 국가 경쟁력이라는 중대한 관점에 대한 축소경향으로 파악할 수 있다.

229) 서울대 사범대 1종도서 『도덕·윤리』 연구개발위원회, 『중학교 도덕 2』, 서울: 대한교과서주식회사, 1997, pp.272-273.

　　우리는 세계적인 탈냉전의 분위기 속에서 그리고 과거 권위주의 정권에
대한 청산의 과정에서 북한이라는 위협 세력의 존재와 한반도의 현실을 점
차 덜 심각하게 여기고 있으며, 그만큼 우리의 통일·안보 환경의 급격한
변화와 위기에도 불구하고 많은 한국인들에게 통일과 안보문제에 대한 무
관심과 안보 의식의 결여를 조장하고 있으며, 최근의 통일·안보 환경의
변화에 적절히 대응하지 못하도록 하고 있다. 특히 통일·안보 의식의 약
화가 청소년들의 통일·안보관에 미치는 악영향은 심각할 것으로 예상된
다. 통일·안보 의식이 약화된 사회적 분위기는 아직 가치관이 정립되어
있지 않은 청소년들에게 통일과 안보문제에 대하여 안이한 자세나 낭만적
인 생각을 가지도록 하거나 잘못된 통일·안보 의식을 가지도록 하거나 잘
못된 이념에서 헤어나지 못하게 할 위험이 있다. 여기서 청소년들이 올바
른 이념적 지향과 통일·안보 의식을 가지도록 체계적인 통일·안보 교육
을 실시해야 할 필요성이 제기된다.[230]

　　한반도 분단은 민족 전체적으로 갈등적인 이념이 대립하는 상황의
연속이었다. 따라서 통일교육의 지향은 민족 사이 속에서 일어났던 갈
등에 대해 보다 충분한 국제환경, 남북한 관계에 대한 이해를 기초로
하여야 한다.

　　제6차 교육과정에서의 통일교육은 이제까지의 소극적인 분단극복의
차원을 넘어, 적극적으로 통일방안을 모색함과 아울러 통일 이후의 민
족공동체의 삶에 대비해야 한다는 점을 부각시켰다. 이 시기의 학교
통일교육은 단순히 통일정책이나 북한의 실상만을 교육하는 것이 아니
라 통일을 대비하기 위한 민주시민 교육도 병행하는 등 그 과제나 범
위 면에서 더욱 심화·확대되었다. 또한, 기존의 안보교육을 통일교육
의 하위영역으로 설정함으로써, 통일과 안보에 대한 균형감각을 추구
하고 있음을 분명히 하였다. 이에 교육부는 1993년 3월 '통일교육 지도
자료'를 제작하여 각급학교에 배포함으로써, 새로운 통일교육의 요체를
교사들에게 인식시키고자 하였다. 그러나 문민정부 초기의 통일교육의

---

230) 이용필, *op. cit.*, p.10.

입장은 '북한의 핵문제'(1993), '북한의 김일성 사망 이후 조문파동'(1994), 변혁적 통일운동 세력의 준동(1996-1997), 집권당의 지방선거참패 등으로 인하여 상당히 위축되었다.

이러한 기반 위에서 문민정부의 통일교육은 슘페터가 말한 '창조적 파괴'[231]의 의미에서 새롭게 남북한의 민족동질성을 회복하려는 시도를 해 나가는 것도 중요하지만, 북한과 국내의 보수세력과 변혁세력에 대한 적극적인 대처가 요구되는 것이었다. 안보교육에 대한 몰이해를 극복하려는 노력은 6차 교육과정에서 여실하게 보여 주었다. 그러나 이에 대해 정부나 민간단체 그리고 국민들은 통일교육에 대한 기대만을 가속화하는 이상적인 통일논리에 빠지게 되었다. 즉, 문민정부의 통일교육은 안보를 등한시하는 사회풍조의 영향에 의해, 전반적으로 북한에 대한 정확한 인식 속에서 나오는 통일접근에서 벗어나 있었다. 또한, '통일교육에 대한 비판적 입장'은 민족 동질성회복과 상호신뢰의 구축에 상당한 열의를 보였으나, 북한의 침략적 행위나 국내의 변혁적 통일운동의 무모한 행동주의 그리고 정부의 무계획적인 이념교육의 강화 움직임 등으로 상당한 정도로 약화되어 갔다.

이처럼 통일교육과 '통일교육에 대한 비판적 입장'은 문민정부 초기 상당한 접근 양상을 보이는 듯하였으나, 양자는 분단 문제에 대한 정

---

231) B. Commings, *The Origins of Korean War, Vol. Ⅱ : The Roaring of Cataract 1947-1950*, Princeton: Princeton Univ. Press, 1990, p.621; 김학준, "6·25의 유산에서 벗어난 평화통일로", 교육부, 『교육월보』, 1996. 6월호, pp.16-17. 6·25 전쟁에 대한 의미를 강화하는 것은 남북 사이의 갈등을 고조하는 원인이라는 자세를 가지고 있으며, 남북한 통합을 위해서는 기존의 접근에 변화가 일어나야 한다고 보았다. 실제 북한에서는 조국해방기간으로 6·25 전쟁기념을 실시하고 있다. 이는 북한 내부에서 이데올로기적인 호전성을 강화하는 단면을 보여 준다. 그러나 한국의 경우에는 이러한 북한의 의도와 같이 전쟁을 미화하는 입장보다는 진정한 평화 구축을 위한 신뢰의 분위기를 조성할 필요가 있다.

확한 인식을 결여한 교육이라는 경향성을 극복하지 못하였다. 그리고 양자는 당위적인 민족통합과 상호신뢰 구축으로 얽매여 있었을 뿐이다. 이에 따라 교육현장에서는 통일교육적 내용이 이전의 '통일·안보교육'의 시기보다 내실화되지 못하는 한계를 보였다. 그럼에도 양자의 입장들은 '통일대비 교육'과 '북한동포 돕기운동'의 실천으로 인하여 북한동포에 대한 동질성과 상호신뢰를 구축하려는 변화가 계속적으로 강화되는 면도 있었다.

5) 국민의 정부와 참여 정부에서의 통일교육논의

그동안 우리 사회에서의 남북문제 접근은 대북 적대감의 증폭 속에서도 북한 이해로, 민족 화해와 평화를 위한 폭넓은 탐색으로 진행되어 왔다. 그러나 이러한 현상에도 불구하고 통일문제에 대한 국내외적 상황은 그리 낙관적이지 못하다. 특히 북한의 핵문제에 대한 의혹은 한반도 평화 정착에 상당한 걸림돌이 되고 있으며, 이는 1992년에 이루어진 '남북한 비핵화 선언'에 위배되고 있다.

이러한 측면에서 2003년도 전후한 국내외적 갈등에 대한 파악함으로써 앞으로의 남북문제나 국내 상황 변화에 대처하는 방법을 모색하고자 한다. 2003년 국내 환경은 북한의 핵문제가 중요한 이슈였고, 국가보안법 개정 문제나 미군 SOFA 개정에 따른 보수와 진보의 갈등적 요인이 많이 등장하였다.

그 당시 상황에서 남북한의 갈등요인의 핫 이슈는 무엇보다 북한 핵문제였다. 우리 사회는 이 북한의 핵문제에 대한 인식과 그 해결로의 방안을 어느 때보다 중요하게 해결하여야 할 의미를 두고 있었다.[232]

---

232) 한겨레신문, 2003. 4. 16일자. 특히 소위 진보적인 인사들은 북한의 핵개발에 대해 북한 동정론까지 나오고 있다. 이라크전 이후 더욱

그 이유는 북한 핵의 보유와 그 활용 여부는 우리의 평화를 위협하는 요인으로 직결되기 때문이다.[233]

이에 대한 우리 사회는 적실한 남북한 및 우리 사회의 인식 공유와 대책을 가져야 할 것이다. 우선적으로 한반도의 전쟁 위협이 불식되는 국내적 입장이 정리되어야 할 것이다. 만약 우리 사회가 이러한 핵문제 접근의 인식 공유를 담보하지 못하면 우리 내부의 갈등은 더욱 증폭되어, 사회 분열적 요인으로 작용할 수밖에 없을 것이다.

한반도의 현실을 직시하며, 한반도 평화를 추구하여야 할 내용은 대북관과 안보관에 대한 분위기 쇄신이 요구된다. 우리 사회 내부적으로 가지고 있는 대북관과 안보관은 상당한 혼란을 보이고 있다. 그 이유는 대북 관계의 변화된 모습에도 불구하고 북한은 그들의 주장을 집요하게 전개하고 있으며, 남북한 간의 화해와 협력은 소위 '떠주기'가 아니라는 입장에서 별 효과를 보이지 않기 때문이다.

분명 남북한 교류는 진척되어 가야 하지만, 북한은 그들의 선군 정치에 대한 강한 집착을 가지고 있기 때문에, 남북한의 교류를 감지하면서도 실질적으로 북한은 우리 사회가 추진하는 화해 협력 단계로의

이러한 입장은 고정되는 현상도 보인다. 북한의 핵개발은 마치 동네 깡패에게 자신을 보호하려는 아리따운 여인의 은장도로 비추어 보려고 하고 있다. 이러한 북한 이해가 주는 문제 인식은 결국 우리 사회의 정체성에도 심각한 타격을 줄 수 있다. 그렇다면 우리 사회는 깡패에게 늘 위협받는 그런 존재인가? 생각하여야 한다. 이라크가 무장 해제한 틈을 이용하여 미국의 침략이 성사되었다는 인식도 유의미하지만, 이라크는 그동안 수차례 미국과의 진지한 대화 채널을 성사하지 못하는 문제점을 갖고 있었다. 이에 비하여 북한은 미국과의 대화를 임하고 있다. 그러한 현실에도 불구하고 북한의 핵 무장 의지는 매우 우려할만하다. 이러한 사실은 우리에게 그동안 이룩되었던 화해와 협력을 한 순간에 한반도의 긴장으로 치닫게 하는 무서운 현실로 다가 올 수 있다는 것이다.

233) 북한의 핵은 진위 여부도 중요하지만, 그 활용에 따른 우리 사회의 북한에 대한 입지도 그만큼 어려워지게 될 것이다.

진척보다는 핵과 미사일 개발에 더욱 관심을 두고 있다.[234] 이러한 입장에 대해 북한은 미국의 '악의 축'으로 북한을 단정 짓는 것에서 발생한 핵개발로 자위책이라고 호언하고, 이에 대해 많은 우리 사회의 구성원들이 동조하는 데 그 문제의 심각성이 나타났다.

이처럼 2000년 이후 핵에 관련된 담론들은 한편으로는 이상적인 의미를, 또 다른 면으로는 현실 불화적 의미로 전개되어 가고 있다. 시기적으로는 우리 사회는 북에서 말하는 민족 공조에 대한 적극적이며 명확한 해석이 요구되며, 안보에 대한 재인식이 요구된다.[235]

남북한의 불신과 한계와 반감(反感)은 혁신적인 돌파구를 만들려는 지도자들의 갈망을 더욱 자극하였다. 사실 2000년 이후 우리 사회는 그토록 원하던 획기적인 남북한의 정상회담과 고위급 회담이 서울과 평양에서 열려 남북 화해의 이정표를 만들었다. 그리고 우리 사회는 민족적 정서를 요구하고 바라는 남북한의 화해와 협력에 대한 입장을 더욱 강하게 접근하였다. 그러나 아직도 민족 공조의 현실적 전개는 우리 사회의 다양한 목소리 속에서는 갈등을 야기시키는 심각성을 보이고 있다. 그러한 비근한 사례가 남북정상회담 성사 이후의 남북한의 회담 성사의 해석에서 볼 수 있다.

실질적으로 북한은 김정일 국방위원장의 소위 '통 큰 정치'에 의해 성과가 남북 화해와 협력의 원동력이라고 말하고 있으며, 우리 사회는

---

234) 민병천, "우리도 북핵 문제 중재자 아닌 당사자", 『통일한국』2003년 4월호 pp.10-11.

235) 정희태, "분쟁지역에서의 갈등해소를 위한 평화교육", 『국민윤리연구』 제49호(2002. 4)에서 평화교육은 분쟁에 관계된 모든 당사자들은 그들 자신의 문제를 해결하는 데 직접적으로 관여할 권리를 가진다.(133쪽) 는 입장을 주장하였다. 이러한 관점에서 우리 사회는 한반도 분단의 원인을 복합적으로 남북한의 갈등, 국제적 관계로 인식하는 시각에서 벗어나, 단호하게 미국의 팽창정책에 기인한다는 입장에 머물러 있는 경우가 많다. 즉, 분쟁의 원인은 복합적이며 그 원인에 대한 복합성을 인식하고 다각적인 대책 마련을 찾는 키워드이다.

일각에서는 김대중 정권의 햇볕정책 지속으로 인한 성과로 보는 경향과 북한의 논리에 의해 말려 들어가는 결과를 초래했다는 반발도 존재한다. 그러한 상호 인정성이 부족한 남북한 당국의 이해가 실질적인 민족 공조로 적용되기에는 많은 문제가 야기된다.

우리 사회는 우리의 생존문제와 직결되는 북한의 핵문제에 대한 다각적인 인식을 모두 고려하는 인식의 확대와 수렴이 요구된다. 즉, 민족 공조도 무조건 북한이 주장하는 것에 신뢰감을 갖는 경우부터 전혀 신뢰감을 갖지 않는 경우에서 빚어질 모든 결과를 예측할 수 있는 노력이 요구된다. 따라서 북한 핵문제에 대해 우리 정부는 미국과 북한의 중재자로 자처하지만 실질적인 당사자임도 각인하여야 할 것이다.

북한은 왜 핵무기 개발에 치중하는가? 그 이유를 우리 사회에서는 2가지 측면으로 보고 있다. 우선 북한은 그들의 자체 방어의 차원을 넘는 그들의 선군 정치의 실질적인 위상을 세우려는 국가 전략에 기인된다. 이처럼 북한 사회는 그들의 국가 전략을 '우리식 사회주의'라는 독특한 체제를 유지하고, "선군은 조선 혁명의 백전백승의 가치이며, 사회주의 미래를 대표하는 정치방식"이라고 주장하고 있다.[236] 이러한 근거로 볼 때, 북한의 핵개발 의지는 1994년 북·미 간의 제네바 협상 이후의 진척이 급박해져 발생한 대미 외교전략의 위협용을 넘어 선다. 북한의 국가 전략은 핵개발의 강한 의지를 나름의 역사와 경험 속에서 정치, 군사적 행태를 그대로 보이고 있다는 것이다. 이러한 입장에서 한국은 북미 회담으로 만족하지 말고, 당사자의 입장에서 북한의 군사 모험주의를 경고하고 그에 대한 대비책을 모색하여야 한다.

둘째, 우리 사회의 일각에서는 북한의 핵개발 의지는 미국의 대북 강경 정책에 기인된다고 보고 있다. 그에 따라 우리 사회는 북한의 처지를 인식하고 미국의 강경 정책이 가져 올 여파를 우려할 것이다. 이

---

236) 통일교육원, 『북한이해』, 2003. p.7, p.26. 노동신문 2001. 12. 21 일자.

216

러한 입장은 우리 정부가 직접적인 북미 회담에 끼어들 필요가 없으며, 미국과 북한의 갈등이 고조될 때, 북미 관계의 원활화를 위해 행동할 수 있을 것이라는 입장이다.

이러한 문제에 대응하는 우리 사회의 2가지 전략적 인식은 북한에 대한 실질적인 이해에 더욱 치중하여야 한다는 것이다. 즉, 어느 한쪽으로 인식을 고정할 수 없는 것이 현실이라는 것을 우리 사회 구성원들이 갖추어야 할 것이다. 그러나 우리 사회는 보수는 보수대로의 잣대를 가지고, 진보는 진보의 잣대로 그들의 정치적 지향점을 통해 북한을 각색하고 있다는 데 문제가 있다. 이는 그동안 우리 내부에서는 북한이 구사하는 이중적 전략, 즉 민족 공조를 주장하며 통일문제의 주도적인 역할을 수행하는 논리와 그들 나름의 국가 전략을 추진하는 논리를 혼돈하고 있는 것이 아닌가를 보여 주고 있다. 즉, 우리 사회는 북한의 현실에 대해 미리 준비된 진보나 보수의 이데올로기적 틀로만 보려는 인식의 방법에서의 오류를 보이고 있다.

그 근원적 원인은 어디에 있는가? 그 이유는 무엇보다도 우리 사회가 반공의 폐해로 인하여 무조건 북한의 전략을 단편적으로 분석하는 방안에만 몰두한 결과라고 하겠다. 지나치게 북한의 의도를 부정적으로 보려는 입장을 앞세워 북한의 실제에 대해 말하는 것이 마치 진실을 왜곡하는 것으로 인식하는 층이 많아졌다는 것이다. 즉, 북한이 주장하는 민족 공조에 동조하는 것이 진실에 따르는 것으로 인식하는 '열정적 민족주의'의 입장이 상당히 자리잡고 있다.237) 또 국민들 역시

---

237) 우리 사회의 일각에서는 대한민국의 건국에 비해 북한의 인민민주주의공화국 건설이 친일 세력을 척결했다는 역사적 사실에 더욱 매료되어 있으며, 누차에 걸친 남북한 성명에서 이루어진 자주적 통일에 대해 미군의 주둔이 상당한 치명적이라는 사실을 암묵적으로나 실질적으로 감추지 않고 있다. 이에 따라 북한의 정치 성립과 과정은 상대적으로 남한과 미국의 압박과 봉쇄로 민족 자주성을 잃지 않는 나라라는 인식을 가지고 있다는 입장을 가지고 있다.

반공적 입장으로 북한을 본다는 시각으로 보수적 인식에 대해 백안시하는 상황에 머물러 있었다. 이러한 북한의 현상 인식은 개선되지 못하고 있다.

또한 진보적 인식은 북한에 대한 민족 공조를 이루어야 통일이 된다는 장기적인 인식에 머물러 현존하는 북한의 핵개발에 대한 문제의 심각성을 도외시하고 있다. 분명 진보적 입장인 견지하는 이영희의 입장에서 볼 때, 북한의 핵은 심각성을 가져야 한다.

그는 "북한의 핵과 미국의 핵문제는 긴 설명을 할 수 없어서 간단히 넘어가야 하겠는데, 대체로 북한의 책임 1/3, 남한의 책임 1/3, 미국의 책임 1/3로, 이런 정도로 책임의 분포가 복잡합니다. 오히려 사실은 미국의 책임이 압도적으로 크다고 해야 진실에 가까울 것입니다. 우리는 북한만의 책임과 범죄행위라고 말하지만 실제로 알고 보면 그렇지가 않습니다. 1989년도 말부터 북한이 핵원자로를 건설하기 시작한 시기의 북한의 경제력, GNP는 남한의 1/15, 1/20이 됩니다. 전세가 이렇게 기울게 됩니다. 그러니 북한으로서는 그런 논리에서 시작이 되었다고 볼 수 있습니다."[238]라고 주장하고 있다.

이러한 논리 속에서 NPT 사찰 거부국이 28개국이라는 것도 지적하고 있다. 이러한 입장에서 핵문제는 북한보다 미국이 더 큰 책임이 있다는 인식을 하고 있다. 그러나 분명한 것은 NPT 사찰 거부국이 아랍 국가나 중남미 국가이면 우리의 고민은 크지 않을 것이다. 적대적 입장을 50여 년간 갖고 있다고 이제 막 교류가 이루어진 남북한의 한 축인 북한이 핵사찰을 거부하고 있으며, 민족공조의 시초가 이제 막 이루어진 북한이 단호하게 남한의 핵문제 회의에 남한의 참여를 인정하지 않으려는 입장에서 우리의 선택은 난감할 것이라는 데 있다.

따라서 이제 진보나 보수가 갖는 기존의 북한 인식으로부터 새로운

---

238) 이영희, 『반세기의 신화』, 서울: 삼인, p.294.

의미의 시각이 요구된다. 그 내용을 추려 보면 통일의 시간을 도달하는 데 있어서 접근 방법을 두고 보수는 진보를 진보는 보수를 인정하는 입장으로, 정부는 양자를 균등하게 반영하는 정책 그리고 시각차를 극복하여야 할 것이다. 그에 따라 정부는 북한 핵문제에 대해 가지고 있는 다양한 인식들에 대해 수렴을 시도하는 한편, 각 인식이 주장하는 정책적 마지노선을 지켜 주는 입장이 중요하다.

현재 우리 사회는 북한에 대해 이중적으로 보는 원인이 북한의 본질적인 이중성에 기초하고 있다는 인식을 파악하여야 한다. 즉, 우리 정부가 북한에 대해 흡수 통일을 배제한 정책을 취하는 만큼, 북한 역시 통일문제가 평화를 통해 접근할 수 있다는 가시적인 남북한 간 평화공존, 공영을 실현하는 것을 목표를 추진하여야 한다. 이에 대해 진보세력은 그러한 단계를 추진하고 있다는 강한 믿음을 갖고 있고, 보수세력은 그에 대한 반대 의견을 갖는다.

그러한 인식에서 보수와 진보세력은 북한이 현 단계 수세적인 공세를 하면서도 그들의 국가적 목표를 강한 군사력을 가진 나라를 만들려는 입장을 견지하고 잇다는 사실을 간과해서는 안 된다. 북한은 스스로 자위력을 가지고, 경우에 따라서는 미국과의 대결에서도 전술적인 우위를 얻는 온갖 방법을 강구하는 나라이다. 이러한 북한의 계획은 핵문제에서도 단호하다. 그러한 북한의 입장에 대해 우리 사회의 진보세력은 북한의 민족 공조에 대해 회의적인 보수세력의 인식을 수용하면서 통일 노력은 평화라는 인식 위에 존재하는 것임을 남쪽에서나 북쪽을 인식할 때 보편적인 적용하자는 것이다. 즉, 북한의 핵문제는 미국의 대북 강경정책에도 있다면 그에 대한 비판도 중요하다. 미국의 정상적인 대북 관리를 위하여 우리 사회는 의미 있는 노력도 경주하여야 한다. 실질적으로 우리 사회는 전후 세대가 주축이 되는 모습을 보인다. 그들에게는 민족의 자주성에 더 많은 기회를 찾는 노력이 중요하게 보인다.

그러나 그에 따른 한반도의 핵개발을 운운하는 북한의 입장에 대해서도 좌시하지 않는다는 논리를 개발하여야 한다. 그러한 여러 정황을 살피면서 우리 사회는 남북 평화나 통일로 향한 의미를 안보와 포용 사이에서 한반도 비핵화에 대한 강한 의미의 재정립이 필요하다. 이에 따라 남북한 문제는 북한 김정일의 지도력이 막연하게 민족적 동정으로 보아서는 곤란하다. 북한의 핵은 우리 사회의 국민 통합을 위해서는 용의주도한 안보 대비를 강화할 수밖에 없으며, 많은 논란이 있겠지만 북한 포용 실천의 잠정적인 소강이 이루어질 수밖에 없다. 우리 사회는 이러한 변화를 북한이 감지하고 그들의 논리대로 이루어지지 않음을 각인 시키는 노력이 필요한 것이다. 우리는 전반적인 통일문제에 대한 의미를 되새기면서 새로운 남북한 상황과 동북아 정세 그리고 남북한 교류와 협력 단계에서 무시할 수 없는 안보와 포용의 과정 속에서 통일의 의미를 다시 한번 새겨 보는 논의가 시도되어야 할 것이다.

현재 우리 사회는 통일 문제나 북한 이해에 대한 혼돈을 극복하여야 할 것이다. 그 방법은 우리 사회의 안보적 구체성을 가지는 노력에서 비롯된다. 북한은 미사일 무기개발에 있어서 세계 6위의 능력을 가진 나라이다. 이러한 북한의 능력은 가공할만하다. 기아와 경제적 어려움을 겪는 북한의 또 다른 모습에 대해 우려하며, 그들의 군사적 전략은 궁극적으로 민족 공조를 해치는 것임을 느끼는 우리 사회의 대비책이 필요하다. 즉, 북한의 군사적 무기 증강 노력들은 남북한 관계를 냉각시키는 일임을 우리 내부적으로 인식하여야 한다. 이에 우리 사회는 안보 차원에서 북한은 물론 동북아 주변의 핵 및 미사일 계획에 대해 자체적인 연구 축척이 요구된다. 실질적으로 동북아의 군사적 관계는 전향적인 평화 위주의 노력으로 평가할 수 없을 정도로 확대되어 가고 있다.

우리 사회의 전향적인 북한관의 변화는 실질적으로 남북한 관계 개선에서 북한의 가시적인 대한민국의 인정이 점진적으로 이루어질 때, 가능하다. 우리 사회는 내부에서 북한의 핵과 미국과 북한과의 갈등,

남북한 관계에 대한 대등한 우려의 공유를 주장하는 세력들의 목소리에 대해 사회적 관심을 가져야 한다. 그 위에서 구체적인 남북한 신뢰 회복의 기조가 이루어져야 한다.

이러한 입장의 근거에서 우리 정부가 추진하여야 할 방향은 다음과 같다.

그렇다면 우리는 어떻게 하여야 하는가?

첫째, 일단 실천적인 방법으로 우리는 한미 공조를 튼튼히 하고 북한이 주장하는 민족 공조에 면밀한 검토가 요망된다. 통일문제에 대해 전반적으로 대북 포용과 안보관을 수렴해 나가면서 다음과 같은 방향으로 지향해야 할 것이다. 현실적인 상황에 초점을 맞추려고 노력함과 동시에, 정확하고 안정한 방향을 추진하여야 한다. 이제 이라크전쟁의 조기 종결이 북한 핵문제 해결에 어떤 영향을 미칠지에 관심이 모아지고 있다. 조지 W 부시 미국 대통령이 북한을 이라크와 함께 '악의 축'으로 지목한데다 미국의 핵무기 확산 저지 의지가 확고하기 때문이다. 전문가들은 북한이 이라크전을 지켜보며 현실 인식을 제대로 한다면 북핵 문제 해결에 긍정적인 영향을 미칠 것으로 내다봤다. 그러나 남북관계는 당분간 소강국면을 맞이할 것이다. 북한이 대북송금 특별검사제와 이라크전 파병 등의 이유로 남한에 대해 불만감을 갖고 있기 때문이다. 이러한 가운데 이라크전에서 보듯이 미국은 대량살상무기를 개발한 나라를 방치하지 않는다. 대량살상무기 개발이 체제안전을 보장하는 게 아니라 종말을 촉진시킨다는 점을 북한이 깨달아야 한다. 미국이 한국의 반대에도 불구하고 북한에 대해 군사적 옵션을 사용할 가능성을 완전히 배제할 수는 없다. 북한은 최근 미국과의 불가침조약 체결도 믿을 수 없다고 얘기했는데 이는 우방국의 반대에도 불구하고 이라크를 공격한 미국의 일방주의를 경계한 것으로 보인다. 즉 북한은 미국 단독이 아닌 동북아 다자 국가와 북한과의 조약을 통해 미국뿐만 아니라 중국 러시아도 조약을 확약하면 불가침 보장력을 제고할 수도 있을 것이다. 다자 회담 구도로 나오기 위해 기존 논리를 변경하려는 정지작업일 수도 있다.[239] 이제 남북한 및 통일문제의 논의는 국민 공감을 얻고, 좌우 대립적 언사를 자제하면서 북한 핵의 현실과 그 결과에 대한 한반도 긴장 완화의 밑거름을 추진하여야 할 것이다.

둘째, 통일문제에 대한 판단 능력의 배양이 더욱 중요하다. 통일문제나 교육은 특정 이념이나 정책을 주입시키려는 것이 아니라 통일문제 전반에 걸쳐 합리적이고 올바른 판단을 내릴 수 있는 인식능력 배양에 주안점을 두어, 학습자 스스로가 통일문제를 둘러싼 다양한 주장과 논의를 비교·평가할 수 있는 안목을 갖도록 하여야 한다. 우리 사회의 일부에서 전개되는 반전교육도 결정적으로 이데올로기적 입장에 의해 실시되는 것은 지양되어야 한다. 이제야말로 한반도 위기 상황에 대해서는 수다하게 전개되는 현실적인 대안을 생각할 필요가 있다. 즉 남북한 관계는 물론 국내적으로 보수세력이나 진보세력도 자신의 주장의 실천을 검증하는 식의 방향으로 전개되어야 할 것이다. 무조건의 반대와 무조건의 찬성은 이제 통일로 향하는 길목에서는 판단의 오류를 범하는 것이 아닐까 생각된다.

셋째, 평화의 소중함에 대한 인식은 주체적인 평화 보장과 이를 적극적으로 실현하려는 각오를 통해 이루어져야 한다. 평화는 단순히 전쟁 부재의 상태가 아니다. 그것은 인간의 생명을 존중하지 않고 인간적인 삶을 위협하는 모든 형태의 폭력을 근원적으로 제거함으로써 인간의 자유와 평등이 보장되고 사회정의가 구현되는 적극적인 상태를 의미한다. 따라서 우리 사회에 조직화된 비평화적인 현상으로부터 야기되는 갈등을 대화와 화해를 통해 평화적으로 해결할 수 있고, 평화를 위한 행위에 능동적으로 참여할 수 있는 행위능력을 함양시키는 것이 평화교육의 주요한 목적이라 할 수 있다. 그리고 이러한 능력을 토

---

239) http://news.media.daum.net/politics/north/200304/10/donga/
    v4099968.html

대로 우리나라의 특수한 상황인 남북 분단 상황 속에서 그동안 우리 민족과 사회를 비평화적인 상황으로 이끌었던 요인들을 분석하고, 이를 해결할 수 있는 능력의 기초 위에서 민족의 동질성 회복을 통해 통일을 적극적으로 준비하려는 통일의지와 실천능력을 함양시켜야 한다.

민족 공조라는 이상적 이름으로 분단 현실을 극복하기 어렵다. 우리의 통일 접근은 북한 인식에 있어서 신중하게 보아야 한다는 일반적인 경향에서 '북한의 긍정적인 변화'를 격려하고, '북한의 부정적인 변화'에 대해 각성 촉구에서 이루어져야 한다. 북한은 식량 문제나 식량 배분에서의 인권 탄압 사례를 가지고 있는 나라이다. 그럼에도 불구하고 북한의 핵과 미사일 개발 의혹 등 일련의 사태에 대한 안보에 대한 우리 사회의 우려를 고조시키고 있다. 이러한 사실 자체는 아직도 남북한의 진정한 신뢰구축이 어렵다는 것을 보여 준다. 사실상 이러한 현실은 그동안 꾸준한 남북한과의 관계 개선에 회의적인 국민 정서를 가중시켰다. 따라서 안보와 포용적 인식이 상충되고 있는 상황에서 국제적 인식도 동북아 지역에는 우리에게 긍정적으로 이루어지지 않는 면도 있다.

세계는 미국의 이라크전쟁과 이후 재건과 그 후 분쟁을 바라보고 있다. 그 후 미국은 북한 핵개발에 대해 주시하면서, 북한, 중국과 함께 북한 핵과 미사일 추진 개발에 대해 베이징 회담을 시도한 바 있다. 이러한 핵 위험을 초래한 것은 북한과 미국이고, 이러한 입장에서 우리는 한반도 주변 국가의 양상을 통해 안보환경과 우리의 포용 정책의 시점을 파악할 수 있을 것이다.

우선 미국은 한반도의 평화 체제는 환영하지만 급변하는 남북한 관계 개선에 속도를 조절하는 입장이다. 이는 한반도의 지정학적 위치가 세계정책을 수행하는 미국에게 매우 중요하기 때문이다. 중국과 러시아, 그리고 일본을 접하고 있는 한반도의 평화문제는 미국의 입장에서 보면 동아시아의 평화와 안정을 유지하는 절대적 안전판이 된다. 따라

서 남북한 사이의 갈등과 그에 따른 미국의 지역 불안정 상황은 주변
국의 안전에 영향을 미치게 되며, 결과적으로 미국의 한반도 정책은
적극적 개입과 안정화 달성으로 귀결될 수밖에 없다.

　한편 미국은 세계평화 문제에서 대량살상무기의 확산방지가 중요한
데 비해, 북한이 아직까지 대량살상무기 개발의사를 포기하지 않고 있
으며 미사일 실험을 계속하고 있다. 북한은 종래 핵무기 개발을 추진
하였고, 오늘날 여전히 개발의사를 포기하지 않고 있는 사실은 미국에
게 큰 부담이 되고 있다. 또한 북한이 미사일을 제3국에 수출하고 있
는 것과, 대륙 간 미사일을 개발하여 일본은 물론 미국까지 위협하고
있는 사실도 미국의 세계평화 유지 노력에 배치되고 있다. 특히 미국
이 북한의 핵무기와 미사일 개발을 억제하지 못하는 경우 세계 도처에
서 많은 국가들이 대량살상 무기 개발을 시도하게 될 것이라는 우려가
미국으로 하여금 한반도에 적극적으로 개입하게 만드는 명분이 되고
있다.

　미국의 대북한 정책은 북한에 강경한 부시 정권의 출발로 보수적인
미국의 이익을 강조하려는 입장을 숨기지 않고 있다. 주한 미군은 지
역 국가 안에서 미국의 입지를 강화하는 한편, 동북아의 역내 긴장을
완화하는 역할을 강조한다. 이 속에서 우리 정부의 선택도 대미 결속
을 현 상황 정도로 계속 유지하려고 할 것이다. 현재보다 더 강고한
한미공조는 우리 정부에게도 상당한 부담이 되기 때문이다. 그렇지만,
냉정하게 보면, 현재 북한의 핵개발 의혹이나 미사일 능력에 대해 대
비하는 우리 군의 억지 능력은 취약하다. 그러한 방어의 취약성을 극
복하기 위해서라도 주한 미군에 대한 국내 여론이나 이해도도 신중하
여야 하며, 우리 군 자체의 능력도 개선해 나가야 할 것이다. 한반도의
현상유지를 평화적으로 바꾸는 작업은 급격한 변화를 통해 이루어지지
않을 것이며, 동북아 지역내의 미군의 능력에 대해 우리가 잘 인식하
고 동시에 우리 군 자체의 안보 능력을 향상시켜 나가야 할 것이다.

변화 자체가 남북한은 물론 주변 동북아 질서를 냉각시킬 수 있기 때문이다.[240]

미국은 한반도의 평화와 통일에 대해 무조건적 지지를 하지는 않는다. 미국의 국익에 비추어 한반도의 통일이 미국이 의도하는 동북아시아 구도에 부합되는 경우에 남북한 간 통일을 지원하게 될 것이다.

또한 중국의 한반도 분단 인식은 북한의 권리에 대해 철저히 보장해 주는 경향이 짙다. 이는 우리와 미국의 관계와 버금가는 수준이다. 그러나 중국은 우리와도 교류한다. 그 속에서 중국은 자신의 북한에 대한 혁명적 관계 유지나 우리의 경제적 외교 속에서 2개의 한반도 정책을 잘 수행하는 편이다. 중국은 동서 간 이념대립이 진행된 냉전시대로부터 북한이 경제적 곤경을 경험하고 있는 현시점에 이르기까지 지속적으로 북한을 지원해 온 북한의 전통적 후견국이다. 6·25 전쟁에 직접 참여하여 북한을 도왔고, 이후 국제사회에서 북한이 고립을 벗어날 수 있도록 협력해 온 것은 이미 알려진 사실이다. 그러나 근래에 이르러 중국의 이러한 대북한 편향적 태도는 점차로 중립적인 방향으로 변화하고 있다. 구체적인 변화 내용은 북한에 대한 정치·안보차원의 지속적 지원과, 경제적 측면에서의 대 남한 근거리 정책 선택이 그

---

240) 특히 효과적인 대북정책의 수행을 위해서는 한·미 간의 사전조율이 필수적이다. 미국은 세계전략 차원에서 한반도를 바라보고 있고, 한국은 한반도 평화 정착과 통일에 외교 목표를 맞추고 있기 때문에 대북정책에 있어서 양국 간의 시각 차이의 노정은 불가피하다. 이러한 시각 차이가 최소화될 때라야 한·미 간의 공조는 북한을 개혁·개방으로 유도하는 데 보다 큰 효과를 발휘하게 될 것이다. 그러나 만약 대북정책을 둘러싸고 한·미 간의 이견이 커지고 갈등이 심화된다면, 북한은 이러한 상황을 최대한 체제유지 전략에 활용할 것이다. 따라서 정부는 부시 행정부의 대북 및 대한반도정책을 먼저 냉철하게 분석한 다음, 이러한 바탕 위에서 미국과 사전 조율하면서 대북정책을 수립·수행해 나가야 할 것이다.(오일환·조성렬(2002) 오일환·조성렬, "김정일 시대의 대남전략전술과 남북관계", 2002년 통일부 지원논문)

것이다. 이러한 변화 속에서 중국이 직·간접적으로 표명하는 한반도 정책은 한반도의 안정과 평화유지, 그리고 중국의 영향력 확대로 요약할 수 있다. 중국은 한반도의 안정과 평화유지를 통해 자국의 경제 번영과 안정적 안보가 보장되기를 바라는 것이다.

중국의 입장에서 한반도 통일은 중국에 유리한 상황하에서 이루어지는 경우를 제외하고는, 적극적인 지지를 표명하기 어렵다. 다만 중국은 공식적으로 한반도 통일을 지지하고 있다. 이는 중국 역시 대만과의 통일을 이룩해야 하는 과제를 안고 있기 때문이다. 따라서 한반도의 통일을 지지하지 않는 경우, 그들의 입장에서 자국의 통일문제에 논리적 모순이 발생하게 된다. 또한 한반도에서 남북한 양 정부가 통일을 바라는 한, 중국이 통일을 반대하는 경우에 한반도에 대한 영향력을 잃게 될 것이라는 인식이 영향을 미치고 있기 때문이다.

일본과 러시아는 미국과 중국처럼 한반도에 관한 입장이 직접적이지는 않지만, 많은 관심을 표방한다. 이들 국가는 미국과 중국이 한국전쟁의 참여 당사자인 반면, 한반도에 직접적인 개입과 간섭을 할 명분이 약하기 때문이다. 그러나 일본과 러시아는 미국과 중국의 경우에서 보듯이 한반도의 지정학적 위치로 말미암아 남북관계의 상황변화에 따라 안보차원에서 매우 민감하게 영향을 받는다. 일본의 경우 중국으로부터의 위협은 물론 러시아의 전통적 남하정책에도 심각한 관심을 가지고 있다. 또한 일본은 경제적으로 대국인바, 정치적으로 이에 알맞은 국제적 위상을 갖기를 바라고 있다. 따라서 일본은 동아시아에서 중국에 대한 억제력을 확보하고, 아시아·태평양 역내 국가들과의 협력 관계를 구축하는데 전략적 국가목표를 두고 있다. 결과적으로 일본의 정책은 한반도 상황에 따라 달라지 게 된다. 일본의 한반도 통일에 관한 입장은 남북 분단이 평화적으로 유지되어 그들에 대한 위협이 증대되지 않는 경우를 선호하고 있는 것으로 생각된다. 물론 일본의 경우 한반도의 통일이 남한 중심으로 이루어져, 한국과의 협력하에 그들의 안전이 보장되는 것을 최상의 목표로 생각한다.

또한 러시아는 약화된 경제력을 회복하고, 소련 붕괴 이후 추락한 위상을 만회하기 위한 전략의 하나로 동아시아 지역에서의 영향력 증대를 필요한 조건의 하나로 간주한다. 즉 한국은 물론 일본과 중국 등의 역내 국가들과 협력을 통해 경제적으로 실리를 확보하고, 정치적으로 동아시아 지역에서의 영향력을 유지하여 대국의 위상에 알맞은 지위를 확보하기를 희망하고 있다. 이러한 러시아의 입장을 보면 한반도의 통일문제는 분명히 매우 중요함을 알 수 있다.

특히 러시아는 핵무장 국가로서 북한의 핵개발에 대해 북한의 신중한 사태 인식을 대변하고 있다.[241] 전통적으로 러시아는 '러시아의 현대계획 전략을 언급하면서 북한과 쿠바와의 상호 관계에 대해 이들과 선린적 관계를 유지하기 위해 건설협력을 할 것을 주장하고 있다.'[242] 이러한 러시아의 입장은 한반도의 위기 상황은 러시아의 안보상 다양한 대책을 요구하는 일이라는 인식이 많다. 결국 러시아는 북한 핵문제로 야기된 한반도의 위기를 다자간의 협상을 통해 시도되는 분단의 평화적 관리에 집중되어 있다. 그래서 러시아는 남북 분단이 평화적으로 유지되어 그들에 대한 위협이 증대되지 않는 경우를 선호하고 있는 것으로 생각된다. 러시아의 경우는 한반도 통일이 미국과 일본의 희망대로 이루어져 그들이 통일한국을 포함하는 주변 국가들과 직접 경쟁 상태로 이어지는 것을 회피하려 하며, 이에 따라 북한체제를 지원하고 영향력을 유지하려는 정책을 선택하고 있는 것이다.[243]

---

241) 중앙일보, 2003년 4월 11일자. 안보리에서 러시아, 일본, 한국, 중국은 다자간의 북핵 문제에 대한 해결을 주장하였다.

242) 연합뉴스, 2000년 12월 28일자 (kr.dailynews.yahoo.com/headlines/pl/.../20001228100070012885.htm 00-12-29).

243) 한만길 외, 『통일교육 실태조사와 활성화 방안연구』, 한국교육개발원 수탁연구 CR 99-12, 1999.

우리 주변 강대국들은 동북아 환경이 현상 유지에 만족하고 있다. 그러한 현상의 균열은 북한의 핵개발과 미사일 개발에 있다는 것을 북한이 인지할 필요가 있다. 북한은 미국과 영국의 이라크전쟁에서 한반도에서 전쟁이 일어나면 그 과정은 북한에도 불리할 것이라는 자명한 사실을 재확인할 수 있을 것이다. 이러한 전반적인 측면에서 북한은 그들의 핵개발의 국가 전략을 오랜 기간 동안 늦추는 현상을 보일 것이다. 그렇지 않을 경우에도 우리는 대비하여야 할 것이다.

이제 북한은 중국과 러시아와의 관계개선, 미국과의 새로운 평화적 조치를 맺어 사실상 국가 경제 위기를 극복하는 노력을 시도하여야 할 것이다. 이러한 일련의 숙제가 김정일 정권이 가지는 북한의 생존과 그들의 독특한 주체사상의 추진, 경제 발전이라는 상당히 어려운 난제를 해결하는 기초가 될 것이다.

북한 핵문제의 접근의 전제는 "북한의 향방"을 포함한 "동북아의 상황 변화" 그리고 "국내적 여건의 성숙"이라고 할 것이다. 이러한 모든 가능성에 대해 우리는 대비하여야 하며, 공식적이고 공개적인 대안은 정부와 민간이든 매우 신중하여야 한다.

그동안 우리 사회 내부에 이루어진 남남갈등을 스스로 내부적으로 수습하는 노력이 요구된다. 현재 상황은 개방적인 논란의 증폭이 아니라 각 대안들의 장단점을 면밀히 검토하는 자체적인 반성을 통한 논의의 수렴에 있다. 이제는 우리의 북한 핵에 통일문제는 '국내적 여건을 감안한 실질적인 논의'를 기초로 하여야 한다.

그동안의 새로운 통일문제의 접근을 심화시킬 수 있었던 것은 남북한 관계의 호전에 있었다. 그리고 동북아 정세가 나름대로 안정적으로 이루어졌다. 그러나 이제는 북한의 향방이나 동북아 정세가 우리에게 유리하게 전개되지 못하는 문제를 내포할 수 있을 것이다.

이러한 문제를 볼 때, 그동안 통일 문제에 대한 진보적 시각의 부상에서 보수적 시각으로의 또 다른 주류적 인식이 부각될 수 있을 것이다. 이렇게 한쪽으로 편향되는 남북관계 인식은 우리 사회가 포용적이지 못할 상황으로의 가속을 의미한다. 현실적으로 이러한 편향성을 극복하기 대응책은 논쟁적 방향에서 벗어나 현실을 직시하는 실질적인 평화의 실현과 위기 극복을 추진하여야 할 것이다.

이러한 전반적인 상황에서는 협소한 이데올로기의 논쟁을 극복하고 현실적인 전쟁 억제와 현실적 남북한 화해를 이루는 노력이 우리 사회 내부에서 전대되어야 할 것이다. 세계적인 냉전종식은 기존의 힘의 분산과 새로운 형태의 힘의 집중이라는 "이중적 구조의 다원화 현상"에서 성공한 사례가 있다. 그러한 측면에서 한반도의 냉전 종식은 남북한은 물론 동북아 주변 강대국의 국가 간의 이기주의와 갈등에 의한 "불안정성"과 "불투명성"에 대한 충분한 국민적 인식 공유를 증대하여야 할 것이다. 이에 우리의 안보는 "군사안보"를 포함하여 정치·군사·경제·사회를 망라하는 "포괄적 안보(comprehensive security)"를 강화하는 노력을 게을리 해서는 안 된다.

북한이 처한 여러 가지 상황적 조건들은 현실주의 시각으로 볼 때 불안하다. 북한에 대한 대응 능력을 보완하는 안보론은 우리 사회에서 가볍게 다루어져서는 안 된다.

그래서 북한 문제에 대한 올바르고 신중한 인식을 통한 대북 정책은 신중하여야 할 것이다. 첫째로 우리 정부는 남북대화와 화해를 절실하게 원하는 입장에서 '북한의 핵개발'을 민족 공조의 의미로 억지 하는 분명한 메시지를 북한 측에 전달하고 수용하도록 요구하여야 한다. 둘째 우리 정부의 대북 정책의 궁극적 목표는 한반도의 평화와 통일, 미·일·중·러와 협조를 통한 한반도의 안정에 있음을 신중하게 고려하여 대북 정책을 조정해야 할 것이다.

이러한 여건에서 우리 사회는 한미 공조를 확고히 하면서 새로운 국제 질서를 새롭게 전략적 자세를 가져야 할 것이다. 기존의 일방적인 안보 인식이나 포용정책은 통일문제를 난해하게 할 수 있다. 따라서 함께 하는 남북한 이해의 실천은 감성적 논조로는 불가능하다. 전자에서 밝힌 3자의 "북한의 향방"을 포함한 "동북아의 상황 변화" 그리고 "국내적 여건의 성숙"인 북한당국, 주변국, 남한여론에서 납득할 수 있는 안보와 포용으로 지향하여야 할 것이다. 그러한 의미에서 특히 남한 여론은 통일 지향적으로 형성할 수 있어야 하고 추동할 수 있는 정부의 국가 안보와 대북 포용에 대한 균형적 실천이 중요하다. 국가 안보는 그 자체로 '평화를 지키기 위하여 전쟁을 준비하라.' 것이다. 전쟁은 곧 북한과의 전쟁만을 의미하는 것이 아니다. 동북아의 평화를 지키기 위한 또는 동북아의 평화를 막는 일체의 세력과도 대응할 수 있다는 정신력을 갖추는 것이다.

(1) 국민 통합으로의 역할 모색

우리는 북한의 핵문제 해결을 위해 주력하는 한편 통일문제에 대한 지속적인 유지와 발전을 이룩하기 위해서 통일 교육적 방안, 즉 국민 통합적 모색이 현실적으로 매우 중요하다. 그러한 의미에서 국민 통합의 지속적 실천을 위한 방안이 다른 조치와는 일정 정도 거리를 두면서 시도되어야 할 것이다. 그러한 관점은 이라크전쟁 전후 상황에서 잘 드러나고 있다.

이라크전쟁이 진행되는 마무리 단계에 접어듦에 따라 핵문제와 관련해 북한은 상당한 관심사이다. 북한은 겉으로는 대미 비난에 열을 올리고 있지만 위험한 선택을 자제하면서 다자간 대화의 이해득실을 따지고 있는 것으로 보인다. 북한은 미국의 이라크 공격이 시작되자 "날강도적인 국가테러행위다", "미국의 전쟁 제3막은 조선반도에서 열릴 것이다".라는 입장을 북한 관영매체들을 통해 미국을 연일 강성 비난을 퍼부어 왔다. 그러나 북한은 속으로는 대화를 통한 핵문제 해결과 대미관계 개선을 모색하고 있는 것으로 관측되고 있다. 즉, 북한은 세계 정세나 국내 상황의 수세적인 국면에서도 위축되지 않는 군사적 행동을 구사하고 있으며, 외교적 노력에서도 실리를 추구한 1994년의 제네바합의의 전례를 이번에도 이용하고자 할 것이다.[244]

이라크전쟁 기간 중 폐연료봉 재처리나 탄도미사일 발사와 같은 자극적인 행동을 하지 않았다는 점, 지난달 31일에는 뉴욕에서 미국 당국자를 비밀리에 만나, 다자간 대화문제에 관해 의견을 나눈 점 등은 이 같은 관측을 뒷받침한다.[245]

이러한 관점에서 국민통합방안은 다음과 같다.

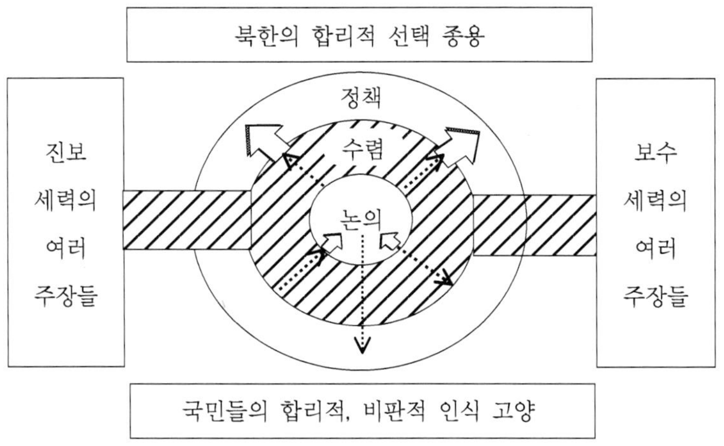

첫째, 현재 전개되고 있는 남남갈등 세력들은 논의를 수렴하려는 노력을 생각하고 타협 가능한 것들을 선택하는 작업도 병행하여야 한다. 우리 사회의 남남갈등은 다섯 가지 차원에서 유형화할 수 있다.[246] 지역

---

244) 오일환·조성렬, "김정일 시대의 대남전략전술과 남북관계", 2002년 통일부 지원 논문.
245) 한국일보, 2003년 4월 10일자.
246) 김영래, 「남북 화해 시대의 시민단체의 역할」, 한국국민윤리학회 학술발표회 논문 원고.

간 갈등문제, 이념적 차원의 갈등문제, 정치 세력 간의 갈등문제, 계급·계층 간의 갈등, 세대 갈등으로 파악할 수 있다. 이는 우리 사회에 오래된 악습이며, 한국사회가 당면한 갈등의 원천이다. 이 속에서 어떤 정책도 비판의 대상이 되지 않을 수 없다. 따라서 남북문제에 대한 인식 역시 가장 첨예한 대립을 보이는 것은 대북정책의 추진방식(교류협력방식, 교류속도), 통일정책 추진기반에 대한 인식(통일방안에 대한 문제, 주적·국가보안법·주한미군문제), 북한을 바라보는 시각의 문제(북한 정권과 김정일의 신뢰문제, 대북정책의 효과로서 북한의 변화를 해석하는 입장) 등[247)]의 인식의 차이에서 나타나는 소위, 보·혁 간의 갈등이다. 이러한 문제를 해결하는 길은 상대의 말 속에서 수용 가능한 것에 귀를 기울이는 대화 풍토를 만들어야 할 것이다. 현실적으로 공정한 룰이 적용되지 못하는 한계는 있으나, 법적인 해석에 대해 많은 신뢰도를 갖게 하는 기초적인 인식을 확산시켜야 할 것이다. 대립적인 양상이 남남 갈등에서 보이지만, 서로 양보하는 대타협과 화해가 남북 간 이전에 우리 사회에서 이루어져야 할 것이다. 그러한 룰을 해치는 보수나 진보는 정부가 엄정하게 관리하여야 할 것이다. 인정에 사로 잡혀 정부가 운영된다면 결과는 더더욱 혼란하게 전개될 것이다.

둘째, 민간단체나 정치세력, 언론들은 갈등을 불러 드리는 것에 대한 책임을 요구하여야 할 것이다. 우리 사회는 모든 분야에서 상반된 평가가 정도를 넘어 국론을 분열시키고 국민적 에너지를 소진시키는 갈등이 야기되고 있다. 그 책임은 정부와 국민들의 정신적 과부하를 갖게 한다. 따라서 정부 당국은 정책의 결집력과 추동력을 갖고 우선 시민단체, 정치세력, 언론들은 남북관계 개선으로 야기된 한국 내의 갈등을 최소화시키는데 주력해야 된다. '남북갈등'보다도 '남남갈등'이 더욱 문제라고 할 정도로 심각한 갈등구조에 놓여있다. 이러한 심각한 갈등 양상은 무엇보

---

247) 박재규, 「대북정책 추진에 따른 우리 사회 내부의 갈등해소 방안」, 민족화합 분과위원회 6차 발표자료.

다도 현재 북한 현실에 대한 정확한 인식과 정부의 대북정책에 대한 올바른 이해가 선행되어야 해결될 수 있다. 따라서 각 계층과 단체들은 북한에 대한 정확한 실상을 국민들이 알고 통일에 대한 올바른 인식과 화해협력에 대한 국민적 기반이 확충될 수 있도록 노력해야 된다. 변화된 국제정세와 북한이 처해있는 국제적·국내적 상황에 대한 정확한 분석자료를 국민들에게 제공해 줄 수 있어야 할 것이다.

셋째, 법적·제도적 장치를 통해 정부의 입장이 투명하고 공개적으로 논의되면서 그 남북 화해 과정이 이루어져야 한다. 각각의 입장을 전달하는 단체의 논의를 수렴하고 그 내용을 효율적으로 체계화하는 것이 정부의 역할이다. 따라서 작위적이지만, 민족화해협력을 위한 민간단체, 정치 세력, 언론사를 포함한 보수와 혁신의 그리고 중도의 구성원을 최대한 동수로 하는 남북교류의 방법과 진로를 계속 추진하여야 할 것이다. 이제 통일 문제에 있어서도 보수적 입장과 진보적 입장이 융합할 수 있는 대안을 제시하지 않고 편향된 입장을 거론하는 것에 대해 더욱 고려해 주는 법적·제도적 개선이 요구된다. 그간 시민사회 단체는 진보적 성향에서 많이 조직되었다. 이러한 측면과 반대하는 조직에도 기회를 주어서 국가보안법, 남북교류법, 각종 세법 등을 비롯하여 많은 법규와 제도가 시대와 여파를 반영하도록 하는 노력이 요구된다.

넷째, 대북관이나 안보관에 대한 실용주의적 이해가 중요하다. 즉 추상적이거나 규범적인 통일의 당위성은 상당한 문제를 야기한다. 통일은 분명 민족 공조가 이루어지는 과정이다. 그러나 자칫 민족 공조로 이루어진다는 강한 믿음은 맹목적인 주입이다. 관념적으로 통일은 민족 자주적으로 성사되어야 하지만, 아직 우리 내부에서는 북한의 민족 공조에 대한 입장을 부정적으로 인식하는 층이 많다. 이에 북한은 그들의 민족 공조를 보장하는 북한 내부적인 변화가 기초되어야 한다. 이는 햇볕정책에 대한 이견이 있었던 것과 마찬가지라고 하겠다. 따라서 보수세력은 보수세력의 한계를 인지하고 대안을 모색하여야 하며, 진보세력 역시 장기적인 통일과정을 구체적인 현실 속에서 구현하는 치밀한 방안을 모색하고, 경청하여야 할 것이다.

다섯째, 북한체제와 주민생활, 그리고 청소년의 생활에 대한 비판적이며 객관적인 이해를 할 수 있는 사회통일교육이 실시되어야 한다. 이를 위해 기존의 통일교육에서 강조되었던 북한체제의 특성이나 권력구조에 대한 전달보다는 학습자와 비슷한 발달수준에 있는 북한학생들의 생활이나 문화를 소개해 주는 것이 바람직하다. 아울러 북한 사회의 모든 부문이 수령과 노동당에 의해 조직되고 지배되는 통제사회의 성격을 띤다는 점을 전달하는 동시에 일상생활 문화적인 측면에서는 우리와 유사한 전통적 의식이 많이 잔존하고 있고, 청소년으로서의 사고방식이나 행동에 크게 차이가 없다는 것을 부각시키는 것이 바람직하다. 그럼으로써 청소년들이 북한 주민이나 학생들을 우리의 이웃으로서 동포로서 인식하도록 하고, 남북한 간의 이질성보다는 동질성이 있음을 강조해야 한다. 한편으로는 반세기 동안의 상이한 이념과 체제 속에서 생활해 온, 북한 사회의 작동 원리에 대한 면밀한 인식이 중요하다. 이는 이후 남북한의 차이를 인식하는 중요한 단서를 제공해 줄 것이다.

여섯째, 남북한 간의 교류 협력 사례는 민족 공조의 밝은 미래를 의미하지만, 북한 핵문제는 남북한 간의 상호 적대감과 불신을 증폭시키는 일임을 거듭 분명한 태도를 가지게 하여야 한다. 보수세력은 진보세력에게 일관성 있는 보편성을 요구한다. 남북한 간의 평화와 화해·협력의 태도는 중요하지만, 심화되어 왔던 적대감과 불신을 완화할 수 있는 방향은 실질적으로 이러한 남북한 진전을 위해서는 그만큼 북한에 대한 책임 있는 인식이 준비되어야 한다는 점이다. 즉, 무엇보다도 우리 사회 내부에서 먼저 평화와 화해·협력의식을 성숙시킨다는 측면에서 통일문제에 접근해야 한다. 일상생활에서 우리 사회가 상대방의 다름을 다양성으로 인정하고 그들의 말을 들으려고 한다면, 보수냐 진보냐 차별의 시각에서 바라보는 인식의 틀에서 벗어날 수 있을 것이다. 이를 토대로 또 하나의 민족인 북한주민에 대해 지녀왔던 편견과 고정관념, 우월 의식이나 패배 의식을 극복하고 남북한 간의 평화공존을 이룰 수 있는 의식을 함양시킨다. 그럼으로써 상대방의 다름을 인해하고 화해·협력할 수 있는 능력을 함양시킨다.

(2) 앞으로의 통일문제에서 국내논의의 중요성

2003년의 남북한 분단 상황은 아직도 탈냉전적 사고와 냉전적 사고가 비동시적 것이 공존하는 경향을 보인다.[248) 한편으로 민족통합이나 다민족의 분열이라는 것이 냉전적 시각에서는 승리감이나 혼란으로 해석되던 단일한 인식구조가 성행하고 있다. 이러한 사고는 남북관계의 호조를 띨 수 없음에도 상당한 악영향을 미칠 수 있다.

그러나 남북 분단의 문제는 탈냉전적 시각의 인식구조에서는 복합성(Complexity)의 구조로 이해되어야 한다. 그러한 인식에 대해 신세대는 전쟁 경험 세대와 전후 중-장년세대와는 변모하고 있다는 것이다. 기존의 통일문제에 있어서 일방적인 통일의 입장을 갖던 세대에서 북한의 존재를 인정하면서 객관적이며 사실적으로 남북 분단을 보려는 자세가 신세대의 남북 통일관에서 나타나고 있다.

또한 통일 논의도 북한에 대한 위협을 막는 반공주의적 안보관에서

---

248) 이주철, 『김정일의 생각 읽기』(서울: 지식공작소, 2000), pp.5-6. 참조 현재 진행되고 있는 남북관계의 진전은 북한의 개혁·개방에 영향을 미치고 있다. 그러나 분명한 사실은 현재 북한에서 일부 추진되고 있는 개혁·개방 정책이 진정한 의미의 체제개혁을 도모하는 것이라기보다는 아직은 체제 생존을 목적으로 하고 있는 것으로 판단된다. 실제로 북한은 김대중 정부의 정경분리원칙을 역이용함으로써 체제에 미치는 영향을 최소화하면서 최대한의 북한 경제적 이익을 확보하는 방식으로 대응해 온 것이 사실이다.

벗어나 남북한의 상황을 동북아시아의 입장에서 파악하는 시각의 전반을 필요로 한다. 즉 우리 사회가 남북 분단 문제에서 동북아의 상황을 복합적으로 인식할 수 있는 여지를 갖추고 있어야 할 것이다.

여기서 우리는 잘못된 안보관의 시정을 빠른 시일 내에 시도하여야 할 것이다. 잘못된 인식은 다음과 같이 수정되어야 한다.

첫째, 북한에 비하여 한국의 안보 능력은 매우 취약하다는 일반적인 통설은 변화되어야 한다. 북한의 핵개발은 분명히 동북아의 핵개발을 증폭시키기 때문에 문제성이 많은 것이지, 우리의 안보력이 근본적으로 국가의 전반적인 비전을 수호하는 데에 많은 한계를 가지고 있음을 맹종해서도 안 된다. 국가 간에는 객관적인 비교를 통해 명확한 안보력을 검증할 수 있다. 이러한 입장에서 북한은 그들의 경제적 능력 이상으로 군의 안보력을 가지고 있다. 이러한 객관적인 자료에도 불구하고 우리 군의 능력도 북한 못지않은 면모를 가지고 있음을 파악할 수 있어야 한다. 이러한 입장에서 우리 사회도 북한의 핵개발에 대해 강한 견제를 취하면서 평화적으로 어떻게 한반도의 남북한을 지탱할 것인가를 논의하여야 할 것이다.

둘째, 안보는 군사력만 해당된다는 일반적인 경향에서 벗어나 정신적, 도덕적으로 국방에 대한 각성이 촉구된다. 안보에 대한 단순한 인식은 복합적인 안보관을 이해하기에는 한계를 보인다. 동북아 지역에는 이완된 평화적 우호 분위기와 힘의 분산을 통해 상호 견제하는 신질서가 태동하였는데, 이는 유동적이고 불확실한 전환기적 상황을 야기하였다. 또한 강대국의 이익이 교차하고 다양한 형태의 갈등 및 위협요소가 잠재되어 있어 점진적 접근방식에 따른 다자 안보 협의체의 필요성이 높아졌다. 이러한 측면에서 우리 사회는 민족 공조와 한·미·일 공조에 대해 대립적인 인식을 벗어나 우리 국가 전략의 효과성을 강화하는 입장에서 민족 공조와 한·미·일 공조를 남북은 물론 한·미·일 그리고 중국과 소련 사이의 불신제거와 신뢰구축에 역점을 두는

"예방외교(preventive diplomacy)"와 "분쟁방지(conflict prevention)"의 역할로 재해석하여야 할 것이다.

이러한 민족적, 외교적 능력을 통해 대한민국은 정치·군사·과학·기술·환경 분야 등을 망라하여 포괄적 신뢰구축을 추진하며, 한반도의 평화 및 통일과 연계하여 평화와 통일에 대한 국제적 지지와 보장을 획득하는 장으로 활용할 수 있는 것이다. 이러한 의미에서 안보는 대북 포용과 상반된 입장이 아니라는 새로운 대안의 창출로 인식할 필요가 있다. 실질적으로 우리 군대는 북한과 대치하고 있으나, 궁극적으로 동북아시아에서 한반도의 평화를 유지하는 입장에서 북한과 대치하고 있는 것이다. 따라서 남북한의 관계 개선으로 군대의 의미를 축소하는 경향은 잘못된 것이며, 군의 정신 교육도 동북아의 평화유지를 위한 국토방위라는 측면이 새롭게 부각되어야 할 것이다.

이와 같이 한반도 평화체제는 남북한의 평화공존을 축으로 하면서도, 주변국들의 한반도에 대한 이익과 목표를 조정할 수 있는 방향으로 전개되어야 할 것이다. 신축성 있는 방안으로 다자간 안보체제를 형성하는 것도 의미가 있으나, 그 과정의 어려움을 인식하는 속에는 군의 의미를 축소시키는 나태함을 벗어나야 한다. 그렇다고 이제까지의 남북한의 신뢰를 무시하는 경향도 위험한 생각이다. 또다시 남북한의 긴장이 더 강하게 회귀될 수 있는 경우도 고려하여야 한다. 그러한 좁은 문을 순탄하게 지나가려면 안보와 대북 포용에서 신축성 있는 실천이 요구된다. 군사문제로 남북한 문제를 해결하려는 의지를 갖지 말자는 것이 아니다. 남북한은 그동안의 적대성을 변화하려면 정치, 경제, 군사 등을 포괄적으로 협의하고 공동 실천하여야 한다. 따라서 군비통제는 "포괄성"을 가지고, 공존의 철학에 입각한 "공동안보"의 개념을 가지고 추진되어야 한다. 남한의 "신뢰구축 우선 원칙"과 북한의 "군축 우선주의"를 조화시키는 방안을 강구하고 동시추진의 가능성도 연구할 필요가 있다. 군비 축소 문제에서는 정치 분야와의 연계 또는 비

연계, 상호 동수 보유원칙 또는 비율적 감축의 선택 등의 문제가 있는데 정치 분야와의 연계 및 비율적 축소가 바람직하다. 나아가 군축은 북한에 대한 객관적인 신뢰가 이루어지고 남북교류가 연계될 때 북한의 참여유도가 용이하다.[249]

이러한 의미에서 남북한의 교류협력은 우리 사회 내부의 민족적 공감대 형성과 사회통합 위에서 확립되어야 하며 이를 통해 사회 문화적 정체성을 확보하여야 한다. 그렇게 되어야 통일의 후유증을 최소화시키는 남북교류 협력을 활성화할 수 있는 것이다.[250] 교류협력의 최종 목표는 교류협력을 통해 남북한 모두가 삶의 질을 향상하고 민주화의 정착을 위한 시민사회의 형성을 고취하는 데 있다. 통일 후 예상되는 갈등의 문제, 예를 들면 지역갈등, 경제적 불균형, 성 불평등, 가치관의 상이함, 계층, 세대 간의 갈등, 사고체계의 이질화 등의 차이를 최소화하고 통일문화를 지향하는 데 교류협력의 비전과 목표가 있다.

만약 우리 사회가 대북 포용과 안보 그리고 주변 국가와의 협력에서 균형감을 상실할 경우에 상당한 국가정책의 문제를 발생할 수 있다. 지나치게 안보를 대북 관계에서만 파악하는 우를 다시 범해서도 안 되며, 동북아의 상황에 치밀하게 현실적 대안을 내놓으면서 통일문제를 파악하여야 한다. 한편으로는 통일문제에 대한 지속성을 유지하기 위해서는 대북 포용 정책 즉 남북한 화해를 위한 실질적인 노력이 요구된다. 통일문제를 접근하기 위해서는 포용정책이 상당기간 안보와 균

---

249) 권만학, 「새천년을 향한 남북통일」 대통령 자문정책 기획위원회, 2000.
250) 박재규 전 통일부장관은 "대북정책과 대북인식을 둘러싼 구태의연한 갈등구조와 논쟁구도를 극복하고 보다 생산적이고 효율적인 사회적 합의를 도출하기 위해 학계와 언론, 시민사회가 함께하는 고민의 장을 마련"할 것을 제의하고 있다. (박재규, 2002. 11. 5~6, p.7).이에 손호철 교수는 '남남갈등'의 국내적 원인으로 지역주의와 반공주의라는 사회 구조적 요인, 김대중 정부의 정략성·업적주의·일방주의적 추진방식, 일부 운동권의 감상주의적 돌출행동, 한나라당 및 수구언론의 시비걸기 등을 들고 있다.(손호철, 2002. 7. 25~27, pp.183-184).

238

형 있게 지속되어야 한다.

통일은 분단을 변화를 하고자 하는 민족적 노력이다. 그러한 변화를 이으려는 생각은 안보와 포용력을 잃어서는 현실과 미래를 접목시킬 수 없는 것이다. 동북아시아의 현상들은 우리에게 많은 통합의 민족적 시간을 제공해 주지 않는다.

통일문제는 대북 포용과 안보로 쟁점화 될 상황으로 객관적 여건이 이루어지고 있다. 앞으로의 통일문제는 동북아 정세나 그동안의 포용정책의 결과에 의해서 상당히 이데올로기적인 성격으로 변질될 가능성이 높다. 정부는 정부대로, 시민단체는 시민단체로, 학계는 학계대로 한반도 위기 상황에서 긴장 완화로 가는 대안을 내세우며 조율하는 능력을 발휘하여야 한다. 그러한 노력들은 조성하려고 노력하여야 할 것이다.

이제는 통일문제가 남과 북의 문제가 아니다. 우리 내부의 문제이며, 우리를 둘러싼 국제 환경의 문제이다. 북한은 국제적 수위와 상관없이 그들의 핵개발 의지를 지속하려고 할 것이다.[251] 그러한 현실 그것은 그들의 전략이다. 이러한 전반적인 인식을 얼마나 치밀하게 설정하고 있는가를 생각하여야 한다. 통일문제는 보수주의자들의 생각만 없어지면 되는 것도 아니오. 진보주의자들의 생각만 바뀌면 되는 것도 아니다. 분명한 것은 한반도의 평화를 위한 노력을 수행할 우리 민족의 역량이 있는가에 달려 있다. 즉, 국내의 진보와 보수를 망라하여 의견의 개방적 접근이 가능하고 이것이 미국을 포함한 주변 국가의 이해를 이끌어 내면서 북한과 평화적 교류를 진척시키는 좁은 터널을 슬기롭게 지나갈 수 있는가에 달려 있는 것이다. 그 일을 수행하려면 서로 못

---

251) 북한의 핵무기 보유 진행 정도는 농축 우라늄핵개발이 우라늄 채광, 선광과 정련, 우라늄 농축이 이루어져 핵무기 바로 전 단계까지 이루어져 있다. 한편 플르토늄 핵개발은 1994년 제네바합의에 따라 동결된 사용 후 핵연료봉(폐연료봉)의 봉인을 제거했기 때문에 재처리하면 핵무기 제조로 될 수 있다.
(http://photo.chosun.com/html/2003/02/17/200302170006.html 참조).

믿은 사람에게 믿음을 가질 수 있는 기초적인 방법을 가져야 할 것이다. 즉, 남북한 교류는 '신뢰할 때나 불신할 때도 사실을 검증하라'는 작업이 통일 논의에서 계속적으로 이루어져야 할 것이다.

VII. 한국 통일교육의 논의와 평가

우리는 앞에서 4가지 논의를 중심으로 하여 통일교육의 성립과 과정을 고찰해 보았다. 첫째 논의는 통일환경인 국제환경과 남북한 관계 그리고 국내환경의 변천과정을 파악하는 것이었다. 둘째 논의는 통일운동과 통일정책의 변천과정을 파악하는 것이었다. 또한 셋째 논의는 통일정책의 영향과 간접적인 통일운동이 미친 통일교육의 목적과 대안을 파악하는 것이었으며, 넷째 논의는 통일교육의 실제를 파악하는 것이었다. 이러한 논의는 궁극적으로 국가와 민간 그리고 개인들이 가지는 인식구조를 어떻게 통합할 수 있는가의 문제 지향적 접근을 시도한 것이다.

이러한 의미에서 본 장은 '통일교육의 관련요인 분석'을 평가하면서, 그 대안으로 통일교육에 대한 개선을 도모하여 궁극적인 남북한 통합의 방향을 모색하고자 한다.

1. 통일환경에 대한 이해

국제환경, 남북한 관계, 국내환경 등의 '통일환경'은 통일교육의 변천에 절대적인 영향을 주었다. 이러한 전반적인 과정을 다음과 같이 파악해 볼 수 있다.

제1공화국(1948-1960)의 통일환경은 냉전상황과 남북한 대결구도가 첨예하게 대립하는 상황이었다. 한국은 미국의 자유민주주의적 이념의 도입으로 국내 정치·경제·사회·문화에 엄청난 영향을 받았으며, 북한도 소련의 영향력에서 국가건설이라는 상황에 놓여 있었다. 이처럼 남북한은 미국과 소련의 절대적인 영향력 속에서 정권을 수립하였다. 그 과정에서 중요한 사실은 민족주의적 열망이 남북한의 어느 공간에서도 설득력을 가졌으나, 현실 정치에서 영향력은 축소되는 상태였다. 한편, 남북한은 전혀 이질적인 이념으로 무장되는 분단과 전쟁을 겪었다. 이러한 공간에서 한국은 민족통일을 거론될 수 없는 권위주의 체제로 강화되었다.

제2공화국(1960-1961)의 통일환경은 보수적 사회구조에서의 4·19 혁명이라는 특수한 상황에서 조성되었다. 이승만 정권의 권위주의 체제는 극도로 취약한 경제 구조를 개선하지 못한 상황에서 권력 연장에 급급하였다. 이에 대한 심판은 4·19 혁명으로 귀결되었다. 그러나 혁명이 그 열기와 달리 제도화되는 데에는 많은 시각이 요구되었다. 그러한 시간적 여유를 가질 수 없었던 혁신계나 학생들은 전면적인 개혁을 요구하였고, 통일문제에 있어서도 급진적인 입장을 주장하고 있었다. 그러나 한반도를 둘러싸고 있는 냉전적 상황에 따른 위기감은 쉽게 가라앉지 않았다.

제3·4공화국(1963-1979)의 통일환경은 그 변화가 더욱더 진행되는 양상으로 전개되었다. 특히 국내환경은 내부적인 통제가 강화된 상태로 급진전되는 현상을 보였다. 이는 정치적 불안과 경제적 위기감을 극복하는 방법을 철저한 경제 건설과 국가 권위주의 체제로 해결하고자 하는 국민적 공감대와 일치하는 것이었다. 파행적인 국가 운영에 불만을 품은 軍部는 극단적인 방법이기는 쿠데타를 통해 정권을 잡았다. 그러나 그들은 반공사회의 지속과 경제발전의 성장이라는 입장에서 강력한 리더십을 발휘하였다. 이에 따라 남북한 관계는 대결적인 차원에서 체제경쟁이라는 입장으로 변화하게 되었다. 이러한 일련의 변화는 한국의 경제발전을 이루는 원동력으로 작용하였고, 이러한 경제발전은 한국이 북한을 능가하는 사회구조를 건설하게 하는 기초가 되었다. 그러나 그 과정이 과도한 국가 통제력에 의해 운영되었기 때문에, 제3·4공화국은 경제건설과 국가 권위주의 체제로 인하여 민주화의 요구와는 전혀 상반된 입장을 견지하게 되었다. 이러한 강압적인 통치를 통한 박 정권은 정치적 안정과 경제적 성장이 흔들릴 경우에는 대안이 제시되지 못하는 단선적인 구조의 한계를 보였다.

유신체제의 붕괴는 민주화 요구를 더욱 강화하는 계기가 되었다. 그러나 한국의 보수적 풍토는 그리 간단하게 민주화를 이룰 수 없는 구조였다. 이러한 입장을 대변하는 것이 제5공화국(1981-1987)의 경우이다. 제5공화국의 통일환경은 신냉전적 세계질서 속에서 민주화 요구보다 경제적 입장과 안보적 입장을 우선시한 정권이었다. 자유민주주의를 수호하는 명분은 세계 질서가 신냉전 체제로 전환되면서 설득력을 얻었던 것이다. 그러나 전반적인 국민들은 민주화를 유보할 정도로 권위주의 체제가 유지되어야 한다는 것에는 반대하는 경향을 보였다. 그럼에도 권위주의 체제는 그 위력에 상당한 추진력을 보였다. 특히 권위주의 체제는 맹목적인 반공교육의 수준을 뛰어넘는 이념교육의 강화를 추진하였다. 그러나 보수적 정권에 대한 반발도 더욱 강력한 이념적 지향을 추구하였다. 즉, 국내환경은 보수세력과 변혁세력의 대결이 잠재되는 현상을 보였다. 특히 변혁세력은 민주화의 좌절로 인하여 낭만적인 입장의 이론에서 벗어나 보다 비판적인 사회주의 이론으로 무장하게 되었다. 이러한 보수세력과 변혁세력의 갈등은 체제수호와 민주화의 요구 사이에서 시대적인 갈등으로 표출되었다. 그리고 민주화의 좌절은 권위주의정권을 붕괴하고 민주화를 진행시키는 원동력이 되었다.

제6공화국(1988-1992)의 통일환경은 탈냉전 국제환경의 형성과 민주화 이행이라는 중대한 변화기에 있었던 정권이었다. 제6공화국은 민주적 절차에 의해 탄생한 것이다. 또한 국제환경은 냉전종식·독일통일·공산권의 붕괴·민족주의의 재등장하는 등의 상당한 변화를 보였다. 또한 독일의 통일과 공산권의 붕괴로 고무된 한국정부는 적극적인 통일정책을 시도하였는바, 북방정책이었다. 이러한 정책은 국내환경과 남북한 관계에도 중요한 영향을 주었다. 그 실효는 주변 공산권 국가와 관계 개선, 북한과의 UN 동시가입이라는 현상으로 나타났다. 그러나 통일환경은 잠재되어 있던 보수세력과 변혁세력 간의 갈등이 표면화되어, 통일문제에 있어서 가장 극렬한 대립을 보였다. 이러한 영향으로 통일환경 조성은 진척되지 못하였다.

문민정부(1993-1997)의 통일환경은 복합구조 체제와 시민사회의 형성으로 한계를 보이는 통일문제에 대해 진척할 수 있는 기회를 갖고 출범하였다. 문민정부의 국내환경은 국가 총체적으로 안정을 강화하고, 정권 스스로 개혁을 추진할 수 있는 기회였다. 따라서 정권의 통일논리는 다양한 각도에서 논의되고, 보다 합리성을 추구하려고 하였다. 그러나 문민정부도 제6공화국과 마찬가지로 보수와 변혁의 첨예한 대립과 북한의 NTP 탈퇴라는 변수로 인하여 통일환경이 조성되지 못하는 한계를 보였다. 이러한 상황에서 문민정부는 남북한의 통합인 통일을 이룰 수 있는 여지가 좁아졌다. 따라서 보수세력과 변혁세력은 통일운동을 통해 자체적인 안정화의 방안을 모색하려는 경향을 보였지만, 그 결과는 통합적인 지향을 위한 자기 갱신적 성과를 강화하지 못하였다.

문민정부 이후 국민의 정부나 참여 정부의 통일환경은 미국의 대북한 강경화로 인하여 이에 대응하는 북한의 버티기나 역공은 우리 통일환경의 입지를 확대하는 데 한계를 보여 주고 있다. 한편으로 남북한 관계는 2000년 6·15 남북한 정상의 공동선언 이후 대립을 넘어 화해를 하는 시간을 만들 수 있었다. 그만큼 통일환경은 너무도 남북 화해와 주변 국가 간의 협력이 어려운 과정임을 알게 해 준다. 또한 우리 내부의 통일문제에 대한 입장을 조정하는 일을 우리 사회의 지식인들이 정치인들이 수행하여야 할 것이다. 예를 들면 생각의 차이가 극명할 북한이해나 대한민국의 건국에 관한 입장은 보다 한 시대의 많은 아픔을 갖는 일이기에 존재구속성에 대해 더 깊이 숙고하는 노력과 자중이 필요할 것이다. 미친 듯이 우리의 과거에 대해 너무 대변할 필요도 없겠지만 너무도 허약한 체제의 출발이라니 자기 검증이 없었다는 것에 머물러 대안을 제시하지 않는 비판만을 난무하는 것은 버려야 할 것이다.

국제환경을 이해하는 동시에 우리 스스로 남남갈등의 해소 여부는 우리의 통일에 있어서 얼마나 위기관리 능력을 있는가를 가름 하는 바로미터이다. 그것을 극복할 수 있는 노력만이 학생들에게 통일문제에 대해 새로운 지평을 가지게 하고, 우리 사회와 북한을 정확하게 이해하는 마음을 실천할 수 있게 할 것이다. 따라서 남남갈등을 화해로 가는 길은 바로 우리 내부의 조율과 정리를 필요로 하는 것이다.

이와 같은 전반적인 통일환경은 통일교육의 성립에는 중요한 변화를 가져왔지만, 국내적으로 내부 통합과 수렴에는 미흡한 경향이 많았다. 국제환경은 탈냉전체제로 변화되었지만, 그 구조가 보다 복합적인 경향을 보였다. 이에 대한 국내환경은 보수와 변혁의 극단적 인식구조로 강화되어 통일환경의 장애 요인으로 작용하였다. 일례로 변혁적 인식구조의 측면에서 변혁세력의 일부는 '북한의 주체사상'을 '자주 노선의 당위'라고 이해하고 있었다. 이러한 변혁적 인식의 논리는 한국과 북한과의 갈등이 존재하는 현실적인 상황에서 국내의 통일환경과 남북한 관계를 악화하는 원인이 되기도 하였다. 즉, 변혁세력은 대한민국의 정당성과 정통성에 대한 위기를 더욱 가중시켰다. 정부는 정권의 유지를 위해 변혁세력에 대한 통제에 급급한 실정이었다. 또한 변혁세력은 통일논의에 있어서 정부에 대해 과도한 요구를 하여, 보수세력들은 이러한 상황에서 '반통일 분위기'로의 반격(Setback)과 회귀를 감행할 조짐까지 보였다. 이러한 상황에서 국내 통일환경은 편향적이고 단선적인 구조를 보였고, 통일교육은 냉각된 남북한 관계와 국내 통일환경의 위축으로 다시 이념교육으로의 회귀를 보였다.

그러나 이제 통일교육은 단선적 인식으로 강화된 이념으로부터 벗어나야 한다. 통일교육은 운동세력을 물론 남북한 관계부터 미국을 포함한 주변 국가에 대한 적절한 이해가 요구된다. 따라서 통일교육은 단선적인 이해에서 벗어나 보다 현재와 미래를 공유하는 통일문제 접근이 요구된다. 즉 내심 흡수통일을 바라면서 북한을 민족으로 보자고 하는 논리나 내심 적화통일을 바라면서 한국을 민족으로 보자는 논리가 현실적으로 남북한과 보수적 인식구조와 변혁적 인식구조 속에 작용하고 있음은 국민의 이중적인 사고의 단면으로 인식[252]될 수 있다.

따라서 통일교육은 사회를 복합구조에서의 개방 체계로 인식할 필요가 있다. 통일문제는 남북한 당국자의 정책 결정과 통일 주체인 한민족 스스로 변모하는 환경에 있어서 복합적인 인식구조를 강화하여야 한다. 통일교육은 포괄적이며, 전체적인 사회인식 속에서 논의되어야 한다. 이러한 구조적 인식은 단선적인 구조의 틀을 벗어나게 하는 중요한 유인자 역할을 할 것이다.

2. 통일운동과 통일정책에 대한 이해

통일교육은 통일운동과 통일정책의 변화에 따른 결과로 나타난 것이다. 그동안 통일운동은 보수적 인식구조나 변혁적 인식구조로 통일문제에 접근하는 경향이 많았다. 그러나 민주화 이행기를 거치면서 통일운동은 양 극단적인 입장에서 벗어나, 중도적인 인식구조로의 통일문제에 접근하고 있다. 통일운동은 이러한 전반적인 경향에도 불구하고, 통일정책과 통일교육에 부정적인 영향을 주었다. 한편 통일정책과 통일교육은 반공정신, 승공통일 정신, 통일·이념의 부각, 통일·안보의

---

252) 김주성, "한국 정치문화의 이중성과 정치발전문제" 동아일보, 『21세기 한국의 국가 정책과 체계론적 사고』, 1997. 5. 9, pp.137-150.

함양, 민족공동체의 신뢰회복을 기초로 한 통일정신을 배양하는 방향으로 변화해 나갔다.

이러한 전반적인 '통일운동과 통일정책'은 다음과 같이 정리할 수 있다.

제1공화국(1948-1960)의 '통일운동과 통일정책'은 단적으로 북진 통일론의 주도로 통일정책과 통일운동을 파악할 수 있다. 보수적 통일운동은 감정적인 반공 논리를 내세워서, 통일정책과 통일교육의 논의를 축소시켰다. 반공론에 입각한 통일운동은 민족주의와 별도로 조성된 반공주의를 실천하는 것이었다. 따라서 이 운동은 공산주의와의 일체의 대화를 불온시하는 감정적인 의식의 발로였다. 또한 당시 통일정책도 무력적인 전쟁 감행도 불사하는 이승만 정권의 북진 통일론을 그 원칙으로 삼았다. 이 속에서 국민들은 반공정신을 강화하는 반공적 시각을 고수하게 되었다.

제2공화국(1960-1961)의 '통일운동과 통일정책'은 남북한 자유총선거론과 중립화 통일론이 대립하는 양상을 보였다. 정부는 제1공화국의 무력적 북진 통일론을 포기하면서, UN 감시하의 남북한 자유총선거론을 정책으로 내세웠다. 그러나 이러한 정책은 이상적이면서 현실적인 방안이 되지 못하였다. 이에 따라 혁신계와 학생들을 중심으로 한 세력들은 중립화 통일론과 남북 학생회담을 주장하였다. 이 두 세력의 첨예한 갈등은 이후에 군부의 출현의 계기가 되었다.

제3·4공화국(1961-1979)의 '통일운동과 통일정책'은 '선건설 후통일'의 입장에서 통일논의를 억제하면서 평화 통일론 구도와 남북대화를 시도하였다. 전반적으로 박정희 정권은 힘의 논리에 의한 통일을 강조하였으며, 체제경쟁에서 북한을 압도할 때만이 통일될 수 있다는 입장을 가졌다. 이처럼 정부가 국민적 통일논의나 운동에 대해 상당한 제한을 두었기 때문에, 통일운동은 사회 운동 중에서 가장 금기시되는 운동으로 전락하게 되었다.

제5공화국(1981-1987)의 '통일운동과 통일정책'은 적극적인 통일정책을 내세우면서, 통일운동이 암약하게 되는 현상을 보여 준다. 제5공화국 정부는 북한의 테러나 침략이 전개되는 상황에도 '민족화합민주 통일방안'이라는 통일정책을 시도하였다. 이러한 배경은 바로 국내정치의 불안해소와 과감한 체제경쟁에 대한 정치 지도자의 자신감에서 기인된 것이었다. 이러한 상황에서 중요한 변화가 나타났다. 그것은 사회 운동의 등장이었다. 사회 운동의 초기형태는 한국사회를 변혁적으로 변화시킨다는 경향을 보였다. 이에 대해 정부는 통일정책에서는 과감성을 견지하고 있었으나, 정권의 정당성 결여로 인하여 그 실효를 거두기 어려웠다.

제6공화국(1988-1992)의 '통일운동과 통일정책'은 한민족공동체 통일방안의 지향과 통일운동의 분출이라는 단면을 보여 준다. 통일정책은 제5공화국의 경우보다 더 진척되었다. 한민족공동체 통일방안과 북방정책은 한국사회에서 추진할 수 있는 거의 최종적인 단계까지 강화된 통일환경 조성의 능동적인 조치였다. 그러나 이 정책은 통일논의 구조의 성숙 없이 정부의 논리를 내세운 한계를 가지고 있었다. 이에 따라 변혁적 통일운동 세력은 정권 유지적인 차원으로의 통일정책에 대해 반발하고, 모험주의적 통일논리만을 내세웠다. 따라서 이 당시 통일정책과 통일운동은 정치논리에 근거한 상황인식의 한계와 오류를 뛰어넘지 못하였다. 이러한 입장의 90년대 초 통일논의는 적극적인 비판과 합리적인 대안이 모색되는 통일환경에 조응하지 못하였다.

문민정부(1993-1997)의 '통일운동과 통일정책'은 민족공동체 통일방안의 기조와 시민 통일운동이 전개되었다. 전반적으로 통일정책은 통일교육의 목표나 내용에 중요한 역할을 하고 있었으나, 시민의 성장과 시민중심의 통일운동에 대해서는 비판적이었다. 그러나 이 논의는 중도적 입장으로 정부나 변혁세력 그리고 보수세력이 시행하지 못한 통일로의 과정의 순서를 전개하고 있었다. 즉 시민 통일운동은 북한의 사회주의 체제의 수용에 앞서, 국내의 통일환경 조성에 적극적인 면모를 보여 주었다. 이처럼 시민 통일운동은 통일의 원칙인 민족주의, 민주주의 그리고 평화주의를 실천하고 있었다. 이러한 논의에 대해 문민정부의 초기에는 상당한 열의를 보였다. 그러나 문민정부의 통일정책은 남북한 관계의 약화와 국내 변혁세력의 준동 등으로 상당한 위축을 보여 왔다. 따라서 정부는 통일환경 조성이 국민적 통합을 통해 시도되어야 한다는 것에는 동의하였지만, 통일운동에 대해 경직된 입장을 보였다. 그럼에도 불구하고, 문민정부의 통일운동은 통일환경의 경직성이나 소외를 조장하는 상황 논리에서 벗어나, 새롭고 개방적인 민족주의 입장을 전개하여 나갔다.[253]

문민정부 이후 국민의 정부나 참여 정부의 통일운동과 통일정책은 국내적으로 상당한 논란이 이었으나, 보다 객관적인 이념성에 기초하려는 노력을 보이고 있다. 즉, 통일의 민족공동체적 역할에 대해 좌, 우 갈등을 일삼는 남남갈등만이 존재한 것은 아니다. 아직도 급진적이며 수구적인 면을 가진 것도 존재하지만, 전반적으로 통일운동은 국내외적 환경이나 남북한 관계를 고려하려는 노력을 개진하여 왔다. 그리고 통일정책은 남북 화해와 협력 그리고 국가안보와 주변 국가들의 이해를 기초로 하고 있다. 따라서 극단적인 통일운동과 통일정책에 대한 의식 구조는 국민적 통합을 전제로 한 입장을 요구하고 있다. 이러한 의미에서 통일운동과 통일정책은 보다 개방적인 전략적 사고와 미래지향적 인식을 필요로 한다. 이상의 논의 속에서 통일운동과 통일정책은 다음과 같이 고려할 필요가 있다.

첫째, 통일운동과 통일정책은 새로운 민족주의 관점이 요구된다. 보수적 인식과 변혁적 인식은 통일운동에 있어서 각각의 이념적인 주장의 한계와 오류에 대한 인식을 새롭게 파악하고, 통일문제에 접근하는 시도가 요구된다. 이에 따라서 통일운동과 통일정책의 통합적 노력은

---

253) 이러한 논의는 권세기, *op. cit.*, pp.91-111.

국내적 정치·경제·사회적 요인과 북한을 포함한 국제적 요인에 대한 적극적인 변화를 유도하는 것이다.

둘째, 통일정책의 반영을 계속적으로 강화할 수 있는 통일운동이 요구된다. 현실적 합리성과 이상적 안정성에 기초한 통일정책의 구체성 여부는 올바른 통일운동의 역학적인 작동이 이루어지는 통일환경의 정초를 마련할 수 있다. 따라서 통일운동과 통일정책의 통합적 모색은 궁극적으로 한국과 북한의 통합을 가능하게 하는 기반을 조성할 것이다. 따라서 통일운동과 통일정책은 그 지도부와 지지 기반 사이에 실질적인 의사소통을 통한 입장에서 새로운 의미로의 민족 통합적 입장이 강화되어야 한다.

셋째, 통일운동과 통일정책은 그 목표와 내용에 있어서 범위를 한정하여야 한다. 즉, 정치권은 정치적 논리로, 경제권은 경제적 논리로, 통합적 통일운동 세력은 진정한 인도주의적인 접근으로 하는 범국민적인 통일국가를 만들기 위한 조건을 이루는데 관심을 두어야 한다.

> 민족의 통일을 피할 수 없는 우리의 소명으로 생각하는 우리는 어떠한 각오와 비전을 가져야 할 것인가? 이제 우리가 맞이한 민족의 통일은 겉모습의 통일이 아니라 속알맹이의 통일을 이루어야 한다. 통일독일이 겪는 시행착오를 우리가 다시 반복하는 어리석음을 피해야 한다. 우리의 통일이 정신의 통일, 생활의 통일이 되자면, 우리는 대치가 아닌 대화를, 방치가 아닌 교류를, 구호가 아닌 프로그램을 창출함으로써 통일된 미래를 준비하여야 한다. 그러한 준비는 누구나 참여할 수 있고 용이하게 실천할 수 있는 작은 일로부터 시작되어야 한다.[254]

일반적으로 사회 운동은 정치적 대립과 저항을 통한 대결적 전술(confrontational techniques)과 정치적 대안을 통한 동화적 전술(assimilative techniques)라는 활동수단을 갖는다. 그리고 신사회 운동은 이

---

[254] 흥사단 민족통일운동본부, 『보도자료-1』, 1997. 5. 10.

양자의 동화적·통합적 기법이 중시되고 있다. 그러나 변혁적 통일운동 세력은 저항을 통해 결과적으로 대결적 전술(confrontational techniques)[255]로 문제해결을 시도하였다. 그러나 이러한 입장을 고수하는 것은 사회적 요구에 대한 정확한 인식을 결여하고 있으며, 고식화된 이데올로기적인 측면을 주체적인 입장으로 오도하여 파악하고 있는 것이다. 따라서 변혁적 통일운동 세력은 한국의 상황에 대한 역사적 정황에 대한 잘못된 인식-〉잘못된 형세판단에 입각한 투쟁-〉부적절한 전략-〉성원들의 이탈-〉조직의 붕괴[256]라는 현상을 보이고 있다.

이상과 같이 한국사회에 존재하는 통일운동과 통일정책은 국가에 대한 사회의 일정한 요구 조건이 수용될 수 있는 상황에서 국가 권력의 성격 변화에 따라 각각 지향해야 할 바에 대해 상당한 수준으로 융통성을 가질 수 있게 되었다. 이는 통일운동이나 통일정책이 음모적인 정책 결정자나 社會 運動家의 아이디어의 성격을 벗어나 대중중심의 중요한 의견의 합의를 통해 의사결정이 이루어질 수 있음을 시사하는 것이다.

3. 통일교육의 목적과 진척

통일교육은 각 시기별로 반공교육적 분위기에서 벗어나 진정한 민족 통일적 지향을 추진하는 경향을 보인다. 이러한 변화는 통일정책의 합리적인 방향으로의 전환과 밀접하게 관련이 있다. 통일정책은 정부수립 및 과도기, 군부 통치기와 민주주의 이행기를 거치면서 상당한 변

---

255) Russell J. Dalton & Manfred Kuecher (eds.), 박형신 외 역, 『새로운 사회 운동의 도전』, 서울: 한울 아카데미, 1996, p.215.
256) *Ibid.*, pp.236-237.

254

화를 보여 왔다. 이에 따라 통일교육은 통일정책의 영향에 따른 민족 화합적 차원에서 지향되고 있었다.

이러한 전반적인 과정은 다음과 같이 파악할 수 있다.

제1공화국(1948-1960)은 반공교육의 기초가 이루어진 상황이었다. 이 당시 건국 초기의 통일환경은 반공교육을 실시할 수 있을 정도로 통일 정책과 통일운동이 완화되어 있지 않았다. 경직된 국내외적 환경과 남북 한 관계를 그대로 표출하는 반공교육의 목표를 파악할 수 있다.

제2공화국(1960-1961)은 반공교육을 재논의하자는 혁신계와 학생들 의 요구가 거센 시기였다. 그러나 정부의 입장은 단호했다. 이러한 정 부의 근거는 북한의 당시 통일 전략에서 파악해 볼 수 있다. 북한은 당시 한국보다 우위인 경제 성장의 바탕으로 평화 공세를 해 왔다. 또 한 북한은 그들의 연방제 통일방안의 원형을 이때부터 제시하기 시작 하였다. 북한은 한국이 정치적으로 혼란한 4·19 혁명기에 동독이 1957년 독일의 통일방안으로 제시한 연방제안을 한반도 실정에 맞게 제안하여 발표하였다.257) 이러한 북한의 제안은 4·19 이후 격화된 학 생들과 혁신 세력의 통일논의에 편승하여 이후 '남북 연방제(1960)' 통 일방안으로 되었다. 이러한 상황에서 정부는 반공교육의 재논의에 대 해 단호할 수밖에 없었다. 이에 따라 제2공화국의 반공교육 목표는 제 1공화국의 북진 통일론을 포기하였지만, 확고한 반공통일적 입장이 고 수되고 있었다.

제3·4공화국(1961-1979)은 승공통일 교육을 성립한 시기라고 할 것 이다. 전반적으로 이 시기는 한국의 통일정책의 기조가 만들어졌다. 즉 한국의 통일정책은 강력한 리더십을 통해 북한에 대한 전향적 정책으로 모색되지 못하고 있다. 이것이 한국 통일정책 결정자의 일관된 사고이 다. 이러한 당시 통일정책은 통일교육을 승공통일 교육으로 지향하게 한

---

257) 유석렬, 『남북한 통일론』, 서울: 법문사, 1994, p.178.

기초가 된다. 북한과의 대화는 한국 내부의 강한 정치적인 통솔력을 중심으로 하여 이루어졌고, 이에 대한 북한의 태도는 연방제 통일방안과 무력 통일을 병행하는 상호 대립적인 조치를 취하고 있었다.

제5공화국(1981-1987)은 통일·이념 교육과 민중 교육론이 대립하는 시기였다. 정치적 정통성이 결여된 제5공화국 정권은 내부 통합을 위하여 체제 수호라는 이념적 입장을 강조하고 있었다. 그러나 이에 대한 반발은 국내환경 및 남북한 관계에서도 나타났다. 따라서 통일교육에 있어서 제5공화국 정권은 통일교육의 목표에 직접적으로 영향을 주는 통일정책에 대해 보다 강화된 입장을 필요하게 되었다. 이러한 의미에서 통일·이념 교육 특히 국민정신 교육을 통한 이데올로기 비판 교육을 강화하였다. 그러나 이에 대한 반발도 상당한 이념적 기초 위에서 이루어지고 있었다. 이러한 변혁세력의 움직임은 민중 교육론으로 나타났다. 따라서 통일·이념 교육은 일체 민중 교육론에 대한 조화를 시도하지 않았으며, 자유민주주의의 수호라는 측면에서 통일과 이념을 강화하는 목표를 지향하고 있었다.

이러한 속에서 통일교육은 보수적 인식구조·변혁적 인식구조·중도적 인식구조 등의 조화가 이루어진 속에서 전개되어야만 하는 상황에 놓이게 되었다. 즉 한국사회는 다양한 의사를 존중하여야 하는 민주화 이행기를 겪게 되었다.

제6공화국(1988-1992)은 그동안 40여 년간 점철된 한국의 권위주의 체제가 붕괴하고 민주화를 통한 정권이 창출된 중요한 의미를 갖는다. 이에 따라 다양한 통일논의도 강조된 시기였다. 정부는 보다 민주적인 통일정책을 모색하게 되었고, 통일정책에 따른 통일교육은 통일·안보 교육으로 나타났다. 통일·안보 교육은 북한의 정책 유형에 대응하는 시의 적절한 조치였으나, 이에 반발하는 '통일교육의 비판적 입장'이 성립되는 경향도 보였다.

통일·안보 교육은 남북 분단이 장기화됨으로써 나타난 한국의 합리적 통일정책의 반영이라고 할 수 있다. 즉, 북한의 행태에 대해 정책 결정자는 국가 안보적인 측면의 하나로 통일정책을 강화하고, 실질적으로 평화 통일론을 실천하는 것이라고 할 수 있다. 그러나 이에 대한 북한의 행태와 국내의 비판적 인식은 통일·안보 교육의 장애가 되었다.

북한은 '고려민주 연방공화국 창립방안(1980)'이 공식화된다. 그러나 그들의 주장은 한국정부에 대한 형식적 인정, 미군철수, 혁신세력과의 교류 등의 전제조건을 가지고 있다. 특히 연방제 성격은 1민족, 1국가, 2체제, 2정부의 입장을 고수하고 있어서, 통일방안으로의 통합을 명시하지 않고 있다. 이는 1990. 1. 1. 김일성의 신년사에서 밝혔듯이 '하나의 민족, 국가 안에 서로 다른 두 제도와 두 정부 인정, 먹거나 먹히지 않는 원칙'으로 통일문제를 보았다. 이처럼 북한은 '북과 남이 서로 상대방에 존재하는 사상과 제도를 인정하고 용납하는 기초 위에서'[258] 연방제를 구성하자고 주장하였다. 그러나 북한은 스스로 미국과 단독적으로 대화하면서 통일의 상대방인 한국정부의 상대적 위상 축소를 조장하려고 하였다.

이러한 상황에서도 정부는 북한과의 남북한 기본 합의서를 조인하는 등 남북한 관계 개선에 있어서 상당한 진척을 보였다. 그러나 정부는 이 합의 내용을 국회 비준을 얻지 않고, 대통령에 의한 일방적인 조치로 인정하여 남북합의서의 실질적인 추진을 어렵게 하였다.

또한 '통일교육에 대한 비판적 입장'은 통일운동의 분출로 그 의미를 강화하고 있었다. 이러한 경향은 그 주축이 전국 대학생 협의회, 전국 교직원 노동조합, 전국 교수협의회를 중심으로 전개된다. 이들의 입장은 과격한 행동화를 지양하고 있음에도, 제6공화국에는 정부와 첨예한 대립을 보여 왔다. 이러한 측면에서 그동안 '통일교육에 대한 비판적 입장'은 통일교육과 대립적인 관계였다.

---

258) *Ibid.*, p.209.

문민정부(1993-1997)는 명실상부한 민족통합 교육을 모색하는 단계이다. 그러나 문민정부 후기 과정에서는 제6공화국의 통일·안보 교육 시기보다 더 고답적인 이념적 강화를 취하는 한계를 보였다. 문민정부 초기의 전향적 통일정책은 북한의 방해보다는 국내의 보수세력의 방해에 의해 약화되었다. 이처럼 한국의 대북한 인식은 상당한 한계를 가지고 있다.

문민정부 초기의 전향적 통일정책은 북한의 방해보다는 국내 보수세력의 방해에 의해 약화되었다. 이처럼 한국의 대북한 인식은 아직도 상당한 한계를 가지고 있다.

> 통일논의에는 상대가 있어야 하는데 북한에 가서 했으면 하고 생각합니다. 북한의 얘기를 중심으로 해서 우리 통일방안을 얘기해야 하는데 북한의 얘기는 한마디도 나오지 않고 있습니다. 이럴 경우엔 전체 숲을 못 보게 됩니다. 과거 정권에서 저는 분명히 자주적인 통일정책이 있었다고 생각합니다. 핵문제에 관한 얘긴데, 과거에 남침한 김일성한테 핵을 쥐어 주면 어떻게 될 것인가의 문제를 알아야 합니다. 그런데 우리나라 사람은 핵문제에 대해서 그동안에 어떻게 해 왔는가? ……(중략)…… 우리가 북한의 핵을 이기고 주체성을 가지려면 밑에서부터의 개혁은 안 되고 위에서부터의 개혁이 되어야 합니다. 통일문제도 위에서부터야 합니다.[259]

이처럼 문민정부는 남북한 관계와 국내 보수세력과 변혁세력의 갈등에 따라 남북한 상호간의 신뢰를 바탕으로 한 통일정책을 제대로 실천되지 못하였다. 따라서 통일정책은 통일방안에 대한 제시를 통한 국내 통합적 논의를 성숙시키지도 못하였으며, 국민적 통일논의를 중심으로 한 통일 의지에 대한 관심을 유도하지 못하는 답보 상태를 유지하였다. 이러한 한계성의 이유는 북한의 중첩적인 통일 전략에 기인된다.

---

259) 김민하, "통일정책 추진에 있어 국민적 합의기반 조성방안", 평화문제연구소 편, 『변화된 세계 새로운 통일론』, 서울: 평화문제연구소, 1994, p.37. 보수적 통일론 입장의 이철승 발언.

그들은 한편으로 무력 통일의 입장으로, 한편으로는 '연방제'를 통해 그리고 한국 내부의 자체적인 사회주의 혁명을 통한 인민 민주주의 방식으로 한국의 통일정책과 전혀 다른 통일 전략을 보여 왔다.

보다 구체적으로 남북한 관계를 파악해 보면, 북한은 90년대의 독일 통일 직후의 상황에서 핵문제의 돌출 과정까지 상당히 위협적인 태도를 취하였다. 북한은 한국이 독일의 통일에 고무되어 있자, 체제 위기를 극복하기 위해서 핵문제나 식량 문제를 남북대화에 이용하려고 하였다. 북한의 핵개발 의혹은 북한 스스로 일방적인 남북대화의 중단사태를 벌었으며, 남북경협이라는 과제를 성사되지 못하게 하였다. 그 사이 북한의 '서울 불바다' 운운 등에서 볼 수 있는 바와 같이 남북한 관계는 위기적 국면을 맞게 되었다. 이후 북미 회담의 성과와 북한과 일본의 관계 개선 조짐으로 외부적 환경이 완화되자 남북한의 대화 분위기가 또 다시 분출되었다. 그러나 또 다시 돌출적인 '동해안 잠수함 침투사건'을 통해 남북관계는 악화의 일로를 겪었다. 북한의 수해로 인한 식량외교를 통해 미국과 북한의 관계 개선 및 한국의 민간단체의 북한 동포 지원 등으로 다시 대화 국면이 이루어졌다. 그러나 북한은 김일성 사망, '주체사상'보다 김정일의 '붉은기 사상'을 강조하는 세습 정권의 강화, 북한의 악화된 식량난 등을 통해 공세적 통일 전략을 수세적 통일 전략으로 변화하였다.

문민정부 이후 국민의 정부나 참여 정부에서도 남북한 대화는 일정한 대화 시도, 대화 급냉각, 갈등 고조, 특히 미국 정책 등의 외부적인 변화에 따른 대화의 재개처럼 외부적인 요건에 의해 상당한 영향력을 받아 '한반도 통일의 민족 내부화'가 요원한 상태에 놓여 있다. 이에 따라 한국의 통일정책은 북한에 대한 정확한 인식이 요구되었다. 즉, 통일교육의 내용은 남북한 통합적 교육 체계의 사회 전반적 통합 프로그램이 제시되어야만 했다. 따라서 통일교육의 목적은 미래적 전망을 거듭 확대하는 노력을 전개하여야 할 것이다.

4. 통일교육의 실제와 현실

그동안 한국사회는 전반적인 정치 혼란 속에서도 한국의 경제 성장에 중요한 정신적인 기둥인 반공 이데올로기가 성장 이데올로기와 결합될 수 있었다. 이러한 변화 속에서 통일교육은 21세기를 목전에 두고 영구 분단이라는 또 다른 주변 환경에 혼란을 막기 위하여 대비할 필요가 있다. 한국의 통일교육은 남북한의 새로운 평화적 관계 수립과 통일을 위한 새로운 교육적 모색을 이전의 역사적인 단계를 통해 교훈을 찾아야 할 것이다.

통일교육의 내용은 좌·우 대립의 해방정국에서 희망과 좌절로부터 문민정부, 국민의 정부 그리고 참여정부까지의 역사적 산물의 성과물이다. 따라서 너무도 고루한 인식과 현상을 했던 반공 시대의 이해나 오해 모두가 통일교육의 오늘과 미에 영향을 미치는 것이다. 이러한 실례 속에서 통일교육의 과거와 현재를 파악한 것을 다음과 같이 요약할 수 있다.

제1공화국(1948-1960)은 반공정신을 배양하는 데 주력하였다. 이러한 노력은 보수논리의 전형으로 나타났다. 반공정신은 그동안의 냉전적 상황과 권위주의적 통치의 보수적 논리인 것이다. 이 보수논리는 50여 년간 지속되어 온 한국사회 질서를 유지하여 왔다.

제2공화국(1960-1961)은 반공정신의 고수되어, 통일운동이 거세게 일어났던 4·19 이후 1년여 동안의 사정을 보면 통일문제는 진보적 성향의 국민들의 관심 대상이며, '완전한 민족 통일'의 기초는 민주주의의 완성의 단계라고 강변하였다. 한편 보수적 성향은 민주주의의 장기적인 발전에 대한 희구를 가지지만, 결국 단기적인 통일운동에 대해 이념적 회의를 가지고 있으며, 이러한 논리는 한국사회에 뿌리 깊은 보수성과 결부된다.

　제3・4공화국(1961-1979)은 국가안보와 민족 주체성의 강화된 시기이다. 이 시기는 이전의 감정적인 반공교육의 수준을 극복하고, '국토통일원'이라는 연구 기관을 통하여 통일정책을 실질적으로 반영하는 승공통일 교육을 실시하였다. 따라서 박 정권은 북한과의 체제경쟁을 통해서도 승공 통일이 가능한 근거를 찾는 데 주력하였다. 또한 박 정권은 민족주의적 관점을 통해 통일의 기조를 마련하고 구체적인 승공통일에 대한 내용을 실시할 수 있는 교과를 신설하였다.

　제5공화국(1981-1987)은 구체적인 교육현장의 모습에 있어서 상당한 迂餘曲折 끝에 변화되었음을 파악할 수 있다. 반공정신으로 출발한 통일교육의 한계가 군부 통치기에는 이념 교육으로 강화되어, 통일교육의 입지를 줄어들었음을 파악할 수 있다. 그러나 그 당시 상황은 자유민주주의 수호와 비판적 인식 간의 대립이 예고되는 경우였다. 따라서 정부는 통일교육을 보강할 수 있는 공산주의 이데올로기 비판교육을 강화하였다. 이에 대한 반발도 만만치 않았다. 교육 현장에서는 민중교육론의 여파가 계속 강화되어 있었다. 실질적으로 '통일교육에 대한 비판적 입장'은 교육 내용과 상이한 통일문제에 대한 대안이 모색되고 있었다.

　제6공화국(1988-1992)은 민족 통합적 북한인식의 시도라는 중대한 변화를 보였다. 그리고 '통일교육에 대한 비판적 입장'은 이러한 변화에 대해 원론적으로 찬성하지만, 통일・안보 교육과는 다른 각도의 입장을 취하였다. 이처럼 '통일교육에 대한 비판적 입장을 주도하는 변혁적 통일운동은 통일교육에 대해 부정적인 영향을 주었음에도 불구하고, 비판적이며 합리적인 대안을 강화시켰다. 이러한 공간에서도 통일・안보 교육은 통일문제에 대한 체계적인 접근을 시도하였다. 이는 그동안의 통일교육의 성격을 극명하게 파악할 수 있으며, 왜 한국사회에서 반공교육과 승공통일 교육 그리고 통일・안보 교육으로 나타났는가를 적실하게 설명할 수 있었다. 또한 이러한 접근은 통일교육이 민족갈등을 해결하기 위한 전환적 사고를 모색하게 하는 중요한 단서가 될 수 있다. 즉 통일·안보 교육은 보수와 급진 사이에서 온건하고 합리적이며 비판적인 통일논리의 정착과 확산을 위한 새로운 전환을 시도할 수 있는 단서를 제공하였다.

문민정부(1993-1997)는 통일·안보 교육의 입장을 강화하면서, 통일교육을 강화하고자 하였다. 통일교육은 민족 동질성회복과 상호 신뢰 구축이라는 차원에서 이상적인 통일정책에서 벗어나 현실적인 통일정책을 반영하였다. 이처럼 통일교육은 실천적으로 민족통합을 추구하는 면모를 보여 주었다. 한편 '통일교육에 대한 비판적 입장'은 변혁적 통일운동 세력이 주장하는 변혁 이론으로의 맹종적인 참여를 탈피하려고 하였다. 이러한 과정을 통해 통일운동은 건전한 시민 정신의 함양과 극단적인 인식구조의 개방화를 추구하는 중도적 시민 통일운동이 강화되었다. 이러한 전반적인 변화 속에서 통일교육은 민족 통합적 입장에 선 통일대비 교육과 통일 이후 교육이 내용이 강화되었다. 또한 통일교육의 내용은 6·25 전쟁에 대한 침략 원인을 규명하기보다는 민족 비극을 막자는 입장이 강조되는 민족 화해의 원칙이 반영되었다. 또한 교육 현장에서는 '통일교육'과 '통일교육에 대한 비판적 입장'이 대립하기보다는 통합 지향적 입장을 강화하는 데 노력하고 있다.

이러한 변화 속에서 지금까지의 통일교육이 지닌 문제점을 지적하면 다음과 같다.[260]

첫째, 기존의 통일교육은 그 패러다임이 명확하지 못하다는 점이다. 통일교육의 명확한 지침이나 계획, 통일교육의 목표와 내용, 지도 방법, 평가 그리고 통일교육의 지원·관리체제 등이 일관된 패러다임에 의해

---

[260] 김도태·이경화, "통일 교육개선방향: 사회 문화적 측면을 중심으로", 민족 통일연구원, 『통일 연구논총』 제6호 1권, 1997, pp.1-21.; 추병완, "학교 통일교육의 개선방향", 『새교육』, 1992.: 한만길, "학생의 건전한 통일관 형성을 위한 교육 방안", 『교육 개발』, 1997. 참조.

실시되지 못하고 있다. 이처럼 우리의 통일교육은 그때그때의 시대적 요구에 따라가는 임기응변의 차원을 벗어나지 못했다는 점을 지적할 수 있다. 물론 교육부와 통일원이 선정한 통일교육의 기본방향과 목표가 있어 왔지만, 그것들이 학교 교육 현장에서 체계적으로 실행될 수 있는 여건의 조성에는 실패함으로써 총론은 있되, 각론이 부실한 양상을 보여주게 되었다. 통일교육은 한민족공동체의 이념과 그것의 구체적인 실현 방안들이 밀도 있게 유기적으로 학습되는 기회가 거의 배제된 채 통일의 당위성만 강조하거나 민족 동질성 회복의 중요성만 맹목적으로 부각시키는 것에 한정되었다.

둘째, 기존의 통일교육은 지나치게 감상주의적이며, 현실적이지 못하다는 데 문제가 있다. 반공교육 시절에는 초등학교부터 '우리의 소원은 통일, 꿈에도 소원은 통일 …… 통일이여 오라'는 노래를 부르게 하고, '공산당'이라는 뜻도 모르는 어린 학생들에게 '북한 공산당을 몰아내자'는 내용을 각종의 글짓기, 포스터, 웅변대회, 이야기 대회 등을 통해 되풀이하게 하였다. 또, 학교의 빈 교실 하나를 개조하여 북한의 각종 만행과 도발상을 전시해 놓고 전교생이 관람하게 하였던 것이 사실이다. 그리고 2000년 전후하여 어린 학생들에게 너무도 감상적 민족중심의 인식을 심어준 경우도 있다. 예를 들면 '외세를 몰아내고 우리 민족끼리'라는 인식은 긴장이 감도는 현 동북아 정세에서 너무도 감상적인 경향을 갖는다. 따라서 이러한 방식의 통일교육은 감수성이 예민하고 호기심이 많은 학생들에게 적절한 동기 유발을 하지 못함과 동시에 북한에 대한 뿌리 깊은 불신만을 심어 줌으로써 반통일적인 요소로 작용해 왔다고 할 수 있다.

셋째, 기존의 통일교육은 미래 지향적이지 못하다는 점에 문제가 있다. 학교현장에서 다루어지는 통일교육의 주된 내용은 우리의 통일정책, 안보 문제, 북한의 실상 등이 주류를 이루어 왔다. 정권이 바뀔 때마다 늘 교과서에는 새 정부의 통일정책과 업적이 장황하게 기술되고 학생들은 이를 암기해야만 했다. 그러다 보니 담당 교사들은 본의 아니게 정부의 홍보역할을 수행하게 되고 이는 많은 교사들에게 상당한 심적 부담을 가져다주었다. 우리의 통일교육은 가르치는 담당교사들마저 아노미 상태에 빠져 있었다고 해도 과언이 아니다. 이러한 현상은 급기야 교사들의 수업 접근에 있어서도 상당한 차이를 가져오게 된다. 이를테면, 보수적인 성향을 지닌 교사들과 급진적인 성향을 지닌 교사들 간의 수업 방식에서의 차이이다. 이에 따라 배우는 학생들의 가치관만 혼란시키는 우를 범하고 말았다.

넷째, 통일교육은 사회 전반적인 이데올로기 통합적 차원에서 벗어나 있다. 그동안 통일교육은 일방적인 보수세력의 논리를 강조하였다. 그러나 이는 한정적인 일면을 보여 준다. 따라서 이데올로기 비판교육은 그 사회의 건전한 분위기가 조성되고 용인되는 경우에만 그 효력을 가지게 되는 것이다. 학교의 교육 현장에서도 합의를 이루는 과정에 대한 중요한 학급에서의 조치, 반대하는 사람들의 포용과 그들의 주장에 대한 근거를 이해하고 그들을 수습할 수 있는 노력이 경주되어야 한다. 이러한 조치는 진정한 의미의 사회통합이 전제되어야 함을 의미한다. 즉, 사회통합은 사회 체제의 안정, 질서, 발전을 위해 필요 불가결한 조건이다. 따라서 민주주의 체제에 있어서 사회 구성원의 참여와 이해관계를 바탕으로 형성된 '진정한 통합'[261]이 중요하다.

다섯째, 담당 관계자들의 통일교육에 대한 소신과 자질을 강화되어야 한다. 학교 통일교육을 담당한 교사들은 통일교육의 중요성을 인정하면서도 실제로 교육함에 있어서는 난색을 표하는 것이 거의 관례화되어 있다. 통일교육과 관련된 자율적인 연수 활동에 대해서도 매우 소극적이며 이러한 경향은 특히 자신의 전공 교과가 없는 초등학교에서 더욱 심각하게 나타나고 있다. 물론, 뜻있는 교사들에 의하여 소신

---

261) 김영국, *op. cit.*, p.149.

있고 객관적인 통일교육이 부분적으로 이루어지고 있기는 하다. 그러나 대부분의 교사들의 경우 통일교육에 대한 뚜렷한 소신과 명료한 지도방법을 지니지 못한 채 구태의연한 사실전달이나 개념설명 방식으로 교육에 임하고 있다는 것이다. 이것은 또한 통일교육 담당교사들의 자질 함양을 위한 각종자료의 보급이나 연수활동의 부족과도 깊이 관련되어 있는바, 통일교육의 지원 및 관리체제가 너무나도 허술하여 모든 것을 교사에게만 책임 지우는 풍토가 되어 있는 실정이다.

끝으로, 우리의 통일교육은 북한에 대한 보다 유화적인 경향을 불식하여야 한다. 그것은 북한이 아직도 '한국의 민족 통합적 자세'에 대한 비판적 입장을 고수하고 있기 때문이다. 90년대 이후 북한은 소위 "사회주의는 과학이다"[262] 에서 볼 수 있듯이 북한 내부의 흡수 통일론 반대 의식과 무력적 응징에 대한 방법론이 강화되었다. 따라서 정부의 통일정책은 통일의 의지를 통해 북한의 호전성을 극복하는 중요한 논의를 국민들의 이해 속에서 모색하여야 할 것이다. 이러한 의미에서 통일교육은 북한에 대해 가지고 있는 사회적 인식을 보다 평화적이며 우호적인 입장을 견지하면서도 안보적인 대비를 교육하여야 한다. 특히 북한과 같이 신정정치가 이루어지고 있는 나라의 사회인식은 다른 나라 국민들이 보여지는 사회인식과 달리 취고 통치자의 인식성향과 거의 일치한다. 북한에서의 사회인식은 유일한 것이며, 이는 중앙 집권적 통치에 있어서 통치정권에게는 통치의 용이함을 가진다. 따라서 이러한 북한의 특수 상황으로 인하여 통일정책이나 통일교육은 북한에 대해 적극적인 수용의 입장을 가질 수 없다. 그리고 북한 자체가 전쟁과 평화를 동일시하게 보는 '극단적 유형의 사회'[263]라는 것이다. 따라서 국민들은 통일교육을 통해 북한에 대한 이해를 거시적이면서도 미시적으로, 포괄적이면서도 구체적으로 인식할 수 있어야 한다.

---

262) 로동신문, 1994년 11월 5일자 참조.
263) 이온죽, 『북한 사회 연구』, 서울: 서울대 출판부, 1988, p.80.

이러한 통일교육의 문제점에 이해 속에서 실제로 우리는 북한에 대한 인식을 결여하는 경향을 보인다. 따라서 통일교육의 환경은 통일문제에 접근에 있어서 북한의 호전성에 대처할 수 있는 능력을 잠재적으로 가지고 있으면서 통일문제의 개방성을 추진하여야 한다. 이것은 북한의 인식에 있어서 이중적인 사고가 아니라 국가의 안위를 스스로 인식하는 자세일 것이다. 그러한 의미에서 통일교육은 보다 체계적인 개선이 요구되는 것이다.

5. 통일교육의 개선을 위한 길찾기

이제 통일교육은 통일환경, 통일운동과 통일정책 그리고 국민적 수용과 통합을 가능하게 하는 입장으로 강화되어야 한다. 이러한 과정에서 통일교육은 국내의 통합적 성격을 고양하여야 할 것이다. 통일교육은 분단 상황에서 실시되지 않으면 안 되는 내용이다. 그럼에도, 우리는 안보교육을 통해 북한의 호전성에 대한 국민적인 지지를 호소하면서 정권이 처하고 있는 정치적인 위기를 극복하여야 하는 상황이다. 그러나 통일교육은 그동안의 안보교육의 하위내용으로 자리 잡는 한계성을 벗어나, 시민 교육의 강화와 통일교육의 지속적이며 현실적인 내용을 심화할 필요가 있다. 따라서 본 장은 이러한 의미에서 통일교육의 환경조성, 통일교육의 목표 그리고 통일교육의 내용의 개선을 모색하고자 한다.

(그림 9) 통일교육 관련요인의 대안적 분석틀

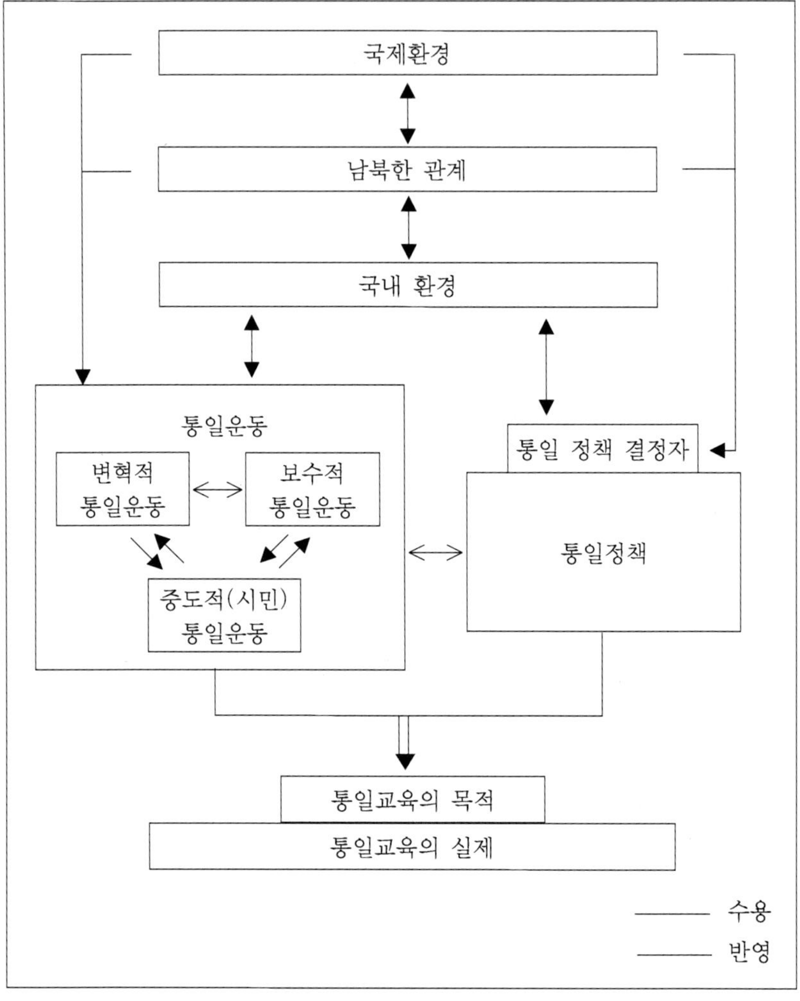

1) 통일교육의 환경조성

우리는 역사적으로 나타난 통일운동과 통일정책의 상이성 그리고 통일교육과 '통일교육에 대한 비판적 입장'에 대한 합의 도출부터 국내 통일환경 조성의 가닥을 잡아야 할 것이다. 즉 (그림 9)에서 보여준 것처럼 통일교육의 목적과 실제는 통일환경, 통일운동 그리고 통일정책의 이중적인 영향이 극복된 양상으로 전개되어야 할 것이다.

이러한 의미에서 통일교육은 현실적으로 존재하는 '통일교육에 대한 비판적 입장'에 대해 통합적 논의가 강화되어야 한다. 이는 통일교육이 통일문제에 대한 새로운 통합적 인식이 확대되어야 한다는 것을 의미한다. 따라서 통일교육이 이러한 조건으로 개선되기 위해서는 통일교육의 바람직한 환경이 조성되어야 한다.

따라서 통일교육의 환경은 정부나 민간단체 그리고 국민적 동의의 기본인 경제적 민주화와 이데올로기적 유연성 그리고 이를 강화할 수 있는 토대인 구조적 틀(structural arrangements)[264]에서 조성되어야 할 것이다. 실질적으로 90년대 중반 이후 '통일교육에 대한 비판적 입장'은 상당한 정도의 통일환경의 지향점을 모색하고 있다.

> 첫째, 통일의 논리도 냉전적 시각을 벗어나 새로운 이념형으로 남과 북을 조명할 때 정립될 수 있는 것이다.
> 둘째, 서구모델 따라가기 식의 근대화 교육모형을 넘어서야 한다.
> 셋째, 남과 북의 근대사회 형성과정에 대한 객관적 재평가가 이루어져야 하며, 그 속에서 통일을 위한 공통분모를 찾아 나가야 한다. 특히 그 과정의 특수성을 객관적으로 이해함으로써 상호 이해의 토대를 넓혀야 한다.
> 넷째, 동북아의 역사와 문화가 충분히 교육되어야 하며, 그 속에서의 통일의 의미와 역할을 가르쳐야 한다.[265]

---

264) 성경륭, 『체제변동의 정치사회학』, 서울: 한울아카데미, 1995, pp.449-453.
265) 김진경, "교사운동의 혁신을 위하여", 전국 교직원노동조합 부설연구

이러한 '통일교육에 대한 비판적 입장'은 현실적인 공간이 협소함에도 불구하고, 통일교육의 민족주의·민주주의, 평화주의적 관점과 그 추진 방향이 유사하게 전개되고 있다. 즉, '통일교육에 대한 비판적 입장'은 한반도의 특수성을 객관적으로 이해하면서, 상호 이해를 확대하기를 바란다는 것이다. 이러한 측면에서 통일교육과 '통일에 대한 비판적 입장'은 통합될 여지가 있다.

이러한 통합적 논의는 '흥사단'이나 '경실련'의 시민 중심의 통일운동에서 찾아 볼 수 있다. 이 시민 중심 통일운동은 변혁세력이 지향하는 통일논의를 극복하고, 보수세력의 논리를 인정하면서 사회개혁으로의 점진적인 통일환경의 조성에 노력하는 시민운동의 하나이다. 이 운동은 국내의 시민의 민주적인 자생력을 확대되어야 하며, 북한과의 관계 개선을 이루어려는 노력을 강구하고 있다.

이러한 의미에서 통일교육과 '통일교육에 대한 비판적 입장'은 시민 중심의 통일운동을 통해 통일의식을 공유할 수 있을 것이다. 따라서 통일교육과 '통일교육에 대한 비판적 입장'은 건전한 주체적인 시민 중심의 통일교육으로 확산되어야 할 것이다. 또한 시민 중심의 통일운동은 개혁을 통한 정책적인 대안을 제시하는 운동으로서의 성격을 강조하여야 한다. 이러한 의미에서 정부와 보수나 진보세력은 건전한 시민교육과 시민운동을 주시하여야 한다.

통일문제에 관련된 정부와 민간단체 그리고 국민들은 건전한 통일환경 조성을 위하여 상호신뢰가 이루어질 수 있어야 한다. 이러한 대안은 우선 통일문제에 대한 다양한 '통일교육'에 대한 입장의 여러 가지 현실을 잘 파악하는 데에서 출발해야 할 것이다. 여기서 정부나 민간단체 그리고 국민들은 통일논의에 대한 진지한 관심을 갖게 되며, '통일교육에 대한 다양한 입장'의 통합적 모색은 호혜평등의 기준을 실천

소(준) 편, 『96년 상반기 정책자료집』, pp.88-89.

할 수 있게 되는 것이다.

바로 이러한 통합적 기반은 한국사회의 민주화 이행에서의 시민계층에서 모색될 수 있는 것이다. 즉, 통일을 향한 창조적 시민은 이데올로기적 시각의 편향을 극복하고, 정권의 '은밀한 권위주의(creeping authoritrarism)'[266]를 억제할 수 있을 것이다. 또한 시민은 남북한 사이의 분단체제에 대한 평화적 체제로의 변화를 이룰 수 있으며, 분단체제를 계급모순이나 민족모순으로 파악하는 변혁세력이나 보수적으로 유착된 엘리트[267] 세력의 준동을 막을 수 있는 것이다. 시민은 현실적인 남북한의 통일문제에 있어서 개방적 논의를 지향하는 강력한 후원을 제공해 주는 주체적인 세력이다. 바로 통일논의의 중심적 위치는 변혁세력과 보수세력도 아닌 시민세력인 것이다. 시민세력은 현대화된 사회 공동체와 민족적 가치를 가지는 전통적 공동체를 포용할 수 있다.[268]

통일은 마음의 벽을 허무는 과정이라고 할 수 있다. 따라서 "심리적 장벽, 곧 불신의 장벽, 거부의 장벽, 공포의 장벽, 속임의 장벽 중에서 심리적 장벽이 70%를 차지한다"[269]라고 이집트와 이스라엘의 갈등을 묘사한 사다트 이집트 대통령의 말처럼 바로 한국과 북한은 이러한 심리적 장벽이 너무도 높게 이루어져 있다. 여러 가지 질곡의 사건들의 연속과 분열과 반목을 극복하는 길은 바로 통일을 이룰 세대에 대한 교육을 통해 시도될 수밖에 없을 것이다. 이러한 의미에서 이 시대는 새로운 지평을 가지고 21세기 통일을 이루는 '통일교육'과 '통일교육에 대한 비판적 입장'의 통합적 모색을 요구하는 것이다.

---

266) 최장집, "한국민족주의 이해", 동곡 김하룡 박사 정년기념 논문집, 『탈냉전시대의 새로운 정치질서』, 서울: 나남, 1994, pp.22-32.
267) Robert Putnam, *The Comparative Study of Political Elites*, (Englewood Cliffs, N.J.: Prentice-Hall, 1976), pp.22-24.
268) 진교훈, "사회공동체와 시민윤리", 한국정신문화연구원 편, 『한국의 교육과 윤리』, 성남: 한국정신문화연구원, 1995, pp.93-108.
269) 김병오, *op. cit.*, p.373.

이제 통일교육은 그동안의 통일논의들의 현실적인 한계성 속에서 한국사회에서의 재통합의 중요한 기점 모색이 요구되는 것이다. 이러한 과정 속에서 통일교육의 변화는 통일환경 조성에 대한 통일운동, 통일정책의 변화가 기초되어야 가능하다. 여기서 중시되는 것은 정부, 민간단체 그리고 국민들의 통일에 대한 자세이다. 정부의 통일정책 결정자는 항상 변모하는 환경에 직시하면서 포괄적이며, 전체론적(holistic)인 정책구조270)를 실천해 나가야 한다. 또한 민간단체는 통일운동을 포함한 통일논의에 있어서 보다 구체적인 계획을 수립하여, 실천하는 방안을 가지고 있어야 한다. 즉, 민간단체는 과격한 통일운동의 구호나 주장과 달리 신중한 계획 추진이 필요하다. 그리고 국민 개개인은 통일환경, 통일운동, 통일정책에 대한 자신의 입장을 가져야 하며, 그 입장을 민주적이며 합리적으로 강화할 자세를 갖추어야 할 것이다. 이러한 입장에서 통일교육은 정부, 민간단체 그리고 국민들의 통일문제에 대한 입장들을 보다 민족적이며, 합리적이며, 평화적인 논의로 강화될 수 있도록 하는 데 기초가 되어야 할 것이다.

2) 통일교육의 목표개선

80년대 풍미했던 민주화의 진보성은 90년대의 변혁적 통일운동의 성과로 승화될 수 없었다. 이는 바로 상황의 객관적인 조건이 변화되는 것에 대한 주관적인 인식의 한계에서 비롯된다.

여러 가지 질곡의 사건들의 연속과 분열과 반목을 극복하는 길은 바로 통일을 이룰 세대에 대한 교육을 통해 시도될 수밖에 없을 것이다.

---

270) Baek, Jong-Chun, "Defense Policy Issues in the Process of Peaceful Reunification of the Korean Peninsula", Byong-Moo Hwang & Yong-Sup Han, *op. cit.* 1996, p.327.

이러한 의미에서 그동안 반공교육, 승공통일 교육, 통일·이념 교육, 통일·안보 교육, 통일교육으로 점철된 통일교육은 새로운 지평을 가지고 21세기 통일을 이루는 전환기적 사고를 필요로 하고 있다.[271] 즉, 통일교육의 목표는 민족주의, 민주주의 그리고 평화주의의 입장을 견지하여야 한다.

따라서 통일교육의 민족주의적 목표는 한·미·일 관계에서 통일의 주체적 성격을 가져야 하며, 그렇다고 변혁적 통일운동 세력이 요구되는 통일론이 아닌 개방적인 입장에 서서 모색되어야 한다는 것이다. 그리고 통일교육의 민주주주의적 목표는 진정한 사회적 자유민주주의의 실천에서 모색되어야 한다. 또한 통일교육의 평화주의적 목표 역시 국가안보와 평화 추구라는 입장에서 사회적 안정과 평화 교육의 입장이 강화되어야 한다. 이러한 입장의 강화는 결국 북한으로의 확대를 가능하게 할 것이다.

이러한 예는 독일의 교육과 통일의 과정을 통한 교훈에서 많은 시사를 받을 수 있을 것이다. 통일 이전 독일 정부는 정치 교육을 관장하는 중앙기관이 있지만, 각 주마다 주에 알맞은 정치교육을 실시하였다. 그중에서 니데작센(Niedesachsen) 주의 정치 교육 계획을 예로 들면, 고등학교 하급반의 사회과목은 그 내용에 마르크스주의 이론의 입문을 두고 있다.

동과목 내용을 교수하기 위한 교재 지도안은 다음과 같이 나타난다.[272]

> 첫째, 마르크스주의 이론의 기본개념 이해, 그와 관련된 것들을 이해하고 마르크스의 전체 사회적인 분석을 이해한다.
> 둘째, 마르크스는 결코 폐쇄적인 세계관을 내세운 것이 아니라 하나의 사회비판의 방법을 제시한 것임을 이해시킨다.

---

271) 한만길, "학교 통일교육의 사회 과학적 접근모색", 평화문제연구소 편, 『통일문제 연구』 1994년 겨울, pp.166-171.
272) 정세구, 『국민정신 교육의 과제』, 서울: 교육과학사, 1985, pp.170-171.

셋째, 마르크스의 이론은 실천과 결부되어 있음을 이해시킨다.

넷째, 마르크스 이론에 대한 근거가 없거나 무비판적인 감상적 긍정이나 부정은 제거한다. 이러한 커다란 과제를 밝히기 위해서 그 전제가 되는 기초 이해를 시도한다.

다섯째, 마르크스에 있어서의 인간학적, 철학적인 기본 이념을 이해시킨다.

여섯째, 역사적 유물론의 기본개념을 예로 들어 발전시키도록 한다.

일곱째, 마르크스의 경제 이론을 파악하게 하고 그것의 사회 전체적인 연관을 밝히게 한다.

이상과 같은 내용에서 독일의 이념교육은 공산주의 이데올로기에 대한 비판보다는 정확한 이해를 통해 학생 스스로 그들의 생각을 실천할 수 있는 정치소양 교육을 강조하고 있음을 알 수 있다. 따라서 80년대 전후반에 중요한 영향을 끼치던 이데올로기 비판교육이 얼마나 자의적인 마르크스 이론의 해석이었는지를 잘 알 수 있다. 그러한 논리의 이데올로기 비판교육은 그에 대항하는 마르크스 이론의 맹목적 찬동을 부채질하는 양상도 보였다. 이처럼 독일통일의 교훈에 비추어 볼 때, 통일교육은 체제대결로 인식되던 입장에서 벗어나 보다 개방적인 입장에서 통일을 모색할 필요가 있다. 통일정책과 통일운동 그리고 통일교육은 확고한 자체 안보관을 중심으로 한 개방적 이데올로기를 견지하여야 한다. 즉, 통일교육은 이념교육에 의해 강화될 수 있는 것이 아니라, 총체적인 국가안보를 점검할 수 있는 교육적 장치 속에서만 강화될 수 있는 것이다. 이러한 관점에서 통일교육은 민족주의와 민주주의 그리고 평화주의의 지속적 목표를 다음과 같이 강화되어야 한다.

첫째, 통일교육의 목표는 북한에 대해 냉철한 인식을 기초로 이루어져야 한다. 통일교육은 아주 현실적인 문제이므로, 한국과 북한의 대치 상황으로 인한 안보교육으로의 강화가 중요하다. 한편으로는 북한주민에 대한 진정한 우호성을 가진 수 있는 교육프로그램이 요구된다. 즉 일상적인 경우에도 북한 주민에 대한 이해를 강화할 수 있는 내용이 통일교육에서 시도되어야 할 것이다. 이것은 북한에 살고 있는 우리의 동포에 대한 이해이며, 그 이해 정도를 학생들이 가질 수 있도록 하는 바탕에서 이루어져야 한다. 즉, 협소한 자본주의적 시각으로 민족을 이해하려는 내용은 고려할 필요가 있다.

둘째, 통일교육의 목표는 국민들이 북한의 위협에 대해 안정감 있게 대처할 수 있는 국민적 능력이 배양되도록 구성되어야 한다. 통일교육은 북한에 대한 위협과 공포를 줄이는 작업이다. 그러나 한국사회는 북한에 대한 불안정한 상태에서의 공포감을 가지고 있다. 이러한 과정이 지속된다면, 정부나 민간단체 그리고 국민들은 급조된 정책이나 대책들을 가지게 된다. 부실하게 조성된 통일운동과 통일정책 그리고 이러한 영향을 받은 통일교육은 안정적인 상태에서의 통일문제에 대처하지 못하게 된다. 따라서 정부나 민간단체 그리고 국민들은 북한에 대한 경각심도 안정적인 상태에서 파악하는 성격이 중요하다. 즉흥적인 정책과 대안에 따른 통일교육에서 벗어나, 통일교육의 구조는 그 기초적인 인식에 있어서 호혜 평등의 입장과 국내 보수세력의 안정을 심화할 점진적인 방법을 고려하여야 할 것이다.

셋째, 통일교육의 목표는 한국의 역사에 있어서 바로 좌·우의 대립에 따른 역사적 규명이 시도되는 과정을 중시할 필요가 있다. 그동안 한국사회는 상당한 개인적 민족적 희생을 감수하여야 했다. 실질적으로 민족적인 자존심에 멍을 들게 한 6·25전쟁, 아웅산 테러, 대한항공기 폭파사건, 무장공비 침투사건 등을 겪었다. 이에 대해 북한은 아직도 의미 있는 답변이나 사과를 하지 않고 있다. 그러나 이는 결국 한국의 총체적 국방력이 북한의 무모한 행동을 억제할 수 없음을 보여주는 것이기도 하다. 따라서 정부, 민간단체 그리고 국민들은 안보상황에 대한 보다 철저한 준비와 언제 닥칠지 모르는 통일의 과정[273]에 대

---

273) Halmut Wagner, *op. cit.*, p.14. 통일에 대한 경로를 Halmut Wagner는 '통일은 사전에 계획할 수 없으며, 도달하는 사건이 아니라 도모해 가

해서도 대비가 중요하다.

그동안의 정부 통일정책, 민간 통일운동274)이나 통일교육은 안보문제와 통일대비에 있어서 새로운 의식을 보인 것도 사실이다. 통일문제 접근은 통일방안 중심의 통일논의에서 벗어나 실질적인 통일문제를 접근하려고 하였다. 이러한 통일문제에 대한 접근은 상당한 변화를 보였다. 현실적으로 국민들은 통일정책, 통일운동과 통일교육의 합리적 모색을 통해 발전되면서, 통일의지에 있어서 상당한 설득력과 합리성을 가지게 되었다. 따라서 국민들은 통일정책이나 통일운동 그리고 통일교육의 새로운 모색으로 상당한 통일의 비전을 가지게 되었다. 그러나 아직도 국민적 통일의지를 올바르게 고양하는 데에는 문제점을 가지고 있다. 그 실례는 변혁적 통일운동과 보수적 통일운동의 비합리적인 통일운동 방식이 이합 집산적 소모전 양상을 보이고 있다. 또한 통일교육과 '통일교육에 대한 비판적 입장'이 서로 상충된 입장으로 교육되어지고 있는 형편이다. 따라서 정부, 민간단체와 국민들은 국민의 통일지향적 성향이 강화됨에 따라 현실과 개혁의 조화를 이룬 통일정책, 통일운동 그리고 통일교육을 모색하여야 할 것이다. 즉, 통일교육은 국가안보, 민족통합, 시민교육, 평화교육적 차원으로 이해하여야 하며, 확고한 자유민주주의의 신념에서 통일교육의 지향점이 마련되어야 한다.

는 과정이고, 관련된 사람들의 노력으로만 만들어지는 것이 아니라 많은 구성원들의 동의와 생각으로 이루어지는 것임을 강조하였다.
274) 김창수, "한반도 평화실현과 자주통일운동의 과제", 『전국연합통신』, 통권 122호, 1997년 5월호, p.66. 김창수의 통일논의는 상당히 객관적인 정세분석과 통일운동의 방향 제시를 하고 있다. 그의 논리는 통일문제에 대한 주체적인 사고를 강조하고 있다. 따라서 미군의 문제에 대해 즉흥적인 철수론과는 상반되게 한국이 통일 이후에라도 이슈화할 수 있는 문제로 인식하고 있으며, 통일의 개념을 통일방안으로 인식하는 급진적 통일 논리(범민련)에 대해 반박한다. 즉, 통일운동세력의 방안인 연방제와 국가연합의 주제에 대한 낭비적 토의에 대해 반대한다.

이 시대는 '통일문제 인식에 있어서 상당한 변화와 정체성의 혼란'을 극복할 수 있는 올바른 통일교육의 지향을 요구하고 있다. 이처럼 통일교육은 실질적으로 통일을 대비한 세대의 교육의 성격이 강하다. 따라서 통일교육은 그 접근에 있어서 상당한 신중성을 기하여야 한다.[275] 이러한 관점에서 교육논의는 통일교육을 통해 보다 나은 미래를 창조하고 규정하는가에 중요한 논점을 둘 수 있다.[276] 통일교육은 전면적으로 자유주의와 자본주의의 공간을 북한으로 확대하는 것을 의미하지는 않는다. 통일교육은 이러한 자유주의적 사고와 자본주의적 사고 위에 민족주의적이며, 민주주의적이며 북한의 사회주의적 평등 개념을 포용할 수 있는 평화주의적 사고에 대한 이해를 통한 안보 교육의 강화를 시도하는 것이다.

3) 통일교육의 내용개선

교육은 근본적으로 사회유지와 발전에 기초가 되는 것이다. 따라서 우리 사회도 학생, 공동체, 가치가 이전의 사고를 극복하고 새로운 재사고(Rethinking), 재구성(Restructuring) 그리고 재충전(Revitalizing)의 과정을 요구한다. 이러한 측면에서 통일교육은 통일환경의 변화에 따른 교육목표와 내용의 체계적 계획을 시도할 필요가 있다. 이제 통일교육은 남북 분단 상황에 대한 단순한 사고로는 급진전하게 복합적인 체계의 질서를 파악할 수 없는 것이다. 따라서 통일교육은 통일에 대한 재사고적 인식과 재구성의 실천 그리고 재충전의 성과를 통일교

---

275) 정세구, "바람직한 통일교육의 방향", 『민주평통신문』, 1996. 11. 15일
　　자 참조.
276) Roger Kaufman & Jerry Herman, *Strategic Planning in Education-*
　　(Lancaster, Penn., Technomic Publishing Co. Inc., 1991), p. XV.

육의 실제에 반영될 필요가 있다.

이러한 의미에서 통일교육 내용은 다음과 같이 설정되어야 한다.

첫째, 통일교육의 내용은 전체적인 구도 속에서 이루어져야 한다. 이것은 교육이 한 세대의 미래를 위한 투자이며, 많은 학생들을 고가치로 부가하는 영역[277]이라는 말과 상통한다. 따라서 통일교육은 북한의 실상을 파악할 수 있도록 하는 북한의 현재 행정 구역, 의식주 현황, 문화 분야에 많은 관심을 둘 수 있는 교육내용이 과감하게 도입하여야 한다.[278] 통일교육의 내용은 개방적 실험정신이 절실하게 요구된다. 따라서 교육의 창조적인 조치가 교육의 중요한 의미를 부여하며, 이후의 또 다른 논의에서 중요한 경험을 제공한다.

둘째, 통일교육의 내용은 건전한 시민의 통합적 인식이 확대될 수 있는 내용이 강화되어야 한다. 통일교육의 내용이 편향된 보수적 인식구조에만 국한되어 이루어진다면, 설령 남북통일이 이루어진다 하더라도 실제적인 국민적 통합은 이루어질 수 없는 것이다. 따라서 건전한 시민교육에서 논의되는 교육적 시사에 대해 중요한 의의를 두는 것이 중요하다. 통일환경의 조성은 궁극적인 통일의 주체인 시민의 역할이며 그 시민들은 궁극적 남북통합의 논의의 재충전의 의미를 부여받는다.[279]

셋째, 통일교육의 안보내용은 북한만 경계하는 소극적인 안보관에서 벗어나야 한다. 통일교육의 내용은 현재 통일환경의 사태를 주시할 수 있는 국민적 소양을 강하게끔 구성되어야 한다. 이러한 의미에서 안보

---

277) *Ibid.*, p.XⅨ.

278) 통일교육의 목표는 과거의 북한과 통일하는 것이 아니기 때문에, 북한의 실상을 잘 파악할 교재를 활용하여 학생들의 관심을 유도할 필요가 있다. 특히 북한의 실상을 객관적으로 파악할 수 있는 교재는 민주평화통일자문회의 편, 『북한의 오늘』와 통일원 남북회담 사무국 편, 『남북대화』 등이 있으며, 신문을 통한 스크랩을 사용하여 교육의 효과를 높일 수 있다.

279) 박종철, *op. cit.*, pp.47-49.

교육의 내용은 자주성을 함양하고 호혜 평등적인 국제관계 속에서 이루어져야 한다. 그러나 우리의 현실은 어떠한가? 국외적으로 한국국민들은 사회주의의 몰락과 소련의 붕괴, 다민족 국가에서의 분리독립운동 등 패러다임적 변화를 목격하였고, 국내적으로는 한국사회의 민주화, 과격한 통일운동의 분출, 금융 및 산업전반의 경제적인 재조정 단계에 따른 국가 위기 등 상당한 변화를 겪고 있다. 북한도 절대 아사 상태에서 권력의 세습에 관심을 두고 있다. 이 속에서 국내환경은 포괄적인 안보능력이 요구되는 것이다.[280] 우리 사회가 통일환경을 유리하게 조성하는 길은 정치 지도자 일부가 북한 김정일 정권에 대한 음밀하고 조심스러운 구호나 다짐으로 이루어지는 것이 아니다. 바로 더디게 가더라도 구체적인 정부의 비전과 민간단체 그리고 국민적 관심이 점진적으로 설득되고 타협되고 구성되는 과정에서 이루어지는 것이다.[281] 이러한 노력의 과정이 통일교육의 내용으로 이루어져야 한다. 통일을 생각하는 우리 국민들은 바람직한 통일문제에 대한 전체적인 구도, 시민적 관심, 북한에 대한 인식을 갖게 하는 통일교육의 내용을 요구한다.[282]

---

280) 통일 교육원, 『북한이해』, 1997, pp.79-80.; 통일 교육원, 『통일문제이해』, 1997, p.130. 참조. 1994년 김일성의 사후 김정일은 遺訓 統治라고 하여, 국가수반을 3년간 공백으로 있다가 1997년 말 주석을 계승하는 통치를 하고 있다. 그리고 북한은 군대를 '김정일의 군대'로 칭하고 있으며, 그의 명령을 최우선으로 삼고 있다. 또한 그들의 통일전략은 전쟁 이후 '先 남조선혁명 後 공산화통일'을 바꾼 적이 없다. 다만 그들은 한국에 의한 흡수통일을 반대하면서 한국정부를 배제한 기존의 통일전선전술을 지속적으로 추진하고 있다.

281) 통일원, 『통일문제이해』, 1997, pp.223-238. 정부는 통일대비교육에 있어서 '대내적 통일기반의 확충'을 우선시하며, 국민적 합의형성·모범적 민주공동체 건설·경제 역량의 강화를 매우 중시하고 있다. 즉, 통일교육은 국민적 합의형성에 있어서 중요한 의미를 갖는 것이다.

282) 통일교육의 통합성에 대한 논의는 정세구, "남북한 화해시대에 부응하는 민주시민교육", 한국도덕윤리교육과학회, 『도덕윤리과교육』, 제3

그렇기 때문에 통일교육의 내용은 보다 구체적이며 체계적인 통일교육의 목표에서 설정되어야 한다. 통일교육은 낡은 사고와 조망의 방식으로 더 이상 적용되지 않는 현실에 직면하게 되었고, 교육적 연구와 교육적 실천 모든 분야에서 체계론적 사고와 탐구 그리고 이해를 적용하여야만 하는 '현실적 복합성'에 직면하고 있는 것이다. 그동안 통일교육의 내용은 그 시대적 상황이 반영되었으나, 그 내용 체계가 지극히 감정적이며 현실적인 입장에만 치우쳐 있었다.

건국 이후 전개된 통일교육은 그 내용이 북한의 침략에 대한 수세적인 입장을 보이거나, 위축된 입장에서 북한의 호전적인 내용을 그대로 기술하였다.[283] 그러나 이러한 내용은 북한과 대립적인 경쟁의식을 강화할 수 있어도, 민족 주체성과 통일의 역사적 정당성의 논의를 강화할 수 없는 내용이었다. 이후 군부 통치기이기는 하지만, 정부는 '국토통일원'을 통한 학문적 연구를 시도하였고, 통일문제를 '국적 있는 교육'의 하나로 강조하였다. 이러한 취지에서 승공통일 교육은 강력한 반공교육과 민족 교육을 강화하는 국민윤리·도덕교육의 성립으로 이어졌다. 이는 정부가 이전의 상대적인 약화로 나타난 민족교육을 주요한 내용으로 하는 조치를 마련하는 계기가 되었다.

이러한 과정을 거치면서 제5공화국 정권은 통일교육의 이념적 내용을 강조하였고, 민주주의 이행기에는 변혁적 통일운동과 통일정책·통일교육의 극단적인 대립적 양상을 보였으나, 통일교육에 대한 원칙을 지속하는 중요한 이정표를 정립되었다. 이러한 과정은 통일교육의 내용이 체계적으로 변화된 것을 의미하는 것이며, 민주주의 실천이라는

호, 1992; 윤건영, "통일교육의 교수학습 준거설정에 관한 연구", 통일원,『북한 및 통일연구 논문집(Ⅵ)』, 1995, pp.287-352. 등이 구체적으로 내용을 설정하고 있다.

283) 문교부,『중학교 도덕 Ⅲ』, 1965, pp.134- 138.: 반공교육이나 승공통일 교육 시기의 교과서에서의 주제명을 보면, '공산당의 악랄한 행동', '적색 침략자의 발악' 등의 감정적인 내용을 담고 있었다.

명제 속에서 통일교육의 내용을 강화했음을 보여 준다. 따라서 통일교육의 내용체계는 전반적인 민족통합의 과정을 중시하면서, 편향된 조작적 내용체계의 구성에서 탈피하고 있는 것이다. 통일교육은 보다 체계적인 내용을 통해 통일의 지속적인 목표인 민족주의, 민주주의, 평화주의를 근간으로 한 교육 내용으로 추진되어야 할 것이다.

첫째, 학교 통일교육은 범위와 계열성이 보다 더 조정되고 명확하게 이루어져야 한다. 실제로 통일교육은 범교과적, 교과 통합적, 가치 통합적인 차원에서 이루어져야 함에도 불구하고, 기존의 통일교육은 도덕 교과나 사회 교과와 같은 특정 교과목에만 편중되어 실시됨으로써 기대하는 만족한 성과를 가져오기에는 애초부터 역부족이었다는 점을 지적할 수 있다. 그리고 통일교육의 내용을 다루는 특정 교과목들의 경우에도 그 내용이 대부분 교과서의 마지막 단원에 집중되어 있어 학년이 거의 끝나 갈 무렵에나 다루어지고, 실제로 교육 현장에서는 대부분의 학습 평가가 종료되는 시기에 이루어지고 있어 시험에 다루어지는 것에만 민감해져 있는 학생들의 관심을 끌지 못했다는 점도 지적할 수 있다. 더구나 국영수 위주의 주지교과만이 파행적으로 중시되는 현재의 교육풍토에서 도덕과나 사회과가 학생들에게 단순한 암기과목으로 인식되고 있다는 사실도 통일교육의 성과가 미진한 것과 관련을 맺고 있는 게 사실이다.

둘째, 통일교육 내용은 현실적으로 이루어져야 한다. 실제로 초등학교 고학년 이상의 대부분의 학생들은 '북한에도 사람 사는 곳인데 설마 그럴까?'라는 의구심을 갖게 되고, 이에 따라 수업내용에 대해 담당교사를 불신하는 풍조까지 생겨날 소지가 다분히 있었던 것이다. 따라서 북한에 대한 현재의 상황을 알 수 있는 북한의 행정구역, 북한의 정치체제, 경제현실을 파악할 수 있는 내용이 더욱더 보강되어야 한다. 통일교육의 교재는 북한의 현실과 북한의 전반적인 구조를 이해함으로써 현실감 있게 될 것이다. 따라서 정부차원에서 교육교재 내용을 통일정책이나 통일방안을 암기하는 내용보다는 북한의 교과서나 신문을 파악할 수 있는 내용구성으로 변화시켜야 한다.

셋째, 통일교육은 현실적인 평화 교육적 내용을 포함하여야 한다. 통일교육에서는 "세계평화와 인류공영에 이바지하려는 태도를 가지게 한다"는 식의 목표를 설정하고 있지만, 학생들이 실천할 평화교육적 실천덕목을 제시하지 못하고 있다. 따라서 봉사활동이나 국토순례를 통해 학생들의 나라사랑하는 마음과 이념을 초월한 북한동포 돕기운동을 자체적으로 실천할 수 있는 방안이 모색되어야 한다.

넷째, 국민적 통일교육의 학습내용이 고양되어야 한다. 현재 통일교육은 초중고등학생을 대상으로 하는 내용 이외에는 일상생활에서 유리되어 있다. 따라서 학생들이 고등학교를 졸업하면 통일문제에 통일교육에 대한 학술적 사업에 관련되는 사람만이 참여할 수 있는 한계를 가지고 있다. 이러한 상황을 극복하기 위해서는 정부는 적극적으로 북한의 간행물을 공공 도서관이나 시설물을 볼 수 있도록 조치를 취하여 한다. 이는 통일을 할 대상에 대해 보다 객관적으로 파악할 수 있는 효과 있는 교육일 것이다. 올바른 통일의지는 북한에 대한 국민적인 욕구를 충족시키면서 과격한 변혁적 통일운동이나 보수적 통일운동을 개량화하는 방법이 될 수 있다.

이상과 같은 통일교육의 내용개선은 경쟁위주의 사회풍토 속에서 지극히 어려운 문제이다. 그러나 이념과 체제, 사상과 제도가 다른 북한동포를 이해하는 포괄적이고 개방적인 내용체계를 접근하지 않고는 통일교육의 실효를 얻기 어려울 것이다. 따라서 통일교육의 교재는 국내에서 북한에 대해 지극히 우호적인 입장부터 지극히 반대적인 입장의 모든 결과물을 개방적으로 보고, 국민 스스로 판단할 수 있는 교육적 방안을 계획성 있게 시도하여야 할 것이다. 여기서 덧붙여 어느 정권의 정부나 민간단체들도 통일문제, 북한문제에 대하여 국민들이 관심을 갖고 비판적인 인식에 대해 두려워해서는 안 된다. 즉, 어떠한 문제도 자신의 소신 있는 명확한 판단이나 가치 없이 의지를 가질 수 없기 때문이다. 따라서 통일교육의 개선방향은 학생들을 포함한 국민들의 통일에 대한 의지와 상상력, 통일문제에 대한 논의방식과 논의절차, 남북한의 현실에 대한 균형감각, 통일방안에 대한 객관적인 평가적 안목의 형성, 통일조국의 미래상에 대한 확신과 긍지의 형성에 강조점을 두어야 할 것이다.

Ⅷ. 통일로 미래로

통일교육의 성립과 과정은 반공교육의 적대적 북한인식에서 통일교육의 민족 통합적 북한인식으로 변화해 왔다. 또한 통일교육은 민족주의·민주주의·평화주의의 지속적 목표와 내용구성으로 전개되어 왔다. 이 속에서 통일교육은 국제환경, 남북한 관계, 국내환경, 통일정책과 통일운동 등의 '통일교육의 관련요인'의 영향으로 지속과 변화를 거듭하여 왔다. 통일교육은 각 시대의 상황 속에서 통일을 지향하고 있는 교육목표와 내용의 구체성을 가지고 나타났던 것으로, 그 시기적 특성은 다음과 같다.

정부수립 및 과도기의 통일교육은 보수적 사회의 구조 속에서 형성되었다. 이러한 근원은 한국사회는 공산주의에 대한 위협을 느끼고 있었으며, 이에 따른 국가적 위기감은 좌·우 대립과 전쟁을 통해 체험하게 된 것에서 연유한 것이었다. 이러한 관계로 당시 한국사회는 초기 통일교육의 형태인 반공교육 이외에 다른 형태의 통일론이나 교육이 성립될 수 없었다.

제1공화국의 반공교육은 교과전반에 걸쳐 실시되었다. 즉, 당시 상황에서 체계적인 반공교육이 실시되지 않아도 국민들이 공산주의의 침략적 행위에 대한 경험했기 때문에, 국가는 적극적인 교육적 방편을 모색할 필요가 없었다. 그러나 국내환경은 전반적으로 공산주의에 대적할 수 있는 '자유민주주의의 수호'에 걸맞은 민주주의적 원칙이 실천되지 못하는 형편이었다. 심지어 이승만 정권은 분단구조와 냉전적 국제환경을 악용하면서, 정권연장에 발판으로 삼는 권위주의적 경향을 보였다. 그럼에도 이 시기의 이러한 정부의 행태에 대해 대부분 민간단체 그리고 국민들은 통일의 논리를 내세우기보다는 '국가의 지속'에 대해 위기감 속에서 이상적인 북진 통일론을 용인해 주었다. 따라서 당시 반공교육은 보수적 시각으로 치닫는 한계를 보였다. 그러나 국민들은 한편으로 경제적인 어려움과 정치적 파행 속에서 민주주의에 대한 열망으로 국가적 위기를 극복하려는 정서를 가지고 있었다. 이러한 정서는 4·19 혁명을 성공적으로 이끌게 하는 동인이 되었다.

혁명적 분위기에서 출범한 제2공화국의 반공정신과 교육은 보수적 풍토에 얽매인 민주당 정권의 보루였다. 그러나 혁신계나 학생세력은 그동안 악용되었던 반공논리에 반발하면서, 중립화 통일논의나 남북학생회담론을 내세웠다. 이는 곧 혁신계나 학생세력과 보수세력과의 갈등으로 나타났다. 이에 북한은 한국사회의 혼란을 이용하여 통일전략에 음폐된 평화적 공세를 시도하였다. 이처럼 4·19 혁명기를 전후한 제2공화국의 통일논쟁은 국민의 정서와는 동떨어진 것이었고, 북한은 이를 십분 이용하여 한국사회의 갈등을 고조시켰다. 그러나 이러한 갈등도 반공정신의 기반에는 영향을 끼칠 수 없는 것이었다. 반공교육은 혼란한 사회를 수습하는 통합적인 성격을 갖는 것이었다. 대다수 국민들은 사회적 혼란은 곧 북한의 침략적 행위를 강화하는 동인이 된다는 생각을 갖고 있었다. 따라서 정치적인 위기를 겪고 있었던 당시 상황에서도 북한에 대한 위협은 시대적 과제로 남아 있었다. 반공정신은 해방 이후 혼란한 한국사회의 중요한 내부적 결속의 기반이 되었다. 이러한 의미에서 반공적 국민정서는 5·16 군사 쿠데타에 대한 심정적인 지지나 묵인에서 여실히 증명되었다.

군부 통치기의 통일교육은 표출된 국가적 위기와 피폐한 경제를 극복하고자 하는 군부의 강력한 반공과 성장이라는 혁명공약을 통해 강화되었다. 군부는 다소 극단적이지만 강력한 반공정책을 필요로 하였다. 이에 따라서 군부는 정부수립 및 과도기의 수세적인 반공교육을 적극적인 반공교육으로 변화시켰다. 반공교육은 국가 총체적 위기를 극복하는 데 주효한 기능을 수행하였다. 그러나 한편으로 국민들은 승공통일 교육의 성립 이후 민주주의적 열망을 무마시키는 방편으로 사용되는 어용적 성격으로 보는 경향이 나타나기 시작하였다.

군부에 의한 제3·4공화국의 성립은 국제적으로 아프리카, 남미, 아시아 등의 군사혁명의 민족주의적 성격과 같은 맥락이었다. 그러나 한국은 냉전적 동북아의 영향과 상당기간 남북한 간의 대립을 겪었기 때문에, 반공정신의 강화로 당대의 개혁책을 내세웠다. 이러한 상황에서 승공통일 교육은 그 실천적 목표인 민족통합의 작업을 유보하고, '선건설 후통일론'의 입장을 보였다. 승공통일 교육은 국가나 민간단체 그리고 국민들의 대북 경쟁에서 승리한다는 교육목표와 내용을 견지하고 있었다. 한편, 통일정책은 '한국의 북한에 대한 상대적 우위'를 보인 70년대 이후 현실적인 모색이 시도되었다. 따라서 정부는 승공통일 교육을 통해 승공의 의지와 평화적 통일을 강조하였다. 그러나 권위주의 정권은 20여 년간 지속되면서, 정부 이외의 민간과 국민들과 유리된 입장을 보이면서, 국민들의 저항을 받게 되었다. 또한 이러한 공간에서 민주화를 요구하는 민간단체 중에는 변혁적 통일운동의 맹아가 조성되기 시작하였다.

유신의 종말 이후 제5공화국은 80년을 전후한 '서울의 봄'과 '광주민주화운동' 등의 민주화 요구를 봉쇄하면서 성립되었다. 정치전면에 등장한 신군부는 통일교육과 이념교육을 통해 좌경사상을 억제하고, 정권의 정당성을 강화하려고 하였다. 그러나 민주화의 좌절 이후 한국사회는 급진적인 혁명노선을 추구하는 세력이 등장하며, 보수적 사회체제에 대항하였다. 정권은 이에 대해 '이념교육의 강화, 경제발전과 사회정의'를 내세웠으나, '좌경사상의 확대'를 막지는 못하였다. 이러한 공간에서 통일·이념 교육은 국가안보와 사회통합을 위해 체계적으로 접근하였으나, 정권의 정당성 부재와 안보논리의 한계를 벗어나지 못하였다. 즉 통일·이념 교육에 반발한 '통일교육에 대한 비판적 입장'인 민중 교육론이 학교 교육현장에서 부상하고 있었다. 변혁세력과 민중 교육론의 부상은 한국사회의 주도세력이 보수세력만이 아니라는 중대한 변화를 보여준 것이었다. 따라서 국민들은 통일정책과 통일·이념 교육에 반발하면서, 정부의 합리적 대안인 통일정책이나 통일교육을 요구하게 되었다.

국민들의 민주화에 대한 갈망은 군부통치를 종식시키고 민주적 사회를 건설하는 초석이 되었다. 이러한 배경으로 민주화 이행기의 통일교육은 '시민'의 주도적 통일문제의 참여를 의식하면서, 민족 통합적 입장이 강화되었다. 87년 6월 이후 민주주의 이행기의 통일교육은 통일환경과 통일정책과 통일운동을 보다 합리적으로 파악하며, 통일문제를 재정립할 수 있는 기회를 제공받게 되었다.

제6공화국의 통일·안보 교육은 통일의 지속적 목표인 민족주의, 민주주의 그리고 평화주의를 합리적으로 전개하려는 계기를 마련하였다. 통일·안보 교육은 명실상부한 민족 통합적 입장을 강조하면서 북한에 대한 적극적인 대처를 할 수 있는 안보교육을 설정하였다. 이러한 의미에서 통일·안보 교육은 그동안의 통일의식의 상당한 진척에 따라, 북방정책의 성과와 더불어 점진적인 통일의식의 활성화를 의미하는 것이었다. 그러나 변혁적 통일운동 세력의 과격한 운동논리가 분출되면서, 통일정책과 통일·안보 교육은 국내의 변혁세력의 도전을 받게 되었다. 실질적으로 당시 정부의 통일의지는 '한민족공동체 통일방안'과 '남북한 동시 UN 가입', '남북 기본합의서 채택' 등으로 상당한 정도로 고양되었으나, 국내환경에서의 보수세력과 변혁세력의 대립과 북한의 수세적 입장 등으로 인하여 그 결과는 기대만큼의 성과를 이룰 수 없었다. 그러나 통일·안보 교육의 인식은 한국사회가 추구하여야 할 통일교육의 전형을 보여준 것이었다.

문민정부 이후의 통일교육은 이전의 통일·안보 교육과 유사한 입장을 가졌지만, '민중논의' 이후 '시민논의'로 발전된 국내환경의 조건 속에서 개방적이며, 합리적인 입장을 갖게 되었다. 통일교육은 그동안 대립적이었던 '통일교육에 대한 비판적 입장'에 대해 포용적인 입장을 보였다. 이러한 현상은 분단 이후 세대가 가지는 통일 의지를 강화하는 미래를 대비하는 통일교육이 합리적으로, 비판적으로 강화된다는 의미를 보이는 것이었다. 즉 통일교육은 새로운 민족의 화합과 평화적 공존을 진행할 수 있는 토대를 가지며, 통일로 향하는 편린을 재구성함으로써 통일문제에 접근하고 있었다. 그러나 이러한 문민정부 초기의 통일교육은 제6공화국의 경우와 같이 국내의 변혁적 통일운동의 분출과 북한의 '핵문제', '조문파동' 등으로 인하여 상당한 혼란상황을 맞이하면서 위축되었다. 따라서 정부는 초기의 민족 통합적 입장을 지속적으로 강조하기 위한 노력을 실패하고, 처음에 의도했던 것보다 우경화된 보수적 여론을 중시하며 통일의 의미보다 이념교육으로의 퇴행해 가는 경향을 보였다. 이러한 상황에서 문민정부 후기의 통일교육은 보수세력의 논리나 변혁세력의 논리 양자에 의해 비판받았고, 정부의 통일철학 부재를 증명하듯이 상황적 여론에 따라 좌우되는 경향으로 진행되어 왔다. 이에 따라 통일정책이나 통일교육은 그 의미를 상당히 불신받는 입장에 놓이게 되었다.

이상과 같은 통일교육의 시기적 특성에서 밝혀진 중요한 사실은 변천과정 속에서 지속적인 목표를 지향하고 있다는 것이다. 즉 통일교육은 각 시기의 특성을 포괄하는 중요한 국가적 통일이념을 실천하려는 지속적 교육목표를 가지고 있었다. 그 통일교육의 지속성은 국가안보와 민족통합의 민족주의, 민주주의, 평화주의를 실천하려는 교육목표로 파악할 수 있다.

통일교육의 국가안보와 민족통합에 대한 민족주의적 교육목표는 민족의 생존과 직결되는 면으로, 초기 반공교육 이래로 지속적으로 전개되어 왔다. 따라서 반공교육은 당시의 내부적 국민통합을 위한 조치였으며, 국가안보를 위해서는 강조되어야 할 국가이념이었다. 이는 한국 사회가 공산주의와 대립하는 자유민주주의의 체제였기 때문에 당연한 귀결이었다. 그러나 장기집권을 정당화하는 권위주의 체제의 존속은 반공정신의 국가안보와 국민통합적 차원을 변질시켰다. 이에 따라 국민들은 반공교육을 통한 국가안보나 국민통합에 대한 열의가 상당히 손상되었으나, 이후에도 북한의 침략적 행위나 국내 변혁세력의 준동에 의해 그 민족주의적 의미를 상실하지는 않았다.

통일교육의 민주주의적 교육목표는 반공교육과 승공통일 교육, 통일·이념 교육 이후 진행되면서, 자유민주주의를 지속시키는 입장에서 보다 포용력 있는 민주주적인 입장에서 지속되었다. 초기의 반공교육은 철저한 자유민주주의체제의 수호의 입장을 가졌다. 현실적으로 민주주의를 실현하지 못하는 상황에서도 각 권위주의 정권은 이 이념에 이상적인 가치를 두었다. 이에 민간단체와 국민들은 이러한 이상적인 가치를 현실적인 가치로 만들었다. 이러한 지속적 과정은 통일교육이 편향된 모든 이론을 대처하는 것이기 때문이다. 통일교육은 인간의 존엄성 속에서 자유와 평등을 추구하는 교육이다. 이에 따라 다소 한정적인 의미로 이해되는 경향이 있으나, 통일교육은 곧 민주주의적 이념을 한반도에 실현하려는 교육적 목표 속에서 강화된 것이었다.

통일교육의 평화주의적 교육목표는 제2공화국이 북진 통일론을 포기함으로써 평화적 모색을 추진하게 되었다. 통일교육은 북한의 침략적 의도가 명확하게 보이는 한계와 전쟁의 경험 속에서 멸공이나 승공적 의미로 실시되었지만, 궁극적으로는 한반도의 정착을 위한 평화교육을 추구하는 것이다. 이러한 노력은 일방적으로 정부에 의해서면 이루어질 수 없음을 제6공화국의 통일·안보 교육이나 문민정부의 통일교육 시기에서 파악할 수 있었다. 평화를 조성하는 것은 모든 국민들의 일치된 의지에서 비롯되는 것이다. 이러한 입장에서 통일교육은 평화주의적 교육목표를 강화하는 입장에서 있었으나, 정부의 독점적 대북한 정책에 대한 오해로 인하여 민간단체와 국민들을 편향된 인식구조로 몰입하게 하는 문제점도 보이고 있다. 그럼에도 통일교육은 북한을 흡수하겠다는 의도로 전개되지 않고, 민족 화합적 의지를 강화하는 교육 목표와 내용을 지향하고 있다.

이처럼 통일교육은 각 시기별 특성과 지속적 목표를 그동안의 통일교육의 변천과정에서 발전적으로 강화되었다. 따라서 일면적인 입장에서 통일교육을 파악하는 일은 상당한 편향된 결과를 초래할 수 있을 것이다. 그렇다면 한국의 통일교육은 어떻게 민족통합의 과제를 해결할 것인가? 이러한 이유에서 본 연구는 국민적 통일논의의 활성화와 통합을 위해 '통일교육의 관련요인의 대안적 모형'을 앞에서 제시한 것이다. 따라서 본 연구는 다음과 같은 제언을 제시하고자 한다.

첫째, 한국의 통일교육은 한국사회에 있어서 냉철하고 현실적인 분석을 기초로 한 통일관이 지속적으로 실천되어야 한다. 그동안 한국사회는 보수적 정치·사회 경제적 기반에 의해 발전하여 왔다. 따라서 통일논의를 조성하는 의미에서 국가안보적 측면을 고려하지 않는 통일교육적 인식은 재고되어야 한다. 북한이 아직도 그들의 적화 통일전략을 추진하고 있는 상태에서, 통일교육은 통일 지상주의적 발상이나 통일 이후에 대해 신중하지 않는 주의, 주장을 여과 없이 수용하는 경향을 버려야 한다. 즉 한국사회는 전반적인 통일환경의 조성을 위한 내부적 개혁과 함께 통일논의에 대한 이성적 접근과 원칙이 필요한 시기이다. 따라서 통일교육은 단선적인 이해에서 벗어나 객관적이며 보다 심층적인 북한정권에 대한 신중한 이해를 기초로 하여 남북문제를 해결하려는 인식이 지속적으로 이루어져야 한다. 그렇게 되려면, 통일교육 관계자는 각 인식구조의 감정적 입장을 지양하고, 합리적 입장을 통합할 수 있는 잠정적 시간[284]이 필요하다는 것을 인정하면서, 전폭

---

284) Johan Galtung, "The Neutralization Approach to Korean Reunification", Michael Haas (ed.), *Korean Reunification*, NY: Praeger, 1989, pp.13-14. 한국통일에 있어서 중립적 접근을 강조한 갈퉁(Johan Galtung)은 그의 견해를 통해 현실적인 한국 문제에 있어서 그 해결의

적인 개편보다는 현실가능한 통일문제 접근을 추론하는 교육목표와 내용을 강구하여야 한다.

둘째, 한국의 통일교육는 '통일교육에 대한 비판적 입장'과의 논의를 통해 개선적 방향이 모색되어야 할 것이다. '통일교육에 대한 비판적 입장'은 일면 통일교육을 강화하는 대안적 성격을 갖는 것이다. 또한 이 입장이 일면 변혁적 통일운동 세력의 논리도 포함하기 때문에, 통일교육과 '통일교육에 대한 비판적 입장'의 대안적 모색은 국내 통일환경을 조성할 발판을 마련할 수 있을 것이다. 이는 민주주의 이행기의 국내 통일환경의 혼란에서 보았듯이, 이제는 변혁세력이나 중도세력에 대한 일방적인 판단으로는 국내 통일환경을 조성할 수 없기 때문이다. 이들 세력의 무시는 곧 통일교육의 한계를 보이는 것이며, 이후 국내 통일환경의 분열로 이어지는 악순환을 거듭할 것이다. 따라서 정부는 통일교육을 활성화할 과제를 해결하기 위하여 적극적인 국내 통일환경을 조성하고 합리적 제안에 대해 검토할 수 통일논의 구조를 만들어 나가야 할 것이다.

셋째, 한국의 통일교육은 그 교육적 성과를 위해서 정부와 민간단체 그리고 국민들의 통합된 통일의지를 고양하는 교육목표와 내용이 강화

의미를 줄 수 있을 것이다. 그의 주장에 의하면 한국 사회의 새로운 인식의 세대가 분단 상황을 통일의 단계로 급진전할 수 있다고 보았다. 그는 바로 새로운 세대의 관점이 주요 정책에 영향력을 가져야 한다는 것이다. 이런 관점에서 본다면 '격동(Trauma) 이후＋40년'의 주장은 최근까지 한국의 통일 과정을 도모하는 획기적인 사건이 없는 상황을 변화할 수 있는 배경이 될 것이다. 이런 의미에서 한국의 운동 세력의 비판적 대안에 대한 한국 사회나 당국자의 수용 여부가 남북관계의 중요한 변화를 이끌 수 있을 것이다. 또한, 보다 합리적이며 개방적인 정권의 등장이 가능하다면, 이러한 변화는 국내의 다양한 통일 운동과 통일교육의 논의에 있어서 일정한 합의를 도출할 수 있을 것이다. 또한 북한이 한국사회를 보는 관점이나 한국에 대한 북한의 감정적 이해를 극복하는 계기가 될 것이다.

되어야 한다. 범국민적으로 통합된 통일의지는 곧 통일논의를 강화하는 것이며, 실질적으로 민족 통합에 다가가는 것임을 의미한다. 정부가 국민적 통일논의의 수렴을 통한 통일정책의 수립을 실행하면, 통일정책은 국민들의 통일의지를 상당부분 반영할 수 있을 것이다. 또한 국민이 통일정책에 따른 건전한 통일운동과 올바른 통일교육의 실천을 통해, 정부의 민족통합의 의지를 현실적으로 추진할 수 있게 되는 것이다. 이러한 정부와 민간단체 그리고 국민들의 건전하고 합리적인 통일논의구조가 형성된다면, 그 자체가 통일로 가는 길을 가능하게 하는 것이다. 따라서 정부와 민간단체 그리고 국민들은 통일논의를 통한 한반도와 평화정착과 전쟁방지에 대한 강력한 책임의식을 강화할 수 있을 것이다.

넷째, 한국의 통일교육은 국민들에게 이데올로기적 맹목성에서 벗어나게 할 방안을 실천하여야 한다. 통일교육은 보수세력이 가지는 '북한만을 겨냥한 안보교육의 편향성'과 변혁세력이 가지는 자기 정체성을 경시한 소위 '북한 바로알기 운동' 등을 극복할 수 있는 교육목표와 내용이 전개되어야 한다. 통일교육은 국민들의 통일문제에 대한 인식을 주어진 상황에서 거시적 또는 미시적으로 파악하는 복합체계적 안목을 갖도록 교육적 프로그램이 조성되어야 한다. 이러한 의미에서 통일교육 관계자는 개방적인 태도와 합리적 정책에 대한 수용으로 통일에 대한 국민적 인식확대를 도모하는 교육목표와 내용을 전개하여야 한다. 따라서 통일교육은 북한의 전쟁위협을 극복할 수 있는 국민 통합적 교육목표와 내용을 강화하여야 한다. 결국 남북통일은 분단구조에 대한 극단적인 이론의 지양을 시도하는 것이다.

다섯째, 한국의 통일교육은 건전하고 합리적인 시민교육의 교육목표와 내용이 강화되어야 한다. 통일교육의 변천과정에서 나타난 중요한 사실은 창조적인 역할을 수행하는 시민의 등장과 성장이다. 바로 이러한 변화의 조짐은 87년 이래로 계속 진척된 민주화와 이를 뒷받침해 주는 사회 전반적인 풍토의 변화이다. 한국사회의 권위주의 문화와 사회 불평등의 고리를 합리적으로 해결 모색하는 시민의 등장과 성장은 중요한 의미를 갖는다. 시민의 성장은 국가와 사회 조직의 팽배된 불신을 제거함과 동시에 건전한 통일 운동의 기틀을 제공하기 때문이다. 시민은 통일 과업에 있어서 창조적 역할을 수행하므로써 국가의 통일 정책의 포용력의 한계와 변혁적 인식의 과도한 견제를 극복하고 보수 세력의 비합리성을 논박할 수 있는 것이다. 따라서 창조적이며 주체적인 시민의 성장은 전반적인 한국 통일의 관건이 된다. 곧 시민의 성장 여부는 한국 사회의 정치적, 경제적, 사회적 안정을 이룰 수 있는 발전적 시너지를 좌우할 것이다.

앞으로의 통일교육은 민족공동의 이익이라는 동질성 회복작업을 계속적으로 시도되어야 함을 파악할 수 있었다. 또한, 통일교육은 이를 통해 비판적이며 개방적인 민족주의, 민주주의의 강화와 남북한 화해를 이루게 하는 평화주의를 지속적으로 실천하려는 범국민적 의지 속에서 이루어져야 된다. 그러나 현실적으로 통일교육의 개선을 위한 건의는 상당한 신중함을 요구한다.

대부분의 한국국민들은 보수적인 관점에서 통일운동, 통일정책과 통일교육을 인식하고 있다. 따라서 자유주의자나 변혁주의자들의 통일교육의 변화요구는 국내 보수세력의 반발을 불러일으킬 수 있으며, 심지어는 국가정체를 와해시킬 수 있는 여지가 있다. 따라서 통일교육의 목표와 내용은 편협한 안보논리가 극복되어야 하지만, 현실적으로 존재하는 북한의 침략의욕까지도 묵인하면서 낙관적인 평화론을 표방해서는 안 된다. 이는 히틀러의 침략적 의도에 대한 주변국의 낙관론에도 불구하고, 히틀러가 제2차세계대전을 일으키게 한 것과 비슷한 전철을 한국이 밟게 될 수도 있기 때문이다. 따라서 통일교육이 표방하는 새로운 논의는 한국의 안보를 굳건히 할 수 있는 능력을 바탕으로 이루어져야 한다. 이는 나약한 평화론과는 근본적으로 다른 의미를 갖는다.

　이상과 같이 통일교육은 국제환경, 남북한 관계, 국내환경, 통일운동 그리고 통일정책 등의 '통일교육의 관련요소 분석'에 대한 복합적인 인식의 안목에서의 지속적인 교육목표와 내용이 상정되어야 한다. 즉 한국 내부적으로 통합되는 의지가 보인다면, 정권의 변화와 국제환경의 변화나 남북한 관계의 변화에도 불구하고 통일교육은 국민전체의 바람인 통일의지를 강화하는 교육이 될 것이다. 따라서 통일교육의 모든 관계자들은 정치적 리더십, 통일 민간단체의 의견, 창조적 시민의 견해를 총체적으로 결집하여, 한국의 통일역량을 강화하는 데 기초를 제공하여야 할 것이다.

　통일교육은 분단과 반감의 지난한 민족 역사에서 진척된 성과물이다. 혹자들은 통일교육이 더욱 하기 어렵다고 말한다. 그러나 어렵다고 주저할 수는 없다. 그동안의 쉬었던 것은 바로 무조건 반공교육을 하던지 무조건 반공교육을 하지 않았으면 되었기 때문일 것이다.

　이제 통일교육은 일면적으로 생각하기보다는 다원적으로 성찰해야 하는 과정으로 이르게 되었다. 이에 우리 대한민국 국민들은 우리 민족의 통일로 가는 길을 어떻게 건전하고 점진적으로 뜻을 모아 민족통합의 길을 가느냐에 달려있다. 앞으로 통일교육은 동북아의 정세와 남북한 관계 그리고 보다 중요한 우리 내부의 올바른 통일로 가는 통찰 속에서 힘차고 준비되고 합치는 진척이고자 바란다.

참고 문헌

1. 국내서적

강광식, 『통일이념 정립을 위한 연구』, 서울: 한국정신문화연구원, 1985.

강만길 외, 『한국 민족주의론 I』, 서울: 창작과 비평사, 1982.

강문규, 『시민참여의 시대』, 서울: 한울, 1995.

강진화, 『대한민국 십년』, 서울: 대한민국 10년 기록 사업회, 1956.

경제정의실천 시민연합 편, 『깊어진 시민의식, 넓어진 시민운동』, 서울: 경제정의실천 시민연합, 1994.

교육부, 『중학교 도덕과 교육과정 해설』, 서울: 대한교과서주식회사, 1995.

──────, 『통일교육 지도자료』, 장학자료 제89호, 1993.

──────, 『중학교도덕과 교사용지도서』, 서울: 대한교과서주식회사, 1992.

──────, 『중학교 교육과정 해설』, 서울: 대한교과서주식회사, 1992.

──────, 『중학교 도덕 1 교사용 지도서』, 서울: 대한교과서주식회사, 1994.

──────, 『국민윤리』, 서울: 대한교과서주식회사, 1996.

교육인적자원부, 『도덕과 교육과정』 서울: 대한교과서주식회사, 1998.

국민윤리 교육연구 위원회 편, 『승공론』, 서울: 양서각, 1971.

국토 통일원, 『통일교육』, 서울: 국토 통일원, 1971. 9.

──────, 『통일교육 교수지침서』, 서울: 국토 통일원, 1973.

──────, 『고등학교 통일교육 범위에 관한 연구』, 서울: 국토 통일원, 1970. 9.

──────, 『통일교육 교수요강(초급용)』, 서울: 국토 통일원, 1973.

──────, 『통일 안보 교육교수 요목해설』, 서울: 국토 통일원, 1979.

──────, 『통일교육 교수요강(중급용)』, 서울: 국토 통일원, 1973.

국토통일원 통일연수원 편, 『민주통일론』, 서울: 국토 통일원, 1990.

298

국토통일원 정책기획실, 『초등학교 교과서에 반영된 통일·반공교육의 변천과정 분석연구』, 서울: 국토 통일원, 1973.

군사혁명사 편찬위원회 편, 『한국 군사혁명사』, 서울: 동아출판사, 1963.

권만학, 『새천년을 향한 남북통일』, 대통령자문 정책 기획위원회, 2000.

김경동, 『한국사회 변동론』, 서울: 나남, 1993.

김경동·이온죽, 『사회조사 연구방법론』, 서울: 박영사, 1995.

김 구, 『백범일지』, 서울: 백범 김구선생 기업사업회, 1974.

김동춘, 『한국사회 노동자연구』, 서울: 역사비평사, 1995.

김병오, 『민족분단과 통일문제』, 서울: 한울, 1985.

김석준, 『한국 산업화 국가론』, 서울: 나남, 1992.

김성재 편, 『평화교육과 민중교육』, 서울: 풀빛, 1990.

김정규·김영수, 『교육방법 및 교육공학』, 서울: 형설출판사, 1989.

김종서 외, 『교육과정과 교육평가』, 서울: 교육과학사, 1987.

김진균 외, 『한국 사회론』, 서울: 한울, 1994.

김창수, 『평화만들기, 통일만들기』, 서울: 대동, 1996.

김학준, 『한국문제와 국제정치』, 서울: 박영사, 1975.

김혁동, 『미 군정하의 입법의원』, 서울: 범우사, 1970.

노중선, 『남북한 통일정책과 통일운동 50년』, 서울: 사계절, 1996.

도의 교육 위원회 편, 『도의생활 지도요령』, 서울: 문교부, 1958.

동서 문화사 편, 『세계 대백과사전』, 서울: 동서문화사, 1991.

로동신문, 1994년 11월 5일자.

리영희, 『반세기의 신화』 서울: 삼인, 1999.

문교부, 『국민학교 교육과정』, 서울: 교학도서주식회사, 1973.

──, 『중학교 교육과정』, 서울: 교학도서주식회사, 1973.

──, 『중학도덕 Ⅲ』, 서울: 문교부, 1960.

──, 『중학교 도덕 3(하)』, 서울: 대한교과서주식회사, 1982.

──, 『도덕과·국민윤리과 교육과정(1946-1981)』, 서울: 대한교과서주식회사, 1987.

──, 『중학교 도덕과 교육과정 해설』, 서울: 대한교과서주식회사, 1987.

──, 『중학교 도덕과 교육과정 해설』, 서울: 문교부, 1973.

──────, 『승공통일의 길』, 서울: 동아서적주식회사, 1967.

──────, 『고등학교용 국민윤리』, 서울: 대한교과서주식회사, 1974.

──────, 『바른생활(부록)』 서울: 고려서적주식회사, 1969.

문교부령 제35호, 1954.

문교부령 제119호, 1963.

문교부령 제286호, 1974.

문교부령 제310호, 1973.

민족통일연구원, 『1994년도 통일문제 국민여론 조사결과』, 서울: 민족
　　　통일연구원, 1994.

민족통일중앙협의회 편, 『21세기를 향한 한민족공동체의 나아갈 길』,
　　　1991. 9. 13.

민주평화통일 자문회의 편, 『북한의 오늘』, 서울: 민주평화통일 자문회
　　　의, 1997.

박순성, 『통일논의의 변천과정: 1945-1993』, 서울: 민족통일연구원, 1993.

박용헌, 『우리의 이념·가치성향과 정치교육』, 서울: 교육과학사, 1997.

박태순·김동춘, 『1960년대의 사회 운동』, 서울: 까치, 1991.

변형윤 편, 『분단시대와 한국사회』, 서울: 창작과 비평사, 1985.

서울대 인구 및 발전문제연구소, 『방송정책 조사연구 보고서』, 1988.

서울대학교 국민윤리 1종도서 연구개발위원회, 『고등학교 윤리』, 서울:
　　　대한교과서주식회사, 1990.

서울대학교 도덕·윤리 교과서 연구위원회, 『중학교 도덕지도서』, 1996.

서중석, 『한국현대 민족운동연구 2』, 서울: 역사비평사, 1996.

성경륭, 『체제변동의 정치사회학』, 서울: 한울아카데미, 1995.

성균관대 사회과학연구소 편, 『한반도 통일운동의 과제와 그 방향』, 서
　　　울: 인간사랑, 1991.

송건호·강만길 편, 『한국의 민족주의』(Ⅰ, Ⅱ), 서울: 창작과 비평사,
　　　1983.

송 복, 『한국사회의 갈등구조』, 서울: 대한교과서주식회사, 1990.

송호근·임현진, 『전환정치와 전환의 한국사회』, 서울: 사회비평사, 1995.

심재권, 『한반도의 평화를 위하여: 비핵화와 대안적 안보체제』, 서울:
　　　한울, 1996.

심태진·권상철, 『문교부추천 중학교 사회생활과 도덕 Ⅱ』, 서울: 문음
　　사, 1955.

안　식, 『현대화, 혁신 그리고 연대』, 서울: 나라사랑, 1993.

양성철, 『한국 통일논의 새로운 전개』, 서울: 경남대 극동문제연구소,
　　1989.

양영식, 『통일정책론』, 서울: 박영사, 1997.

오근석, 『80년대 민족민주운동』, 서울: 논장, 1988.

오천석, 『발전한국의 교육이념연구』, 서울: 배영사, 1973.

유봉호, 『한국 교육과정사 연구』, 서울: 교육연구사, 1992.

유석렬, 『남북한 통일론』, 서울: 법문사, 1994.

유진오, 『고등학교 사회과 정치와 경제』, 서울: 일조각, 1962.

윤구병, 『교과서와 이데올로기』, 서울: 천지, 1988.

이민룡, 『한국 안보 정책론』, 서울: 진영사, 1996.

이봉철, 『통일과 통일논의』, 서울: 인간사랑, 1993.

이상우, 『국제 관계이론』, 서울: 박영사, 1987.

─────, 『함께 사는 통일』, 서울: 나남, 1995.

이상우 외, 『북한 40년』, 서울: 을유문화사, 1989.

이신행, 『한국의 사회 운동과 정치변동』, 서울: 민음사, 1997.

이영춘, 『도덕과 교수학습』, 서울: 교학연구사, 1992.

이온죽, 『북한 사회연구』, 서울: 서울대 출판부, 1988.

이온죽 외, 『남북한 사회통합론』, 서울: 삶과 꿈, 1997.

이용필, 『정치분석 - 이데올로기와 발전 -』, 서울: 대왕사, 1978.

─────, 『정치현상의 체계적 이해』, 서울: 서울대학교 출판부, 1995.

이종각, 『교육학 논쟁』, 서울: 하우, 1994.

이종석, 『분단시대의 통일학』, 서울: 한울아카데미, 1998.

이주철, 『김정일의 생각 읽기』, 서울: 지식공작소, 2000.

이호재, 『한국 외교정책의 이상과 현실』, 서울: 법문사, 1975.

전득주 외, 『통일을 향한 시민과 국가』, 서울: 학문사, 1994.

전인영 편, 『북한의 정치』, 서울: 을유문화사, 1989.

정세구, 『국민윤리 교육론』, 서울: 교육과학사, 1983.

──────, 『국민정신 교육의 과제』, 서울: 교육과학사, 1985.

──────, 『청소년 이념교육』, 서울: 배영사, 1987.

조진경, 『민족 자주화 운동론 Ⅰ』, 서울: 백산서당, 1988.

조희연, 『한국현대 사회 운동과 조직』, 서울: 한울, 1993.

최장집, 『한국현대사』, 서울: 열음사, 1985.

통일원, 『통일백서』, 서울: 통일원, 1992.

──────, 『통일교육』, 서울: 통일원, 1993.

──────, 『남북한 화해협력시대의 통일교육 기본방향』, 서울: 통일원,
　　　1992.

통일교육원, 『북한이해』, 서울: 통일교육원, 1997.

──────────, 『통일문제이해』, 서울: 통일교육원, 1997.

통일원 남북회담사무국, 『남북대화』, 제64호, 1996.

한국국민윤리학회 편, 『국민윤리학개론』, 서울: 형설출판사, 1986.

──────────────, 『남북대화 시대의 통일교육 방향』, 1986.

한국교육개발원, 『중학교 도덕 3 (하)』, 서울: 대한교과서주식회사, 1982.

──────────, 『중학교 도덕 교사용 지도서 1』, 서울: 대한교과서주
　　　식회사, 1990.

──────────, 『학교 통일교육의 새로운 전개방향』, 1988.

──────────, 『국민학교 교육과정』, 서울: 대한교과서주식회사, 1989.

한국사회학회 편, 『한국사회의 비판적 인식』, 서울: 나남, 1990.

한국사회학회·정치학회 편, 『한국의 국가와 시민사회』, 서울: 한울,
　　　1995.

한국자유총연맹, 『우리가 지키는 자유민주주의』, 서울: 양동문화사, 1991.

──────────, 『통일에 대비한 우리의 과제』, 서울: 양동문화사, 1991.

한국정신문화연구원 편, 『한반도 통일의 전망』, 성남: 한국정신문화연
　　　구원, 1994.

──────────, 『국민정신 교육지침서』, 성남: 한국정신문화연구원, 1983.

한국정치학회 편, 『통일한국의 새로운 이념과 질서의 모색』, 서울: 성
　　　균문화사, 1993.

한기언, 『한국교육 사상사연구』, 서울: 서울대 출판부, 1969.

한만길 외, 『학교 통일교육 활성화 방안 연구』, 한국교육개발원 수탁연

구 CR 99-41, 1999.
한배호·어수영, 『한국정치문화』, 서울: 법문사, 1989.
홍사단 민족통일운동본부, 『홍사단 민족통일본부 창립대회』, 1997.

2. 국내 논문

강원룡, "빈들에서 1", 『열린 문화』, 1993.
곽병선, "교육과정 개정의 기본 방향" 한명희 외, 『국민학교 교육과정 해설』, 서울: 교육과학사, 1993.
김기정·박한규, 「21세기 통일한국의 안보환경과 전략적 선택」, 한국정치학회 편, 『21세기 남북관계론』, 서울: 법문사. 2000.
김도태·이경화, "통일교육 개선방향: 사회문화적 측면을 중심으로", 민족통일연구원, 『통일연구논총』, 제6호 1권, 1996.
김동규, "남북한 학교교육체제의 이질화 과정과 통일 후의 동질화 방안", 한림과학원 편, 『남북한 통합 그 접근 방법과 영역(下)』, 서울: 소화, 1996.
김민하, "통일정책 추진에 있어 국민적 합의기반 조성방안", 평화문제연구소, 『변화된 세계 새로운 통일론』, 서울: 평화문제연구소, 1994.
김성식, "최근 학생운동의 성격과 방향", 『사상계』, 제9호, 1961년 1월호.
김용민, "한국에 있어서 산업화 과정과 분배적 정의의 문제", 한국정치경제학회 편, 『한국의 산업사회와 정치과정』, 서울: 신유, 1994.
김운태, "제4공화정: 유신체제 법하의 권위주의 정치" 김운태 외, 『한국 정치론』, 서울: 박영사, 1994.
김재권, "국가 경쟁력과 안보", 『국방연구』, 제39권 제1호, 1996. 6.
김재한 외, "탈냉전과 지역주의 속의 한반도", 한림과학원 편, 『남북한 통합: 그 접근방법과 영역(上)』, 서울: 소화, 1996.
─────, 「한국 국가전략의 개념적 구도」, 세종연구소 편, 『국가전략』(www.sejong.org/psi/Nation Strategy/990501/990501-08htm), 1999.
김정원, "제2공화국의 수립과 몰락", 『1960년대』, 서울: 거름, 1984.

김주성, "한국 정치문화의 이중성과 정치발전문제" 동아일보사, 『21세기 한국의 국가정책과 체계론적 사고』, 1997. 5. 9.

김진경, "교사운동의 혁신을 위하여", 전국교직원 노동조합 부설연구소(준) 편, 『96년 상반기 정책자료집』, 1996.

김학준, "6·25의 유산에서 벗어난 평화 통일로", 교육부, 『교육월보』, 1996. 6월호.

노경수, 「햇빛의 빛과 그늘」, 대학신문, 2000년 11월 13일 자.

노응희, "학교 교육에서의 교과서 내용비판", 윤구병, 『교과서와 이데올로기』, 서울: 천지, 1988.

노중선, "통일운동의 회고와 발전방향", 한겨레신문사 편, 『한반도 통일국가의 체제구성』, 1995.

문용린, "통일지향적 가치체계형성 방안모색", 한국정신문화연구원, 『통일한국의 삶의 양식과 가치체계의 탐색』, 서울: 태신인쇄공사, 1993.

박기덕, "세계화와 한국의 민주주의", 한배호 편, 『세계화와 민주주의』, 성남: 세종연구소, 1996.

박용헌, "국민윤리의 사적 개관", 한국국민윤리학회 편, 『국민윤리학개론』, 서울: 형설출판사, 1987.

박지운, "사이먼의 의사결정과정을 관한 통합적 연구", 서울대학교 대학원 교육학 박사논문, 1997.

박현채, "4·19와 5·16의 민족사적, 경제사적 조명" 박현채 외, 『한국경제론』, 서울: 까치, 1987.

박형준, "새로운 사회 운동과 경실련운동", 『경제와 사회』, 95년 가을호, 통권 제27호.

변종헌, "제5공화국 정치체계의 민주적 이행과정 연구", 서울대학교 교육학 박사논문, 1995.

손호철, "대북포용정책과 남남갈등", 『남북한 관계의 회고와 전망』 (2002년 한국정치학회 하계학술대회, 2002. 7. 25~27).

송건호, "민족통일운동을 위하여", 『한길 역사 강좌 1』, 서울: 한길사, 1986.

송병순, "남북한 통일교육의 현실과 과제", 한국교육연구소 편, 『한국교육연구』, 1994.

신용하, "1920년대 한국 민족 독립 운동의 특징", 『월간 조선』, 87년 4

　　　월호.

─────, “민족형성의 이론”, 『한국사회연구』, 제7집, 1984.

신정현, “일본과 남북한 관계”, 경남대 극동문제연구소 편, 『현대일본의 정치』, 1986.

심재권, “국가 경쟁력과 안보”, 『국방연구』 제39권 제1호, 1996. 6.

안재홍, “신민족주의와 신민주주의”, 안재홍선집 간행위원회 편, 『민세 안재홍선집 2』, 서울: 지식산업사, 1983.

양동안, “한국 민주당의 창당과정과 초기 정책에 관한 연구”, 한국 정신문화 연구원 편, 『한반도 통일의 전망』, 서울: 한국정신문화연구원, 1994.

오경훈, “민족 대단결은 통일운동의 핵심이다”, 『경제와 사회』 92년 여름호.

오일환·조성렬, “김정일 시대의 대남전략전술과 남북관계”, 2003년 통일부 지원논문.

유병렬, “민주 시민사회에서의 비판적 체계 윤리에 관한 연구”, 서울대학교 교육학 박사논문, 1991.

유팔무, “시민사회의 성장과 시민운동”, 유팔무·김호기 편, 『시민사회와 시민운동』, 서울: 한울, 1995.

윤건영, “통일교육의 교수학습 준거설정에 관한 연구”, 통일원, 『’95 북한 및 통일 연구논문집(Ⅵ)』, 1995.

윤근식, “한국 현대 정치의 전개 과정”, 김운태 외, 『한국 정치론』, 서울: 박영사, 1994.

윤천주, “전통적 정치문화와 정치과정”, 한국정치경제학회 편, 『한국의 산업사회와 정치과정』, 서울: 신유, 1994.

이기붕, “북진 통일의 방법과 주장”, 『신태양』, 1957년 4월호.

이내영, “미국의 대북한정책의 변화와 북·미 관계”, 평화문제연구소 편, 『통일문제연구』 제6권 2호 겨울호(통권 제22호), 1994.

이만열, “한국 기독교 통일운동의 전개 과정”, 남북나눔 연구위원회, 『민족통일을 준비하는 그리스도인』, 서울: 두란노, 1994.

이범웅, “공동체주의의 통합적 기능에 관한 복합 체계론적 연구”, 서울대학교 교육학 박사학위논문, 1997.

이숙종, “한국인의 안보관” 세종연구소 편, 『국가 전략』, 제1권 2호, 1995.

이온죽, "통일시대 민족통합의 정신적 구심점 및 사회통합의 하부구조 모색을 위한 기초연구", 세종연구소, 1996.

이용필, "기능 통합의 이론적 기초: 접근법과 적실성" 이용필 외, 『남북한 통합론』, 서울: 인간사랑, 1992.

───, "국민 의식 실태와 개선 방안", 자유총연맹 주제발표 논문, 1996. 9. 13.

이재봉, "한국 정치교육 발달의 체계적 분석연구", 서울대학교 대학원 교육학 박사논문, 1991.

───, "학교에서의 민주시민교육", 강원도 교육연구원, 『교육연구정보』, 제22호, 1995. 12월호.

───, "초·중·고등학교 교육과정에 나타난 통일교육의 실태와 개선방향", 한국국민윤리학회, 『민족주의 시대의 통일교육의 방향』, 1992. 6. 4.

이정복, "한국 정치의 정치 경제적 분석", 김운태 외, 『한국 정치론』, 서울: 박영사, 1994.

───, "대북 햇볕정책의 문제점과 극복방향". prome.snu.ac.kr/~kopoinst/햇볕정책.htm/, 1999.

이준형, "제3·4공화국 지배세력의 민족주의에 관한 비판적 연구", 서울대학교 대학원 교육학 박사학위논문, 1991.

이철승, "다시 확인된 대북 유화론의 허구", 『새물결』, 1997년 2월호.

이춘근, "21세기 동북아 군사 균형과 한반도", 김철범 편, 『21세기 신국제 질서와 한반도』, 서울: 나남, 1992.

이홍우 외, "교육과정 교과서 개선을 위한 기초연구", 『문교부 정책 연구보고서』, 1979.

임혁백, "21세기를 준비하기 위한 정치개혁: 민주화·세계화·남북통합", 『정치경제연구』, 1996. 12월호.

장경섭, "통일 한민족 국가의 사회통합", 박기덕·이종석 편, 『남북한 체제비교와 통합모델의 모색』, 성남: 세종연구소, 1995.

장달중, "제3공화국과 권위주의적 근대화", 한국정치학회 편, 『현대 한국정치론』, 서울: 법문사, 1990.

장하진, "통일의식의 변화에 관한 연구", 한국사회학회 편, 『한국사회의 비판적 인식』, 서울: 나남, 1990.

전상인, "합치는 남북통일. 갈라진 통일인식", 『경제정의』, 1995년 가을호.

전인영, "남·북한 상호 교류를 위한 국제환경 교육", 『향원 이용필 교수 화갑기념 논문집』, 1993.

전태국, "마르크스주의에 있어서 이데올로기 문제", 한국사회학회 편, 『한국사회의 비판적 인식』, 서울: 나남, 1990.

정동규, "90년대 북한의 통일정책 변화를 어떻게 볼 것인가?", 『동향과 전망』, 92년 가을호.

정세구, "남북한 화해시대에 부응하는 민주시민교육", 한국도덕윤리교육과학회, 『도덕윤리과교육』, 제3호, 1992.

―――, "도덕·윤리과 교육의 당면과제", 한국도덕윤리과교육학회, 『도덕윤리과교육』, 제7호, 1996년 7월.

―――, "바람직한 통일교육의 방향", 민주평통신문, 1996. 11. 15일자.

정수복, "현실정치와 시민운동", 『계간 대화』, 통권 제5호, 1995년 여름.

정영수, "평화 교육의 과제와 전망", 『교육학연구』, 제31집 5호, 1993.

정해구, "남북한 통일정책과 미국의 대한반도 정책", 『동향과 전망』, 통권 제31호, 1996 가을.

정희태, "분쟁지역에서의 갈등해소를 위한 평화교육", 한국국민윤리학회 편, 『국민윤리연구』 제49호(2002. 4).

조봉암, "평화적 통일의 구체적 방안", 『신태양』, 1957년 4월호.

진교훈, "도덕성 회복을 위한 시민의식의 혁명이 필요하다.", 바울학회 편, 『한빛』, 창간호, 1995.

―――, 공동체와 시민윤리", 한국정신문화연구원 편, 『한국의 교육과 윤리』, 1995.

차기벽, "4·19 과도정부 및 장면정권의 의의 (1960-1961)", 성균관대 사회과학연구소 편, 『사회과학』, 제13집, 1975.

최상룡, "한국 민족주의와 이데올로기", 『한국 민족주의의 이념』, 서울: 아세아정책연구원, 1977.

최연구, "80년대 학생 운동의 이념적·조직적 발전 과정", 조희연 편, 『한국사회 운동사』, 서울: 죽산, 1990.

최완규, "김정일 체제의 변화와 전망", 전국대학북한학과협의회 편, 『북한 정치의 이해』, 서울: 을유문화사, 2001.

―――, "대북 화해협력 정책의 성찰적 접근", 『남북한 관계의 회고와 전망』(2002년 한국정치학회 하계학술대회, 2002. 7. 25~27)

최원형, "미 군정기의 교육과정 개혁", 김기석 편, 『교육사회학 탐구』,

서울: 교육과학사, 1984.

최장집, "한국 민족주의 이해", 동곡 김하룡 박사 정년 기념논문집, 『탈냉전 시대와 새로운 정치질서』, 서울: 나남, 1994.

추병완, "학교 통일교육의 개선방향", 한국교육신문사, 『새교육』, 452호, 1992. 6.

―――, "통일대비 학교 통일교육의 방법모형 개발", 통일원 편, 『통일교육·홍보』, 1997.

―――, "한국사회 도덕성 위기의 극복방안에 관한 일 연구", 서울대학원 국민윤리교육과 편, 『사회와 사상』, 제12집, 1993.

평화네트워크 뉴스레터 2000. 11. 29일자.
www.peacekorea.org/index__kr.html/

한만길, "분단 상황과 통일교육의 방향", 한국교육신문사, 『새교육』, 제411호, 1989.

―――, "유신체제 반공교육의 실상과 영향", 역사문제연구소 편, 『역사비평』, 1997년 봄호.

―――, "학교 통일교육의 사회과학적 접근모색", 평화문제연구소 편, 『통일문제연구』, 1994년 겨울호.

―――, "학생의 건전한 통일관 형성을 위한 교육방안", 『교육개발』, 1997.

한승주, "제1공화국의 유산", 진덕규 외, 『1950년대의 인식』, 서울: 한길사, 1980.

한희석, "남북통일과 이승만 박사", 『신태양』, 1957년 4월호.

허경철, "한국 교육과정의 발전과제" 교육혁신연구회 편, 『한국 교육과정의 새로운 좌표탐색』, 서울: 교육과학사, 1996.

홍웅선, "학교 교육이념의 분석적 고찰", 연세대학교 대학원, 『연세논총』, 1975.

3. 외국서적 및 번역본

Adorno, Theodor W. et al., *The Authoritarian Personality*, New York: Harper, 1950.

Althusser, Louis, *For Marx*, Ben Brewster (tranc.), Hamondsworth:

Middlesex Penguin, 1969.

Bailey, Kenneth D., *Social Entropy Theory*, N.Y: State Univ. of N.Y. Press, 1990.

Blau, Peter M., Exchange and Power in Social Life, N.Y.: Wiley, 1967.

Banathy, Bela H., *A System View of Education*, Englewood Cliffs, N.J.: Educational Technology Publications, 1992.

Commings, Bruce., *The Origins of Korean War, Vol. II: The Roaring of Cataract 1947-1950*, Princeton: Princeton Univ. Press, 1990.

Corning, Peter A., *The Synergism Hypothesis*, N.Y.: McGraw-Hill Book Company, 1983.

Dalin, Per & Rust, Val D., *Toward Schooling for the Twenty-First Century*, London: Cassell, 1986.

Dalton, Russell J. & Kuechler, Manfred (ed.), 박형신 외 역, 『새로운 사회 운동의 도전』, 서울: 한울아카데미, 1996.

Derr, R. L., 이종각 역, 『학교교육의 사회적 목적분류학』, 서울: 문우사, 1985.

Deutsch, Karl W., *Politics and Government*, 2nd ed., Boston, Houghton Mifflin, 1974.

Easton, David, *A system Analysis of Political Life*, N.Y: Wiley & Sons, 1965.

─────, *The Political System*, N.Y: Knopf, 1953.

─────, 이용필 역, 『정치 체계론』, 서울: 인간사랑, 1990.

─────, 이용필 역, 『정치 체계분석』, 서울: 서울대 출판부, 1984.

Eysenck, H. J., *The Psychology of Politics*, Londen: Routledge & Kegan Paul, 1954.

Geller, Ernest, Nations and Nationalism, Oxford: Blackwell, 1983.

Gouldner, Alvin W., *The Dialectic of Ideology and Technology: The Origins, Grammer and Future of Ideology*, London: Macmillan, 1976.

Gurr, Ted, *Why men Rebel*, Princeton, N.J.: Priceton Univ. Press, 1970.

Hass, Michael (ed.), *Korean Reunification*, N.Y: Praeger, 1989.

Henderson, Gregory, *Korea: The Politics of the Vortex*, Cambridge, N.J.: Harvard Univ. Press, 1968.

Jung, C. G., *Memories, Dreams, Reflections*, Recard & Clara Winston(trans.), N.Y: Pantheon Books, 1961.

Kamrava, Mahran, *Revolutionary Politics*, London: Praeger, 1992.

Kanter, R. M., *Commitment and Community: Communes and Utopia in Sciological Perspective*, Cambridge: Harvard Univ. Press, 1984.

Kaufman, Roger & Herman, Jerry, *Strategic Planning in Education*, Lancaster, Penn., Technomic Publishing Co. Inc., 1991.

Kaufman, Roger A., 서정화 외 역, 『교육 체제 설계』, 서울: 배영사, 1978.

Kernig, C. D. (ed), *Marxism, Communism and Sociaty* Vol 1., N.Y: International Publishing, 1972.

Kim Kyong-Dong, Hong Doo-Seung & Yang Jong-Hoe, *Middle Class in Korea: National Report*, Seoul: The Population and Development Studies Center, 1993.

Kornhauser, William, *The Politics of Mass Society*, London: Routledge and Kegan Pau, 1972.

Laszlo, Ervin, *Interoduction to Systems Philosophy*, N.Y: Harper & Row, Publishers, 1994.

Macdonald, Donald Stone, *U.S-Korean Relations From Liberation to Self-Reliance: The Twenty-Year Record*, Boulder: Westview Press, 1992.

MacNeill, J., Winsemius, P. & Yakushiji, T., *Beyond Interdependence: The Meshing of the World's Economy and Earth's Ecology*, N.Y.: Oxford Univ. Press, 1991.

Mcmillan, James H. & Schumacher, Sally, *Research in Education*, Boston: Little, Brown And Company, 1984.

Milbrath, Lester, *Envisioning a Sustainable Sociaty: Learning Our Way Out*, Buffalo, N.Y: State Univ. of New York Press, 1989.

Parsons, Talcott & Smelser, Neil, *Economic and Society*, N.Y.: Free Press, 1956.

Piaget, Jean, *The Equilibration of Cognitive Structure: The Central Problem of Intellectural Development*, T. Brown & K. J. Thamy(tans.), Chicago: The University of Chicago Press, 1985.

Putnam, Robert, *The Comparative Study of Political Elites*, Englewood Cliffs, N.J.: Prentice-Hall, 1976.

Quigley, Charles N. & Bahmueller, Charles F. (ed.), *Civitas: A Framework for Civic Education*, Calabasas, CA, U.S.A.: Center for Civic Education, 1991.

Roberts, Adams, *The Strategy of Civilian Defence: Non-Violent Resistence to Aggression*, London: Faber and Faber, 1973.

Simen, Herbert A., *Reason in Human Affairs*, Oxford: Basil Blackwell, 1983.

Simen, Herbert A., *The New Science of Management Deciosion*, N.Y.: Harper & Row, 1960.

4. 외국논문

Boulding, Kenneth E., "National Images and International System", *Journal of Conflict Resolution*, Vol. Ⅲ, No.2. June, 1959.

Burk, James, "National Security, Millitary Organization and Democratization", Byongmoo Hwang & Yongsup Han(eds.), *Korean Security Policies toward Peace and Unification*, Seoul: The Korean Association of International Studies, 1996.

Buzan Barry, "Changing Paradigms of National and International Security: Implications for the Security Planning of Middle Powers", Byongmoo Hwang & Yongsup Han(eds.), *Korean Security Policies toward Peace and Unification*, Seoul: The Korean Association of International Studies, 1996.

Chun In-Young, "A Comparative Analysis of South and North Korean Unification Policy, 1945-1996: Consistency and Change", Seoul: Korean Society for the Systems Science

Research and International Society for the Systems Sciences, *Complex Systems Model of South-North Korean Integration: Systems Perspective*, S. N. U., May 17-18, 1996.

───────────, "North Korea's Foreign Policy Behavior Toward the United States" *Jounral of East Asian Affairs* 1981. 1.

Coleman, J. S., "Families and Schools", *Educational Researcher*, August-September, 1987.

Corning, Peter A., "Synergy and Self-Organization in the Evolutionof Complex System", *System Research* Vol. 12 No.2, 1995.

Han Bae-Ho & Kim Kyu-Taik, "Korean Political Leaders(1952-1962): Their Social Origins and Skills", *Asian Survey*, July 1963.

Höopfl, Harro, "Isms and Ideology", Noel O'sullivan(ed.), *The Structure of Modern Ideology*, Aldershot: Edward Elgar Publishing, 1989.

Mannheim, Karl, "Conservative Thought", Paul Kecskemeti(ed.), *Essays on the Sociology of Knomledge*, London: Routledge & Kegan Paul, 1952.

Newcombe, Hanna, "Collective Security, Common Security and Alternative Security: A Conceptual Comparison", *Peace Research*, 18(3), 1986.

Trout & Harf(ed.), *National security affairs*, Londen: Transaction books, 1982.

Wagner, Halmut, "Lesson of Unification: The German Way and Its Korean Perception", Myoung-Kyu Kang & Helmut Wagner(eds.), *Germany and Korea: Lessons in Unification*, Seoul: Seoul National Univ. Press, 1995.

Watt, K. E. P. & Craig, P. P., "System Stablity Principle", *System Research* Vol. 3, No.4., 1986.

Westphal, Lawrance & Adelman, Ima, "Refletions on the Political Economy of Planning: The Case of Korea", Sung-Hwam Jo & Seong-Yang Park(eds.), *Basic Documents and Selected Papers of Korea's Third Five-Year Economic Development Plan (1972-1976)*, Seoul: Sogang University, 1972.

· 저자 ·

박찬석
(朴燦奭)

· 약 력 ·

서울대학교 국민윤리교육과 학사, 석사, 박사

한국통일교육학회 위원
한국통일미래사회연구소 부소장
한국국민윤리학회 이사
공주교육대학교 윤리교육과 교수

· 주요논저 ·

「북한 이해교육의 대안 연구」
『통일교육론』
『남남갈등 이대로 끝날 것인가』
『통일교육-갈등과 대립에서 길찾기』
외 다수

통일교육의 성립과 과정

· 초판 인쇄	2006년 10월 1일
· 초판 발행	2006년 10월 1일
· 지 은 이	박찬석
· 펴 낸 이	채종준
· 펴 낸 곳	한국학술정보㈜
	경기도 파주시 교하읍 문발리 526-2
	파주출판문화정보산업단지
	전화 031) 908-3181(대표) · 팩스 031) 908-3189
	홈페이지 http://www.kstudy.com
	e-mail(출판사업부) publish@kstudy.com
· 등 록	제일산-115호(2000. 6. 19)
· 가 격	20,000원

ISBN   89-534-5702-5 93370 (Paper Book)
　　　　89-534-5703-3 98370 (e-Book)